불안에 관하여

Vom Sinn der Angst

불안에
관하여

베레나 카스트 지음   최호영 옮김

불안에 관하여

발행일
2025년 5월 15일 초판 1쇄

지은이 | 베레나 카스트
옮긴이 | 최호영
펴낸이 | 정무영, 정상준
펴낸곳 | (주)을유문화사
창립일 | 1945년 12월 1일
주소 | 서울시 마포구 서교동 469-48
전화 | 02-733-8153
팩스 | 02-732-9154
홈페이지 | www.eulyoo.co.kr

ISBN 978-89-324-7551-6   03180

신판 서문

우리는 현재 힘든 시기를 살아가고 있다. 우리는 무언가에 위협받고 있다고 느끼며 그래서 불안하다. 기후 위기와 전쟁을 두려워하며, 이미 전염병 대유행을 겪은 바 있고 이런 전염병 대유행이 또 발생하지 않을까 걱정한다. 이제까지 당연했던 많은 것이 불확실해졌다. 불확실성이 지배하는 시기에 우리는 쉽게 무기력해지고 불안감에 휩싸인다.

그러나 불안은 궁극적으로 우리를 보호하는 감정이다. 불안은 우리가 위협받고 있으며 무언가 조치가 필요하다는 신호다. 하지만 너무 큰 불안은 우리에게 방해가 된다. 불안감이 너무 큰 사람은 자발적으로 새로운 것을 시험하면서 자신의 한계를 뛰어넘지 못한다. 이는 인간의 고유한 특성인 자아실현이 불가능해짐을 뜻한다. 따라서 불안에 대처하는 법을 배울 필요가 있다. 이것은 개인뿐만 아니라 사회 전체를 위해서도 중요하다. 왜냐하면 그저 스트레스가 평소보다 조금 더 심한 경우도 포함해 우리가 느끼는 불안은 많은 경우에 우리 모두가 경험하기 때문이다. 이런 불안은 과장되거나 병적이라기보다 적절한 감정일 때가 많다. 예를 들어 많은 사람이 느끼는 기후 불안은 지구의 기후가 실제로 위태로운 상태에 있으며 무언가 조치가 필요하다는, 특히 우리 모두의 공동 조치가 필요하다는 신호다. 그렇기 때문에 우리는 이런 불안에 능동적으로 대처할 필요가 있다.

위태로운 상황의 끝이 보일 때는 불안에 대처하기가 어렵지 않다. 반면에 현재의 기후 위기처럼 끝이 보이지 않을 때는 불안을 억누르는 경향이 있다. 그러나 불안을 억누르면 더 예민해지고 스트레스를 받으며, 더 쉽게 흥분하고 화를 낸다. 이럴 때는 불안을 직시하고 이에 관해 누구와 대화를 나눠야만 조금이라도 자기 효능감을 되찾을 수 있다. 그러나 이를 위해서는 불안에 대한 불안이 없어야 한다.

나아가 불안의 의미를 제대로 이해하고 불안에 대처하는 다양한 방법을 배워야 한다. 이와 관련해 이 책에 실린 다양한 조언이 도움이 되길 바란다. 나는 이 책이 다시 출간되어 매우 기쁘다. 불안에 대처하는 법은 예나 지금이나 기본적으로 동일하다. 다만 여러 사람이 함께 느끼는 공동의 불안에 관한 최근의 논의와 성찰에서도 알 수 있듯이 불안에 대처하는 법은 우리에게 더욱 중요해졌다.

불안을 직시하고 이에 적절히 대처할 때 비로소 우리는 두려움을 극복하고 창의력과 자기 효능감을 되찾을 수 있다.

이 책의 재출간을 위해 힘써 주신 노인도르퍼Neundorfer 박사와 헤르더Herder 출판사에 감사드린다.

2022년 9월 26일, 장크트갈렌에서

베레나 카스트

일러두기

1. 이 책은 Verena Kast, *Vom Sinn der Angst : Wie Ängste sich festsetzen und wie sie sich verwandeln lassen*, 제15판(Herder, 2023)을 번역한 것입니다.

2. 본문의 원주(출처 표기)는 숫자로 표시하고 모두 미주로 하였고, 옮긴이가 추가한 주석은 별(*)로 표시하고 본문 하단에 달았습니다.

3. 책, 잡지, 신문 등은 『 』로, 기사나 단편은 「 」로 표기했습니다.

4. 원서의 이탤릭체는 고딕체로 표기했습니다.

차례

3. 불안의 여러 측면

4. 불안 장애

5. 관계 불안

6. 불안의 상징

7. 불안에 맞설 용기

1
불안은 무엇인가 — 본질과 극복

불안의 의미

불안은 좋든 싫든 우리에게 매우 익숙한 감정이다. 어쩌면 불안을 전혀 느끼지 않는 것이 가장 이상적일지 모른다. 그래서인지 우리는 불안을 직접 표현하기보다 간접적으로 은폐해서 표현하곤 한다. 예를 들어 우리는 불안할 때 '긴장된다', '당황스럽다', '초조하다', '스트레스를 받는다'라는 식으로 말하곤 한다.

이렇게 불안을 불안이라고 말하는 대신에 다른 표현을 자주 사용하는 것은 오늘날 우리가 불안을 대하는 매우 전형적인 태도를 보여 준다. 우리는 감히 불안의 이름을 제대로 부르지 못한다. 그러나 이 때문에 우리는 불안이 우리 삶에서 수행하는 중요한 기능을 놓치게 된다.

독일어로 불안Angst이라는 단어는 인도유럽어 어근인 '앙angh'에서 유래했으며, 이것은 '좁음Enge', '죄임Eingeschnürt-sein' 등과 관련이 있다. 우리는 불안할 때 느끼는 이런 '좁음'을 보통 가슴 부위와 연관시킨다. 그래서 불안이 엄습하면 목이 막히고 숨쉬기가 갑갑하게 느껴진다. 숨쉬기가 갑갑할 때 사람들은 가슴이 답답하다고 말한다. 이렇게 평소와 달리 숨이 막히는 것은 불안의 핵심 특징이다. 그래서 우리는 불안한 상황이 지나가면 다시 호흡을 가다듬고 안도의 한숨을 내쉬며 평소의 평온을 되찾는다. 그리고 때로는 위태로운 상황을 이겨 냈다는 자부심과 잔잔한 삶의 기쁨을 느끼기까지 한다. 이제 우리는 다시 자유롭게 숨을 쉴 수 있다.

우리는 대개 우리가 어떤 불안을 느끼는지 알고 있으며, 이런 불안의 다양한 특징도 구분할 줄 안다. 예를 들어 우리는 언제 우리가 쉽게 긴장하는지 알고 있을 뿐만 아니라 이렇게 살짝 긴장하면 집중력이 올라간다는 것도 알고 있다. 약간의 무대 공포증이 우리에게 미치는 긍정적인 효과가 바로 이런 것이다. 또한 불안한 긴장감은 쾌감을 선사하기도 한다. 정신분석학자 마이클 발린트Michael Balint는 이런 느낌을 '스릴thrill'이라고* 불렀다.[1] 이것은 쾌

---

* 원문에는 '유쾌한 불안Angstlust'으로 되어 있지만 주석에 언급된 발린트

감을 선사하는 가벼운 긴장감을 의미한다. 그러나 긴장감이 커지면 불안은 금세 불쾌한 느낌으로 바뀔 수 있다. 이럴 때 우리는 정말로 불안하고 초조해하거나 너무 불안한 나머지 몸이 굳기까지 한다. 그리고 무언가에 '막힌' 듯하고 가슴이 죄이는 것처럼 갑갑한 느낌을 받는다. 불쾌감을 주는 이런 불안한 긴장감은 극심한 불안과 공황 상태로까지 발전할 수 있다. 우리는 불안이라는 감정의 이런 다양한 강도와 명암의 차이를 경험적으로 알고 있다. 그리고 '정말로' 불안하면 어떤 느낌이 드는지도 알고 있다. 즉 불안할 때 우리는 불쾌함, 위태로움, 낯선 두려움 등을 느끼며 견디기 힘들어하고 제대로 반응하지 못해 허둥대면서 통제력을 완전히 잃게 된다. 이럴 때 우리는 매우 자주 '바보'가 되거나 바보처럼 반응한다. "불안하면 바보가 된다Angst macht dumm."라는 말도 이래서 생겼다. 이 말은 매우 적절하다. 불안하면 바보가 되고 또 거꾸로도 참이다. 누가 매우 멍청하게 행동한다면 혹시 그 사람이 불안에 떨고 있지 않은지 또는 우리가 그 사람을 불안하게 만들지 않았는지 살펴볼 필요가 있다.

책의 영어 원본 제목인 『스릴과 퇴행Thrills and Regressions』에 따라 '스릴'로 옮겼다. 이 책의 독역본 서문에서 발린트는 '유쾌한 불안'과 '스릴'이 같은 개념이 아니라면서 스릴을 독일어로 번역하기가 거의 불가능하다고 지적했다.

매우 불안할 때 우리는 적어도 잠시 통제력과 자신감을 잃고 무기력해지면서 어떻게든 이런 상황에 대처하려고 발버둥 친다. 이럴 때는 자칫 불안의 악순환으로 이어지기 쉽다. 특정 상황에서 자신이 점점 더 어설프고 부자연스럽게 행동한다는 느낌이 들면 불안은 더욱 강해진다. 그러면 우리는 더욱 어설프고 바보처럼 된다. 심하면 완전히 딴 사람처럼 행동하면서 자기 자신이 아닌 것 같은 느낌이 든다. 이럴 때는 보통 할 말을 잃게 된다. 특히 정서적으로나 인지적으로 감당하기 어려운 트라우마와 결부된 상황에서 이런 일이 발생한다. 이런 경우 불안으로 인해 잠시 정체성을 잃거나 심하면 정체성의 분열이 생긴다. 이런 정체성 상실은 경우에 따라 금세 다시 치유되는데, 우리가 또는 우리의 마음이 어떻게든 대응 조치를 취하기 때문이다. 불안과 불안의 극복은 또는 적어도 불안을 극복하려는 시도는 인간에게 거의 똑같이 근본적이다. 다시 말해 큰 불안을 느낄 때마다 우리는 불안에 맞서 무언가를 시도한다.

불안한 상황에서 정체성을 상실할 수 있다는 것은 이런 상황에서 우리가 어린아이 같은 처지에 놓이기 쉽다는 데서도 분명하게 알 수 있다. 평소에는 매우 독립적인 듯한 사람도 불안할 때면 모든 책임을 다른 사람에게 떠넘기곤 한다. 이럴 때면 "나 대신에 좀 해 주면 안 될까?"라고 부탁하거나 관련 상황에 대해 자신보다 더 무지한 사람에게 조언을 구하기까지 한다. 게다가 불안한 상황에서는 이런 조언을 거의 무비판적으로 받아들이기 쉽다. 불안한 상황에서 어린아이와 같은 처지에 놓이면 우리에게 도움을 주는 상대방은 자연스럽게 강력한 발언권을 가진 권위자가 된다. 이것도 우리 주위에서 종종 관찰되는 불안 극복의 한 형태다. 이처럼 불안의 경험은 우리 자신의 정체성뿐만 아니라 인간관계에도 영향을 미친다.

불안하면 다른 사람과의 관계가 변한다. 불안한 상황에서는 도와줄 사람을 찾거나 평소보다 더 움츠러들게 된다. 우리가 어린 시절에 경험했고 아직도 그 흔적이 남아 있는 많은 불안은 소통이 단절된 인간관계에서 비롯한다. 그러나 많은 경우에 불안의 극복도 우리에게 힘이 되어 주는 다른 사람과의 관계를 통해서만 가능하다. 이처럼 인간관계는 불안의 원인이 되기도 하고 불안 극복의 원천이 되기도 한다. 이 책에서는 이 점을 비중 있게 다룰 것이다.

불안 환상이 우리의 경험에 미치는 영향

불안하면 우리 자신과 인간관계를 다르게 경험하게 된

다. 불안할 때는 의식적으로든 무의식적으로든 우리의 불안 경험에 큰 영향을 미치는 환상에 사로잡히곤 한다. 이런 환상은 대개 가깝거나 먼 미래의 재앙에 관한 것이다. 또 자세하고 완전하기보다 단편적이며 대개 신체의 불안 반응을 동반한다. '나는 이 일을 마치지 못할 거야', '모든 게 끝장났어', '노력해야 하지만 더 이상 그럴 수 없어', '시험에 떨어질 거야', '더 이상은 세상을 살아갈 수 없어. 이제는 버틸 수가 없어.'와 같은 말을 혼자 되뇌면서 단편적인 심상을 떠올리곤 한다. 그리고 이런 심상에 빠지면 또 다른 환상의 심상이 떠오른다. 예를 들어 '나는 이 일을 제때 마치지 못할 거야.'라고 되뇌는 사람은 자신에게 크게 화를 내는 상사의 모습을 떠올리곤 한다. 시각이 발달한 사람이라면 크게 화를 내거나 차가운 멸시의 눈초리로 자신을 쏘아보는 상사의 얼굴이 생생하게 떠오를 것이다. 그러면 자신이 안절부절못하는 모습, 치욕스럽게 해고당하는 모습, 부랑자처럼 거리를 배회하는 모습, 사람들이 자신을 흉보는 모습 등이 연달아 떠오른다.

불안과 관련된 또 다른 환상은 이른바 '체면 상실Ge-sichtsverlust'에 관한 환상이다. 불안을 유발하는 많은 환상은 자존감의 상실에 대한 걱정과 관련된다. 우리는 많은 사람이 지켜보는 가운데 체면이 깎여서 크게 망신당하는 장면을 꽤 생생하게 상상하곤 한다. 사람들이 나를 흉보고

고소해하면서 비웃는 모습 등등이 떠오른다. 그런데 정말로 체면을 잃으면 어떻게 될까? 체면을 잃으면 정말로 얼굴을 못 드는가? 아니면 오히려 진정한 얼굴이 드러나는가? 진정한 얼굴이 드러난다면 어떤 모습일까? 물론 불안한 상황에 처한 사람에게 이런 상상의 유희는 너무 한가로운 얘기일 것이다. 그러나 살면서 실제로 체면을 잃는 경험을 해 본 사람은 이런 상황이 그렇게 끔찍하지 않다는 것을 깨닫곤 한다. 때로는 홀가분한 기분이 들기도 하는데, 왜냐하면 이제 더 이상 점잖은 체할 필요가 없을 뿐만 아니라 체면을 잃어도 죽지 않는다는 것을 깨닫기 때문이다. 그러나 체면을 잃을까 봐 불안한 사람은 다른 많은 근심에 시달린다. 자신이 망가지는 느낌, 이로 인한 수치심, 자신의 삶을 스스로 망쳤다는 자괴감 등이 이런 불안 또는 불안 환상의 바닥에 깔려 있다. 이처럼 체면 상실은 그저 외부 평판의 문제에 그치지 않고 어쩌면 자신의 삶 전체가 무너질지 모른다는 실존적 근심과도 결부된 경우가 많다. 우리는 이런 문제를 직시할 필요가 있다.

이런 불안 환상은 대부분 우리 삶에서 최고의 가치와 결부되어 있다. 그리고 이런 불안은 공황 상태로까지 발전할 수 있다. 공황 상태에서는 미래에 대한 불길한 환상에 시달리기보다 아예 미래가 사라진다. 자신에게 더 이상 미래란 없으며 점점 더 나빠지기만 하는 비참한 현재만 있다는 느낌이 든다. 이것은 죽음에 대한 공포와도 같은데, 죽은 자에겐 미래가 없기 때문이다. 이런 상태에서는 기껏해야 파멸의 환상, 무언가에 잡아먹히는 환상, 허무의 늪에서 허우적거리는 환상 등이 떠오르거나 아예 환상 자체가 사라진다.

이런 불안 환상은 특정 대상에 투사되거나 특정 장소로 이전되어 나타나곤 한다. 예를 들어 불안 환상은 자신을 집어삼킬 듯한 동물이나 사람에 또는 죽음을 앞둔 삶에 투사되기도 하고, 사회에서 배척당하는 것에 대한 두려움은 폭풍우가 휘몰아치는 바다 한가운데서 작은 바구니를 타고 있는 모습으로 상상되기도 한다. 이런 전형적인 불안 환상 외에도 우리의 상상력이 꾸며 내는 무수히 많은 불안 환상이 있다. 이런 환상은 불안의 뿌리가 무엇인지 말해 주는 단서가 될 수 있다.

불안 유발 요인 — 위협과 위험

우리는 위험을 예상하거나 위험에 직면할 때 불안을 느낀다. 자연재해 같은 외부 위험에서 비롯한 불안은 모두가 공감할 수 있다. 반면에 외부에서 관찰 가능하지만 실제로는 내부에서 유래해 모두가 공감하지는 못하는 위험도 있다. 예를 들어 토끼를 끔찍하게 무서워하는 사람이 있다면 대다수 사람은 토끼를 무서워하는 이 사람을 이해하지 못할 것이다. 토끼는 보통 인간에게 위협이 되지 않기 때문이다. 인간과 마주치면 오히려 토끼가 달아날 것이다. 반면에 누가 독사를 매우 무서워한다면 대다수 사람은 이런 공포가 합리적이라고 생각할 것이다. 독사에 물리면 치명적일 수 있기 때문이다. 그러나 토끼를 무서워하는 사람이 느끼는 공포는 다른 사람들의 생각과는 전혀 별개의 문제다. 남들이 어떻게 생각하든 이 사람이 토끼를 무서워한다는 사실은 변치 않는다. 토끼에 대한 공포는 토끼와 관련된 환상이나 경험에서 비롯할 수 있다. 이런 경우 과거에 경험한 특정 사건이 공포를 유발하는 요인으로 작용할 수 있으므로 이 사람이 토끼를 무서워하는 이유를 알아내는 것이 중요하다. 이른바 합리적인 불안과 터무니없는 불안을 구별하기란 매우 어렵다. 내면의 삶이 그 자체로 의미 있다면 근본적으로 모든 불안은 합리적이라고 봐야 할 것이다. 우리는 이런 불안을 있는 그대로 받아들여야 한다.

그러나 불안한 상태를 유발하는 것은 외부 위협이나 불안 환상, 악몽뿐만이 아니다. 때로는 신체 변화가 불안을 유발하기도 한다. 예를 들어 우리 몸의 장기臟器와 관련된 질환이 불안을 유발할 수 있다. 물론 장기 질환 자체가 불안을 유발하지는 않는다. 그러나 이런 질병에 걸렸다는 사실, 어쩌면 더 심각한 결과가 뒤따를지 모른다는 근심 또는 자신이 더 이상 신체적으로 '온전'하지 않다는 사실 등이 불안을 유발할 수 있다. 예를 들어 잘 치료되지 않는 전염병에 걸려 고생하는 사람은 정체성의 혼란을 겪기 쉽다. 이런 사람은 삶의 자신감이 떨어지고 평소보다 신경질적으로 반응하기 쉽다. 불안은 인간 경험의 생물학적·심리적·사회적 측면이 서로 얽혀서 매우 긴밀하게 상호 작용한다는 사실을 잘 보여 준다. 이른바 심인성心因性 불안이 신체에 영향을 미치고, 그러면 신체가 다시 마음에 영향을 미치는 식으로 모든 것이 긴밀하게 얽혀 있다. 이와 반대로 신체에서 기인하는 불안도 있다. 질병을 처리하는 뇌의 다양한 과정을 통해 유발되는 불안은 심인성 공황 발작과 쉽게 구별되지 않는다. 또한 호르몬·대사 장애도 불안을 유발할 수 있다.[2]

이런 모든 불안은 우리의 정체성과 자아 및 우리의 삶이 어떤 식으로든 위험에 처해 있다는 신호다. 그리고 반대의 경우도 생길 수 있다. 특히 인생의 전환기처럼 정체성이 분화되고 변화하는 상황에서는 더 많은 불안이 나타날 수 있지만 이에 대한 방어 행동도 나타나기 마련이다.

불안이 드러나는 방식

불안은 겉으로 표현된다. 누구나 자신의 불안이 어떻게 표현되는지 알고 있다. 누구는 불안하면 얼굴이 창백해지고 누구는 얼굴이 붉어진다. 여러 사람 앞에서 무엇을 발표해야 하는 사람의 불안은 보통 목소리를 통해 감지할 수 있다. 불안하면 목소리가 경직된 고음으로 변하는 사람이 있는가 하면 일부러 저음으로 말해서 마치 전혀 불안하지 않으며 아주 침착한 듯한 인상을 풍기는 사람도 있다. 그러다 발표가 어느 정도 진행되어 발표자의 긴장이 풀리면 더 굵거나 더 얇은 평소 목소리로 돌아온다. 많은 사람은 불안하면 목이 메거나 잠긴다고 말한다. 그런가 하면 불안할 때 온몸이 부들부들 떨리는 사람도 있는데, 이런 긴장감은 사람에 따라 복부나 무릎을 통해 느껴지기도 한다. 불안의 이런 신체적 증상을 바탕으로 우리는 자신의 불안한 상태를 대강 추측하고 아직은 견딜 만한지 아니면 빨리 이 상황을 벗어나야 하는지 판단한다.

신체는 현재의 불안한 상태에 관한 정보만 제공하는 것이 아니다. 습관적으로 매우 자주 불안해하는 사람은 숨을 비교적 가쁘게 쉬거나 마치 몸이 묶인 것처럼 부자연스럽게 걷곤 한다. 이렇게 구체적인 형태를 띠는 불안은 외부에서도 관찰 가능하며, 장기간 지속되는 불안은 신체 자체의 변화로 나타나기도 한다. 우리는 몸을 통해 자연스럽게 불안을 느낀다. 아니, 어찌 보면 우리의 몸 자체가 불안을 느낀다. 불안 유발 요인이 주위에 있으면 우리는 잽싸게 대책을 강구한다. 이런 상황은 당연히 유쾌하지 않기 때문이다. 일반적으로 말해 이런 상황은 자신을 통제하기 어려운 상황, 어떻게 반응해야 할지 불확실한 상황, 평소의 대응 방식이 통하지 않는 상황이다. 이런 상황이 지속되면 불안에 일종의 자생력이 생긴다. 다시 말해 우리가 원치도 않고 통제할 수도 없는 어떤 것이 우리 몸에서 독립적으로 작동하게 된다. 우리가 통제할 수 없는 불쾌한 환상이 제멋대로 떠오른다. 이런 상황이 지속되면 정체성 상실이 우려되므로 서둘러 대책을 마련해야 한다.

불안의 극복 — 불안에 대처하는 법

불안은 신체 상태다. 즉 우리 몸이 불안을 느낀다. 또는 우리 몸을 통해 우리가 불안하다는 것을 알아챈다. 불쾌한 흥분이 심해질 때 우리는 이것도 불안이라고 부른다. 이렇게 볼 때 불안은 일종의 불쾌한 흥분이다. 평소처럼 반응할 수 없고, 가늠하기도 어려운 위험 상황에 처했을 때 우리는 불안을 느낀다. 상황이 너무 복잡하거나 애매하기 때문일 수도 있고, 위험 상황에 대한 준비가 되어 있지 않기 때문일 수도 있다. 가장 큰 불안은 대개 상실이나 실패에 대한 근심으로 나타나는데, 이는 우리에게 매우 소중한 것을 잃을지 모른다는 불안이다. 또한 불안은 종종 미래에 대한 염려로 나타나는데, 이는 미래가 현재보다 더 나빠질지 모른다는 근심, 현재의 삶에서 소중한 것을 잃을지 모른다는 걱정이다. 이별, 실패 등과 같은 상실이 임박했거나 실제로 발생했을 때, 그리고 이런 상실에 어떻게 대처해야 할지 막막할 때 불안이 생긴다. 이럴 때 우리는 잽싸게 불안을 극복하기 위한 방법을 찾는다. 불안을 느낄 때 우리는 종종 대처 전략 또는 대처 메커니즘을 동원하는데, 이것은 불안감만큼이나 우리에게 자연스럽고 원초적인 반응이다.

방어 기제라고도 불리는 대처 메커니즘 중에서 가장 대표적인 것은 거리 두기와 합리화다. 갑자기 불안감이 밀려올 때 우리는 스스로에게 '침착하자. 잠시 숨을 고르고 열까지 세자.'라는 식으로 말하곤 하는데, 이런 것이 거리 두기 전략이다. 이것은 꽤 효과적인데, 왜냐하면 불안은 신체 상태이기 때문이다. 흥분하면 호흡이 가빠지고 그러면 더 흥분하게 되는 반면에 호흡을 가다듬으면 신체 상태도 진정된다. 그러면 불안 유발 요인과 거리를 둘 수 있으며, 일정한 거리에서 불안 유발 요인을 바라볼 수 있다.

거리 두기의 방어 기제는 종종 합리화와 함께 일어난다. 이럴 때 우리는 '겁먹을 필요 없어.'라고 스스로 타이르거나 자신이나 누군가가 상황을 금세 다시 통제할 거라고 생각하면서 스스로를 진정시킨다. 문제를 매우 세밀하게 분석하는 것도 불안과 어느 정도 거리를 둘 수 있는 방법이다. 매우 위태로운 상황에서는 바로 지금 느끼는 것과 불안을 분리하는 것이 효과적일 수 있다. 예를 들어 불안을 전혀 느끼지 않는다고 주장하는 사람이 있는데, 이런 사람은 그 대신에 특정 상황에서 배가 당긴다거나 목이 잠긴다는 식으로 말한다. 이렇게 말하면 우리의 신체만 불안을 느끼고 의식적인 자아는 불안을 느끼지 않거나 적어도 이를 받아들이지 않는 셈이다. 과거에 심한 고문을 당해 정신적 충격이 남아 있는 사람이 지금은 전혀 불안하지 않다고 주장할 때가 있는데, 이런 사람은 불안을 의식에서 내몰아 아주 딴사람이 된 듯한 인상을 풍긴다.

불안 극복의 또 다른 형태는 투사다. 예를 들어 이유를 알 수 없는 막연한 불안감에 휩싸일 때 우리는 어느새 그 이유를 찾아낸다. 이럴 때 우리는 누가 우리를 너무 권위적으로 대하거나 우리를 해치려 하기 때문에 불안을 느낀다는 식으로 상황을 해석한다. 이렇게 하면 불안이 설명된 것처럼 느껴진다. 투사는 훨씬 더 일반화된 형태를 띨 수도 있다. 예를 들어 여자들은 남자를 잠재적인 범죄

자처럼 취급해 불안을 느낄 수도 있고, 남자들은 여자 때문에 언제 손해를 볼지 모른다고 생각해 불안을 느낄 수도 있다. 이런 투사는 일단 불안을 완화하는 효과가 있다. 투사에는 항상 현실이 어느 정도 반영되어 있지만, 현실만으로는 투사가 완성되지 않는다. 왜냐하면 투사에는 항상 개인적 불안에 대한 방어 기제가 포함되어 있기 때문이다. 투사가 우리에게 주는 혜택은 불안이 더 이상 막연하게 느껴지지 않는다는 점이다. 불안의 대상이 분명하면 불안에 대처하기도 더 쉬워진다. 그러나 투사의 문제점은 더 이상 자신의 불안에 초점을 맞추지 않게 된다는 데 있다. 자기 자신이 아니라 다른 사람에게서 문제를 찾으려 하기 때문에 결국에는 불안이 우리에게 보내는 신호를 놓치게 된다.

우리가 불안을 극복하기 위해 사용하는 또 다른 방어 기제는 불안 유발 요인을 폄하하는 것이다. 예를 들어 우리는 비판을 두려워한다. 자신이 비판받아 무능하게 비치고 큰 수치심을 느끼면서 망가지지 않을까 걱정한다. 이럴 때 우리는 상대방이 우리의 작업을 비판할 능력이나 전문성이 없다는 식으로 잠재적 비판자의 가치를 깎아내린다. '그까짓 비판이 내게 무슨 해가 되겠어?'라는 식으로 스스로를 달랜다. 폄하는 불안한 상황에서 매우 자주 사용되는 방어 기제다. 따라서 자신이 평소에 사용하는 폄하 전략을 돌아보고 자신이 얼마나 자주 불안 때문에 무언가를 폄하하는지 성찰할 필요가 있다. 많은 경우에 문제는 정말로 나쁜 상대방에게 있는 것이 아니라 불안을 마주할 용기가 없는 자신에게 있기 때문이다.

지금까지 살펴본 몇몇 방어 기제는 우리가 불안을 느낄 때 매우 손쉽게 사용하는 것들인데, 이런 것들은 불안한 상황에 대처하는 데 어느 정도 도움이 되기도 한다. 이 때문에 이런 방어 기제는 대처 메커니즘이라고도 불린다.[3] 우리에게는 이런 메커니즘이 필요하다. 우리는 이런 대처 메커니즘 없이 살아갈 수 없다. 우리가 사용하는 대처 메커니즘은 우리가 얼마나 위태로운 존재인지 보여 준다. 그리고 이런 대처 메커니즘은 올바로 사용되지 않을 경우 온갖 불안 장애의 원인이 되기도 한다. 이렇게 일상생활에서 불안에 대처하는 데 도움이 되는 것이 반복적이고 일면적으로 사용될 경우 불안 장애, 공포증, 강박 장애, 장기 공포증* 및 어떤 의미에서는 우울증의 원인이 될 수 있다. 따라서 심리학적으로 중요한 물음은 다음과 같다. 더 많은 불안을 유발하기보다 불안을 줄이는 방향으로 적절히 대처하려면 방어 기제와 대처 메커니즘을 어떻게 활

---

* 장기 공포증이란 심장병 공포증처럼 특정 신체 기관의 장애를 두려워하는 증상을 가리키는 통칭이다.

용해야 하는가?

우리는 개별적인 방어 기제나 대처 메커니즘 외에 방어 전략도 사용하며, 그중 많은 것은 집단적인 형태를 띠기도 한다. 우리 모두가 방어 전략을 사용하기 때문에 이것을 방어 전략으로 지각하지도 않는다. 최근 몇 년간 스위스와 독일의 많은 사람이 항불안제를 복용한다는 보고가 심심치 않게 발표되었다. 몇몇 주장에 따르면 항불안제 복용이 마약 문제보다 훨씬 더 심각하다고 한다. 오늘날 사람들은 매우 많은 불안에 시달릴 뿐만 아니라 불안에 시달리면 안 된다고 생각하는 듯하다. 이 때문에 그들은 불안에 대처하기 위해 약물에 의지한다. 물론 약물도 효과적일 수 있다. 불안을 느끼는 것은 어찌 보면 우리의 몸이기 때문이다. 그러나 이런 형태의 불안 극복은 심각한 문제를 야기할 수 있는데, 이에 관해서는 나중에 다시 살펴보기로 하자.

중요한 것은 불안을 그저 피하는 것이 아니라 불안의 의미를 이해하고 이를 적절히 활용하는 것이다.

불안 극복Angstbewältigung이라는 용어는 불안이 없는 상태 Angstfreiheit를 연상시킨다. 그러나 이것은 유토피아에 가깝다. 불안이 없는 상태란 존재하지 않는다. 불안은 인간 존재의 일부다. 불안 극복이란 불안에 적절히 대처해, 이상적인 경우 더 이상 지속적으로 불안해지지 않는 상태를 의미할 뿐이다. 불안은 꽤 구체적으로 서술할 수 있는 감정이다. 불안이라는 감정을 구체적으로 서술하기만 해도 방어 기제를 사용하지 않고 불안에 대처할 수 있는 방법과 문제 해결의 출발점에 관해 많은 정보를 얻을 수 있다. 다시 말해 문제 해결의 출발점은 불안이 우리를 엄습해 곤란하게 만드는 바로 그 상황에 있다. 우리는 일상생활에서 무의식적으로 늘 이렇게 대처하는데, 치료도 근본적으로는 이와 다르지 않다. 치료 작업이란 무엇보다도 불안에 대처하는 법을 익히는 것이기 때문이다. 모든 심리 치료 작업은 불안과 관련이 있다. 정신 질환에 대한 모든 이론은 불안에 대처하는 법을 포함하는지 여부에 따라 분류할 수 있다.

불안이라는 감정 영역 — 희망의 반대극

다른 감정도 흔히 그렇듯이 우리가 불안이라는 감정만 느끼는 경우는 거의 없다. 우리가 마주하는 것은 거의 언제나 전체 감정 영역이다. 감정 영역은 당연히 언어 영역과도 관련된다. 왜냐하면 우리는 감정에 온갖 이름을 붙이고 다양한 언어 표현으로 이를 서술하기 때문이다. 불안이라는 감정 영역에는 긴장, 압박감, 공황 상태, 공포 등이 포함된다. 그러나 이 감정 영역은 훨씬 더 확장될 수 있다. 이럴 경우 불안이라는 감정 영역에는 근심, 분노, 격분, 공격성 등도 포함된다. 불안 및 불안에 기초한 분노와 적대감은 매우 밀접하게 연관된 감정들이다. 잘 알려진 것처럼 불안한 상태에 있는 사람은 불안한 상황에서 도피하려 하거나 불안 유발 요인으로 지각된 대상을 공격하려는 반응을 보인다. 공격은 공격성의 표현이다. 몇몇 사람은 불안을 거의 느끼지 않는 대신에 매우 쉽게 공격성을 드러낸다. 이런 사람은 늘 화가 난 듯한 인상을 풍긴다. 이런 사람은 언뜻 매우 강해 보이지만, 쉽게 분노하는 그의 행동 뒤에 불안이 숨어 있다는 것을 어느 순간 노출한다. 그의 분노는 불안의 방어 기제인 셈이다. 분노는 상대를 몰아대고 변화시키려는 감정이다.

불안에는 불안-수치심-죄책감으로 이어지는 감정 영역도 포함된다. 이것은 매우 중요하고도 광범위한 감정 영역이다. 이것의 반대편에는 불안-용기-희망으로 이어지는 감정 영역이 있다. 불안은 희망의 반대극이라고 볼 수 있다. 어찌 보면 불안은 우리를 북돋우는 모든 고양된 감정의 반대극이다.[4] 불안하면 갑갑하고 숨쉬기 곤란하며 가슴이 죄이는 듯한 느낌을 받는데, 이것은 기쁨, 고취, 희망 등과는 정반대되는 느낌이다. 하지만 불안과 양립하지 않는 듯한 이런 고양된 감정들은 불안과 마찬가지로 모두 미래와 관련된 감정이다. 극단적인 경우에 불안한 사람은 미래가 전혀 없는 듯한 인상을 풍긴다. 이런 사람은 현재의 삶이 불확실하고 위태로운 느낌, 실존적 위기감에 시달린다. 반면에 희망은 때로는 비합리적일 정도로 더 나은 미래를 기대하는 감정이다. 희망은 불확실한 공상처럼 보이는 미래를 굳게 믿으면서 그런 미래를 향해 자신을 바치는 능력이다. 이럴 때 우리는 고양된 삶의 기쁨을 느낀다.

2

불안의 원동력 — 실존철학적 접근

인간을 향한 무한자의 외침 — 키르케고르

쇠렌 키르케고르Søren Kierkegaard 이후의 실존철학에서 인간의 삶을 고양하고 가장 진실한 자기 자신이 되도록 북돋우는 것은 바로 불안이다.

먼저 키르케고르에 대해 살펴보자. 키르케고르에게 불안은 매우 중요한 주제였으며, 1844년에 불안에 관한 저서를 출간했다. 그는 불안Angst과 공포Furcht를 엄격하게 구분했다. 그에게 불안은 특정 대상에 대한 공포가 아니라 '허무를 마주하는 자의 불안Angst vor dem Nichts'을 의미했다.[1] 그에게 불안은 인간의 실존과 연관된 것이었으며, 인간

실존의 과제는 유한한 것과 무한한 것을 종합하는 것이었다. 그에게 실존이란 영원한 것, 무한한 것과 관련되면서도 지상에서 늘 무엇이 되려고 하는 과정이다. 그 때문에 인간은 늘 불확실성 속에서 살아갈 수밖에 없으며, 불안은 인간의 필수 동반자가 된다. 그러나 불안은 또한 무한자가 유한한 인간을 부르는 소리, 초월자가 내재적 인간을 부르는 소리이며, 이 소리를 들을 때 비로소 인간은 자신이 영적 존재임을 깨닫는다. 키르케고르가 '바닥없는 불안bodenlose Angst'이라고 부른 것을 통해 인간은 유한의 현혹, 허울뿐인 확실성에서 자유로워지고 현존재 속에서 '이름 없는 기쁨'과 포근한 안정감Geborgenheit을 경험할 수 있는 자유의 길이 열린다고 한다. 키르케고르는 불안을 본질적으로 원죄와 연관시킨다. 원죄에 대한 불안 속에서 인간은 자신을 영적 존재로 경험할 수 있으며, 이것은 인간이 하나님과 연결된 존재임을 의미한다.

키르케고르에게 원죄는 자기화 과정Selbstwerdung의 일부다. 원죄를 통해 인간은 집단적 존재가 아닌 개별자가 된다.[2] 인간은 영혼을 통해 일시적인 것과 영원한 것을 종합함으로써 온전한 인간이 될 수 있다. 키르케고르에게 온전한 인간이란 하나님에게 의지하는 인간을 의미한다.

또한 불안을 통해 인간은 자신이 무슨 죄를 범하려 하는지 또는 이미 범했는지를 알게 된다. 키르케고르에게

죄는 자신을 선택하는 과정이기도 하다. 죄를 범할지 모른다는 가능성이, 어쩌면 열려 있는 가능성 자체가 불안을 낳는다. 불안 속에서 개인은 자유의 가능성(또는 자유의 현혹)을 발견하는데, 키르케고르에게 이것은 하나님을 향해 결단할 자유를 의미했다. 키르케고르는 이것을 '믿음의 도약Glaubenssprung'[3]이라고 불렀다. 그리고 이런 믿음의 도약은 '은혜를 체험하는 이름 없는 기쁨'[4]으로 이어진다. 이것은 그에게 인간 삶의 토대에 해당했으며, 따라서 불안에 대한 그의 분석도 이를 바탕으로 했다.

불안에 관한 키르케고르의 저작은 일종의 경고서였다. 즉 인간과 불안의 진정한 관계가 끊어지면 기독교 용어로 서술된 '이름 없는 기쁨'과 인간의 관계도 끊어질 것이라는 경고였다. 그래서 결국 인간이 유한의 세계에 빠져 자신이 무한의 세계에도 속한다는 사실을 잊게 될 것이라고 키르케고르는 경고했다. 그러나 키르케고르는 인간이 유한의 세계에도 속한다는 사실을 잊고 있는 듯하다. '믿음의 도약'이라는 것은 현세에서 불안에 대처할 수 있는 많은 방법을 간과하고 폄하하는 면이 있다. 예를 들어 사람들이 서로에게 힘이 되어 주는 것은 키르케고르에게 고려 대상이 아니었다. 또한 신비주의자 등의 주장처럼 불안을 마주할 용기를 통해 자기 내면에서 영원한 것과 하나가 될 수 있는 가능성도 전혀 고려 대상이 아니었다.[5]

실존철학은 불안에 대한 키르케고르의 분석을 받아들였지만 '믿음의 도약'이라는 주제는 받아들이지 않았다. 그래서 불안은 악령의 심연에서 허우적거리는 불안정한 상태로만 이해되었다.

불안한 기분 — 하이데거

기분과 감정의 중요성을 최초로 깨달은 것은 실존철학이었다. 그리고 그 후에 심리학이 그 뒤를 따랐다.[6] 마르틴 하이데거Martin Heidegger는 『존재와 시간Sein und Zeit』에서 오늘날 정동情動 연구의 대상인 주제들을 다루었다. 그는 특히 감정의 한 측면인 기분이 그동안 경시되었다고 지적한다.[7] 그에 따르면 인간은 '오늘은 기분이 좋다 또는 나쁘다.'라는 식으로 늘 어떤 기분을 느끼며 살아간다. 그래서 특히 '이상한' 기분이 들 때, 즉 자신의 기본 심리 상태 Grundbefindlichkeit가 평소와 다를 때 이런 기분에 주목하게 된다. 이런 기분은 인간이 매우 긴밀한 생물학적·심리적·사회적 연관 속에 있는 존재임을 잘 보여 준다. 예를 들어 몸에 어떤 이상이 있거나 몸이 특별히 쾌적한 상태이면 이에 따라 자연스럽게 기분이 변한다. 또 어떤 생각이 문득 떠오르거나 어떤 꿈을 꾸거나 동료와 다투었을 때, 심지어 날씨가 갑자기 변하기만 해도 기분이 달라진다.

현존재Dasein가 항상 어떤 기분 속에 있다는 하이데거의 말은 의미심장하다. 이것은 심층심리학과도 중요하게 연관된다. 기분은 우리의 심리 상태를 구성한다. 그리고 불안한 기본 심리 상태(기분)는 인간을 이해하는 데 특히 중요하다고 하이데거는 말한다.

하이데거는 불안한 기분을 토대로 그의 실존 분석 전체를 발전시켰으며, 인간이 느낄 수 있는 다른 모든 감정을 불안과 연관시켰다. 발달심리학의 관점에서 볼 때 이런 분석은 부정확한 면이 있지만, 그가 불안에 대한 분석을 통해 인간의 심리 상태에 관해 매우 많은 것을 밝혀낸 것은 사실이다. 그의 견해에 따르면 기쁨은 결국 불안에 대한 방어 수단에 불과한데, 이것은 지지하기 어렵다. 불안이 기본 감정이고 다른 모든 감정이 불안의 파생물에 불과하다면 기쁨은 불안에 대한 방어 수단으로 해석될 수밖에 없기 때문이다. 그러나 이는 살아 있는 것의 거부와도 같다. 나는 기쁨뿐만 아니라 그 밖의 고양된 감정도 독자적인 감정이라고 생각한다.[8] 물론 이런 감정을 불안에 대한 반응으로 볼 수도 있으며, 이런 감정이 불안과 상호 작용하는 것도 사실이다. 그러나 기쁨을 포함해 고양된 감정은 불안과 전혀 다른 방식으로 인간의 본질적인 상황을 드러내는 감정이자 기분이다. 불안만 있는 것이 아니라 기쁨도 있다. 우리는 세계에 내던져진 존재Geworfensein 일 뿐만 아니라 지지받는 존재Getragensein이기도 하다.* 하이데거와 정반대되는 입장을 취한 사람은 "불안은 희망 속에서 익사한다."라고 말한 에른스트 블로흐Ernst Bloch다.[9]

이런 한계에도 불구하고 불안에 대한 하이데거의 실존철학적 접근과 성찰은 매우 중요하다.

'세인世人'으로 살아가기란(즉 세상 사람들처럼 현재 상황 속에서 행동, 생각, 사랑 등을 하면서 살아가기란) 현존재 (인간)가 본래의 자기가 되는 것을 두려워해 '통속적 자기Man-Selbst'**로 달아나는 것을 의미한다. 우리는 무언가 위협적인 것이 있을 때 달아난다. 그러나 공포와 달리 불안의 경우에 우리를 위협하는 것은 뚜렷하지 않다. 불안을 통해 현존재는 다시 본래의 세계-내-존재가 될 수 있는 가능성을 마주한다. 불안 속에서 우리는 다시 우리 자신을 마주한다. "불안을 통해 현존재에게 가장 고유한 존

---

* 하이데거는 예를 들어 『철학 입문Einleitung in die Philosophie』에서 다음과 같이 말한다. "(…) 세계-내-존재In-der-Welt-sein는 존재자Seiende의 지지를 받는 존재Getragensein이자 존재자로부터 위협을 받는 존재Bedrohtsein라는 기본 양식으로 막강한 존재자에게 내던져진 존재Ausgeliefertsein로 이해된다."(Martin Heidegger, 1996, Gesamtausgabe, V. Klostermann, Bd. 27, 358쪽에서 직접 번역해 인용) 하이데거는 인간이 세계에 내던져진 존재라는 점을 강조한 반면에 이 책의 저자 카스트는 인간이 지지받는 존재라는 점에 주목한다.
** 흔히 '세인-자기'로 번역된다.

재 가능성, 즉 자기 자신을 선택하고 움켜쥘 자유를 향해 자유로운 존재의 가능성이 열린다."[10] 또한 불안하면 '낯설고 두려운unheimlich' 기분,[11] '제집을 떠난 기분Nicht-zuhause-sein'이 든다고 하이데거는 말한다. 이 때문에 인간은 '일상 세계의 세평' 속으로, 즉 세상 사람들이 제집처럼 느끼고 생각하며 행동하는 곳으로 도피한다. 그러나 이로써 현존재는 타락하고 세인은 자기 자신이 되는 데 실패한다. 그러나 불안은 세인으로 타락한 인간이 다시 본래의 자기가 되도록 끌어당긴다. 카를 야스퍼스Karl Jaspers 같은 다른 실존철학자나 장 폴 사르트르Jean Paul Sartre, 알베르 카뮈Albert Camus 같은 프랑스 실존주의자까지 포함해 실존철학은 불안에 대한 성찰을 통해 발전했다고 말할 수 있다. 이런 불안의 뿌리는 이미 18세기 말부터, 특히 두 차례의 세계 대전을 겪으면서 이성이 삶의 중심 원리라는 믿음이 힘을 잃게 된 데 있었다. 그래서 세계는 낯설고 두려운 곳이 되었고, 불안정감Ungeborgenheit이 화두가 되었다. 키르케고르가 선구자 역할을 한 실존철학은 이런 터전에서 자라났다. 실존철학자들은 인간이 낯설고 두려운 것에 굴복하는 대신에 이에 맞설 수 있다고 보았다. 그리고 외적인 받침대가 모두 사라진 상황에서 맞서기 위한 최후의 받침대는 인간의 내면에서 찾을 수밖에 없었는데, 이것이 바로 키르케고르 이후 '실존'이라고 불리는 것이었다. 받침대 역할을 하던 세계가 사라진 상황에서, 돈이나 명성, 건강, 재능 등과 같이 우리가 소중히 여겼던 모든 것이 사라지고 낯선 두려움과 불안정감만이 남은 상황에서 인간은 허무를 마주한다. 허무를 마주하는 인간에게는 파멸의 길이 아니라 가장 고유한 자기가 될 수 있는 길이 열린다. 이렇게 허무를 마주하는 것, 익숙한 관계에서 벗어나는 것은 인간이 비본래적인 삶에서, 즉 세인으로 타락한 상태 또는 세상에 매몰된 상태에서 벗어나 자기 자신을 되찾고 자신의 직접적인 근원으로 돌아감을 의미한다. 허무를 마주하는 인간은 자신을 절대적 개별자로 경험한다. 즉 이 순간에 어떤 인간관계에도 묶이지 않은 채 자기가 되는 과정에 몰두한다. 이렇게 우리가 불안을 마주할 때 의미가 드러난다.

이렇게 보면 공포는 일종의 비본래적인 불안, 즉 인간이 자기 자신을 찾기보다 계속 은폐하는 데 기여하는 불안인 셈이다.

그러나 내가 보기에 '바닥없는 불안'의 상태는 정말로 불안이 한없이 깊은 상태라기보다 내면화된 '바닥'이 없는 상태, 즉 받침대가 되어 줄 자신의 핵심을 깨닫지 못한 상태에 더 가깝다. 그래서 누군가는 평생을 두려움에 떨며 살아가기도 한다. 그럼에도 나는 실존철학 사상이 불안에 대처하는 데 매우 큰 도움이 된다고 생각한다. 물론 실존철학의 대상은 일상적 불안이라기보다 궁극적 의미의 바닥없는 불안이다. 반면에 심리학은 주로 일상적 불안을 다룬다. 이런 불안은 철학자들이 말하는 불안처럼 거창하진 않지만 더 성가시게 우리를 괴롭힌다. 그리고 이런 불안은 무엇보다 곤란한 상황에서 당장 행동하도록 우리를 다그친다.

불안을 마주할 용기

실존철학적 접근이 우리에게 주는 교훈은 무엇인가?

실존철학적 접근에서는 불안과 공포를 뚜렷이 구분한다. 그러면서 공포의 가면을 벗겨 그 근저에 놓인 실존적 불안을 드러내야 한다고 주장한다. 그러나 심리학에서는 위험의 원천이 어디인지 불명확할 때, 그래서 불안을 극복하려는 시도도 하기 어려울 때 생기는 감정이 불안이라고 본다. 반면에 두려워하는 대상이 매우 구체적일 때, 다시 말해 위험의 원천이 분명해 보일 때는 공포라는 용어를 사용한다. 그러나 공포에는 여전히 불안이 포함되어 있고 불안에는 여전히 공포가 포함되어 있다. 우리에게 대상이 분명한 공포감이 들 때, 다시 말해 무엇이 우리를 불안하게 만드는지 알 때 우리는 공포뿐만 아니라 실존적 불안도 어느 정도 방어하는 조치를 취하게 된다. 모든 일상적 공포를 통해 커다란 불안이 표출될 수 있다. 반대로 우리는 불안을 느낄 때 이런 불안을 공포로 바꾸기도 한다. 우리는 막연한 불안을 느낄 때 우리가 무엇을 두려워하는지를 어렵지 않게 찾아내곤 하는데, 이럴 때 우리가 찾아낸 불안의 원인은 매우 임의적일 수 있다. 어쨌든 무엇을 두려워하는지 알면 이에 대처하기도 더 쉬워진다. 그러나 공포에는 여전히 불안이 포함되어 있기 때문에 이 둘을 엄격히 구분하기란 쉽지 않다. 특히 일상어에서 이 두 심리 현상은 이미 오래전부터 뒤섞여 있었다. 예를 들어 '전쟁에 대한 불안' 또는 '비행에 대한 불안'이라는 표현처럼 일상어에서는 불안과 공포가 뒤섞여 있다.

그러나 실존철학에서는 공포의 가면을 벗겨 그 배후에 있는 불안을 의식적으로 마주하려 할 것이다. 그래야만 허무와 직면하는 경험을 통해 파멸이 아니라 더 확실한 삶의 느낌을 얻을 수 있는 길이 열리기 때문이다. 불안은 인간의 자기를 불러낸다. 불안을 통해 인간은 자기 자신을 마주하게 된다. 왜냐하면 불안한 자기를 다른 누가 대신할 수는 없기 때문이다. 불안을 통해 허무와 직면한다는 것은 우리가 불안의 경험을 통해 새로워질 수 있음을 의미한다. 지금까지 통했던 모든 것이 더 이상 통하지 않을 때, 우리를 치장했던 온갖 장식품이 사라질 때, 지금까지 우리를 떠받쳤거나 떠받치는 것처럼 보였던 모든 것이 무너질 때 우리는 우리를 진실로 떠받치는 것을 마주할 수밖에 없다고 실존철학자들은 말한다. 이것이 바로 불안이 우리에게 선사하는 실존적 경험의 기회다. 그러나 불안에 시달리는 환자에게 이런 경험을 강요할 수는 없다. 우리를 진실로 떠받치는 것을 마주해야 한다는 실존철학의 명제를 임상 현실에 그대로 적용하기에는 무리가 따른다.

불안에 기초한 현존재 분석이 우리에게 주는 또 다른 교훈은 불안이 우리를 고독하게 만든다는 지적이다. 불안은 우리 자신을 돌아보게 만든다. 불안은 우리 자신을, 우리의 진정한 자기를 부르는 소리다. 불안에 사로잡힐 때 우리는 삶에서 정말로 중요한 것이 무엇인지를, 우리를 진실로 떠받치는 것이 무엇인지를 찾게 된다. 그 때문에 우리에게는 야스퍼스의 자주 인용되는 표현처럼 '불안을 마주할 용기Mut zur Angst'가 필요하다.* 이제 다음과 같은 생산적인 물음이 제기된다. 불안을 회피하거나 불안에 굴복할 때 우리가 정말로 놓치는 것은 무엇인가? 실존철학의 커다란 교훈은 바로 이 물음에 대한 답변으로 이해할

---

* '불안을 마주할 용기'에 관해 야스퍼스는 "자기 자신을 되찾기 위해 불안을 반기는 것"이라고 설명한다. Karl Jaspers, 1973, *Philosophie II. Existenzerhellung*, 4. Aufl, Springer, Heidelberg, 267쪽에서 인용

수 있다. 즉 우리 삶을 힘겹게 하는 불안을 회피하지 말고 이를 용감하게 견뎌 내야만 중요한 자기 경험의 길이 열린다. 이에 관해 하이데거는 인간이 결단을 통해, '단호하게' 자신의 현존재를 구체화해 실존의 '본래성Eigentlichkeit'을 획득해야 한다고 말한다. 그리고 프랑스 실존주의자들은 이에 관해 인간이 '참여engagement'하는 삶을 통해 이 세계에서 무언가를 실현하고 자기 자신의 현실을 창조해야 한다고 말한다. 이 모든 것은 우리가 불안에 휘둘리지 않도록, 불안이 우리의 삶을 좌우하지 않도록 우리를 북돋우는 덕목이라 하겠다. 그러나 이것은 영웅의 덕목이다. 그리고 실존철학에 결여된 또 다른 덕목은 "온갖 위험 속에서도 삶을 낙관하는 태도",[12] 신뢰, 희망, 초연함 같은 덕목이다.

이 때문에 나는 불안이 인간의 근본 감정이며, 인간의 본질을 구성한다는 실존철학의 사상을 받아들이지 않는다. 불안은 여러 감정 중 하나일 뿐이다. 물론 불안은 인간 존재의 중요한 한 가지 상수와 결부된 감정이다. 이것은 바로 인간이 항상 위험에 대처해야 하는 위태로운 존재이자 이런 영원한 위험으로 인해 현존재에 더 충실하고 본래의 자기에게 다가갈 수밖에 없는 존재라는 점이다. 그러나 불안과 씨름하는 것이 인생의 전부는 아니다.

하이데거는 시간성(죽음을 향한 존재)을 통해 인간 삶의 모든 개별적 특징이 하나로 통합된다고 말한다. 그리고 이런 시간성은 염려하는 마음Sorge을 통해 구체화된다고 주장한다.[13] 이런 주장에 따르면 미래에 주의를 기울이는 또 다른 심리 형태들은, 즉 그가 언급한 의지와 소망 외에 미래와 관련된 '긍정적 기대감'(블로흐)인 희망 등은 모두 염려의 파생 형태에 불과할 것이다. 그러나 인간의 현존재는 희망을 통해서도 규정되므로 하이데거의 주장은 일면적이라 하겠다. 하이데거는 이런 견해를 보인 지 훨씬 후인 1946년에 프리드리히 횔덜린Friedrich Hölderlin의 시를 해석하면서 다음과 같이 썼다. "청명한 것das Heitere을 통해 모든 사물에 고유한 본질적 공간이 열린다." 그리고 "청명한 것은 근원적인 치유력이 있다."[14] 따라서 내가 보기에는 역겨움, 기쁨, 호기심, 놀람, 근심, 긍정적 자존감, 부정적 자존감, 수치심, 죄책감 등과 같이 우리가 경험하고 경험한 대로 서술할 필요가 있는 다른 모든 감정도 불안처럼 인간의 본질적인 측면을 보여 주는 근원적인 감정으로 취급하는 것이 타당해 보인다.[15]

불안은 어디서 유래하는가? 불안은 근본적으로 인간이 죽을 수밖에 없는 매우 연약하고 위태로운 존재라는 사실과 관련 있는 듯하다. 그러나 우리는 불안을 느낄 뿐만 아니라 불안을 마주할 용기를 낼 수도 있다. 우리는 죽을 수밖에 없는 존재일 뿐만 아니라 이런 한계 속에서도 매우 많은 것을 이루고 견디고 느끼고 바꿀 수 있는 존재이기도 하다. 우리는 그저 불안에 내던져진 존재가 아니다.

　나아가 우리는 불안을 마주할 용기뿐만 아니라 희망과 삶에 대한 자신감도 가질 수 있다.

3

불안의 여러 측면

불안이라는 감정을 자세히 들여다보기만 해도 불안에 대처하기 위한 많은 접근법을 확인할 수 있다. 따라서 불안이라는 감정을 다시 한번 살펴보고자 한다.[1]

불안은 일반적으로 "개인에게 중요한 상실이나 실패가 예상될 때 생기는 감정적 반응"[2]으로 정의된다. 다시 말해 우리에게 매우 소중해 보이는 것, 우리에게 매우 가치 있는 것이 위태로울 때 불안이 생긴다. 그래서 우리는 결국 불안을 통해 우리에게 소중한 것이 무엇인지 깨닫게 되고 위태로운 이것을 구하려 하거나 우리의 가치관을 바꾸어 새로운 가치를 추구하게 된다. 불안에 직면해서야 비로소 자신에게 소중한 것이 무엇인지를 깨닫는 일은 드물지 않다. 자제력을 중요하게 여기는 사람이라면 통제할 수 없는 격분에 휩싸일 때 커다란 불안감이 밀려올 수 있다. 그러면 주위 사람들이 자신을 향해 통제력이 없다고 손가락질하는 모습, 그래서 자존감에 상처를 입고 초라해진 자신의 모습 등이 머릿속에 떠오르게 된다. 반대로 자제력과 통제력이 그다지 중요한 가치가 아니라면 이따금 격분하는 것은 오히려 삶의 활력소가 될 수 있다.

불안은 생물의 감정 상태다. 신체가 불안을 느낀다. '나는 불안해.'라는 말은 실제로는 내 몸이 불안을 느낀다는 뜻이다. 불안은 진화를 통해 형성된 의미 있는 반응 유형이다. 생물의 이런 감정 상태는 흔히 개체의 적절한 반응이 불가능해 보이는 복잡하고 다의적인 위험 상황을 지각할 때 매우 불쾌한 흥분의 증가로 나타난다. 불안은 적절한 반응이 불가능하다는 느낌이 들 때 비로소 생긴다. 불안이 복잡한 반응 유형이라는 서술에는 이미 불안을 극복하거나 적어도 이에 대처할 수 있는 매우 많은 방법이 함축되어 있다. 불안을 극복한다는 것은 심리학적으로 볼 때 불안과 공생할 수 있음을 의미한다. 불안을 극복한다는 것은 더 이상 불안을 느끼지 않는다는 것이 결코 아니다. 왜냐하면 불안은 인간 삶의 필수적인 일부이기 때문이다. 불안을 통해 우리는 우리 자신과 대면하게 된다. 불안은 우리가 현재 위험에 처해 있으며, 어떤 식으로든 해결책을 찾아야 한다는 신호다.

이제 불안의 다양한 구성 요소를 토대로 일상생활과 심

리 치료 상황에서 불안에 대처하는 법과 불안을 생산적으로 활용하는 법을 살펴보기로 하자.

긴장될 때 — 긴장 푸는 법

신체가 불안을 느끼면 이런 불안은 흥분의 증가로 지각된다. 예를 들어 강력한 상대에게 맞서야 하는 상황에서 우리는 이런 흥분의 증가를 지각한 후 도피하거나 아니면 뜻밖의 강력한 힘을 발휘하는 식으로 반응하게 된다. 흥분은 또한 긴장된 상태를 의미한다. 마비를 일으킬 정도로 심하지 않은 긴장은 집중력을 높이는 작용을 한다. 불안한 사람은 대개 긴장된 상태에 있다. 불안 특성을 가진 사람은 온몸의 근육이 긴장된 상태로 늘 경계하면서 도피나 공격 반응을 할 태세를 갖추고 있다. 이런 사람에게 필요한 불안 대처법은 무엇보다도 긴장을 푸는 것이다. 벤조디아제핀 같은 진정제, 마약, 알코올 등은 긴장을 푸는 작용을 할 수 있다. 아마도 알코올은 불안에 대처하기 위해 사용되는 가장 흔하면서도 가장 문제가 많은 수단 중 하나일 것이다. 이보다 훨씬 나은 대안은 즐겁게 긴장을 풀수 있는 신체 활동을 하는 것이다. 함께 있으면 기분이 좋아지고 자연스럽게 긴장이 풀리는 사람과 어울리는 것도 좋은 대안이다. 그 밖에 신체의 긴장을 이완하는 방법으로 호흡 요법, 명상, 자율신경계를 조절해 스트레스를 관리하는 자율 훈련법Autogenic Training, 억압된 생체 에너지를 활성화해 심신 건강을 꾀하는 생체 에너지 요법Bioenergetics, 적절한 신체 긴장을 통해 심신의 조화를 꾀하는 적정 긴장 요법Eutony, 무용 요법 등이 있다. 이런 신체 요법들은 특히 긴장에 초점을 맞춘 불안 치료법이다.

불확실성에 휩싸일 때 — 새로운 확실성 찾기

앞에서 언급했듯이 불안은 복잡하고 다의적인 위험 상황을 지각할 때 생긴다. 이런 상황에서 우리는 불확실성에 휩싸인다. 이런 불확실성을 견디면서 기다릴 수만 있다면 대개는 새로운 확실성이 다시 나타난다. 따라서 이런 경우에는 새로운 확실성을 찾는 것이 치료법 또는 일상생활에서 불안에 대처하는 방법이 될 수 있다. 불확실성은 혼란을 야기한다. 혼란에 빠지지 않고 연관 관계를 빠르게 파악해 다시 명료한 시야를 확보하는 것에 특별히 큰 가치를 부여하는 사람들이 있다. 그러나 이런 태도가 빈번한 불안의 원인이 될 수 있다. 낯선 상황에 처했을 때 상황을 어떻게 바라보고 평가할지, 관련 문제를 어떻게 해결할지가 일단 불확실해 보이고 그래서 어느 정도 혼란스러운 것은 아주 당연한 일이다. 잘 알려진 것처럼 창의적 과정은 불확실한 상황에서 시작된다. 명확한 해결책이 보이지 않는 혼란을 견뎌 내는 것이 창의적 과정의 출발점이다.

심층심리학은 불확실성을 견뎌 내라고 말한다. 심층심리학에서는 우리가 견뎌 내야 하는 불확실성을 일부러 조성하기까지 한다. 물론 이런 불확실성은 치료의 틀 안에서 조성되기 때문에 견디기가 아주 어렵지는 않다. 이때 꿈, 환상 등의 다양한 측면에서 문제를 고찰하고 무의식적으로나 의식적으로 상황이 어떻게 보이는지를 탐구할 수 있다. 그리고 이런 과정을 통해 상황이 점차 분명해진다. 심층심리학의 관점에서 볼 때 무언가가 불확실하거나 혼란스러워 보이는 까닭은 우리가 감히 진실을 직시하려 들지 않기 때문이다. 따라서 심층심리학에서는 무의식을 고려한 방법을 사용해 우리를 정말로 불안하게 만드는 것이 무엇인지 알아내려 한다. 나아가 어린 시절의 불안 경험이 현재의 삶에 전이되어, 불안한 상황에 처하면 콤플렉스로 인한 과잉 반응이 나타나는 것은 아닌지 살펴본다.[3]

가치가 흔들릴 때 — 새로운 안전 찾기

위험은 적절한 반응이 불가능해 보일수록 심각하게 느껴진다. 그리고 이런 위험이 무력감과 결부되면 불안을 느끼게 된다. 위험 상황에서 우리는 안전을 추구하고, 무력감이 들면 도와줄 사람을 찾게 된다. 이럴 때 우리는 보통 믿을 수 있는 사람을 찾는다. 즉 위험 상황에서도 불안 때문에 초조해하지 않으면서 침착하게 대처할 수 있는 사람을 찾는다. 이런 상황에서는 사태를 규명하는 것이 도움이 될 수 있다. 불안을 유발하는 상황은 실제로 얼마나 위험한가? 이에 대해 어떤 대책을 강구할 수 있는가? 나의 어떤 가치가 위험에 처해 있는가? 이런 질문을 바탕으로 자신의 근심을 진지하게 '받아들이고 분석하면(이런 과정은 심층 심리 치료뿐만 아니라 친구와 대화를 나누거나 스스로 성찰하는 방식으로도 이루어질 수 있다) 근심을 상대화해서 바라볼 수 있는 길이 열린다. 이때 위험에 처한 가치를 다른 가치로 대체할 수 있으면 훨씬 더 효과적이다. 예를 들어 시험에 떨어질까 봐 불안에 떨던 학생도 이런 성찰을 통해 시험보다 건강한 삶이 더 중요하다는 깨달음에 도달할 수 있다. 그러면 자존감을 상실할 위험으로 인해 유발된 불안은 가치의 상대화로 이어지고, 이는 다시 자아상의 변화로 이어질 수 있다. 이처럼 불안은 우리 자신을 마주하는 계기가 될 수 있다. 자존감과 관련된 불안은 우리 스스로가 인정하고 싶지 않은 우리의 모습, 우리가 원하는 자아상에 어울리지 않는 우리의 모습이 무엇인지를 분명하게 드러낸다. 평소에 우리는 우리의 이런 모습을 억누르며, 그래서 이것은 우리의 그림자가 된다.[4] 그러다 어느 순간에 이런 그림자가 가시화되고 심지어 이로인해 공개적인 비난을 받는 상황에 처하면 불안이 우리를 엄습한다. 이런 불안은 우리 자신을 더 총체적으로 이해하는, 즉 우리의 밝은 면과 어두운 면을 함께 바라보는 계기가 될 수 있다. 우리가 별로 원치 않는 우리의 모습까지스스로 받아들이면 더 이상 이런 모습이 가시화될까 봐노심초사할 필요가 없다. 다시 말해 불안에 덜 시달리게된다. 그러나 우리에게 가장 중요한 가치가 위태로울 경우에는 재해석도 별 쓸모가 없다. 이럴 때는 해당 가치를다른 가치로 대체할 수 없으므로 상실의 위험 자체에 대처하는 법을 익힐 수밖에 없다. 어쩌면 이런 불안에 직면해 새로운 가치로 간주될 수 있는 것은 삶 자체밖에 없을것이다. 이런 상황에서 우리는 우리에게 가장 소중한 것을 포기하고 놓아줘야 할 수도 있다.

무력감을 느낄 때 — 역량 개발하기

위험을 느낄 때 우리는 종종 절대적 무력감에 휩싸인다. 무력감에 맞서 자기 효능감을 높이려면 불안 속에서도 삶을 창의적으로 개척해 가는 법을 배워야 한다. 특히 삶의 위기 상황에서 무력감에 휩싸일 때 우리는 도움의 손길을 찾는다. 위기 상황에서는 불안감이 뚜렷해진다. 이런 불안 때문에, 위기의 배경을 이루고 위기를 통해 표출되는 역량 개발의 문제를 삶의 과제로 진지하게 받아들이지 못할 경우 위기가 증폭될 수밖에 없다.[5] 위기 상황에서 불안감을 어느 정도 덜어 줄 수 있는 사람을 찾으면 다시 삶을 창의적으로 개척해 가는 것이 가능하다. 불안을 극복하고 삶의 역량을 키우는 것은 모든 형태의 심리 치료에서 추구하는 목표다. 그중에서도 특히 행동 치료는 이런 측면을 가장 뚜렷이 강조한다. 행동 치료에서는 불안을 극복하고 삶의 역량을 단계적으로 키울 수 있는 행동 프로그램을 제공한다. 심층심리학에서도 이런 역량 개발을 위해 노력한다. 그래서 예를 들어 환상 속의 불안 상황에 대처하기 위한 전략을 제시하고, 특히 불안과 결부된 공격성이 바람직한 방향으로 전환되도록 유도하는 작업 등이 이루어진다. 이를 통해 당사자는 경우에 따라 스스로 무력감을 극복할 수도 있다.

그런데 근본적으로 무력감을 느끼는 순간은 우리가 다른 사람에게 마음을 열 수 있는 기회이기도 하다. 특히 불안 경험은 우리가 인간관계에, 특히 인간관계에 기초한 신뢰와 안정감에 매우 의존하는 존재라는 점을 여실히 드러낸다. 그러나 바로 이런 관계 때문에 우리는 다시 불안해질 수 있는데, 이런 인간관계 자체가 언제라도 다시 불안정해질 수 있기 때문이다. 불안한 상황에서 상황을 통제해 줄 누군가를 찾는 우리의 성향은 또 다른 위험의 원천이 될 수 있다. 모든 것이 통제되고 모든 것이 명확해 보이는 엄격한 체계를 대변하는 사람은 불확실성에 시달리는 사람에게 커다란 안도감을 제공한다. 이런 경우 자기 자신을 부르는 소리에 귀 기울이기보다 이념 체계를 무비판적으로 받아들이기 쉽다. 이런 체계는 삶의 복잡성을 단순화해 이해하고 기억하기 쉬울수록, 그리고 공격적인 구호와 강력하게 결합될수록 그럴듯해 보일 것이며, 불안에 시달리는 사람들은 이런 구호에 쉽게 넘어갈 것이다. 불안은 대중을 조종해서 원하는 정치적 방향으로 유도하기에 매우 효과적인 수단이다. 잘 알려진 것처럼 외국인 혐오와 같은 불안 심리를 고의로 조장하는 것은 선거전에서 큰 영향력을 발휘할 수 있다. 우리는 무력감에 빠질 때 권위와 이념에 쉽게 굴복하기 때문이다.

3. 불안의 여러 측면

불안 특성과 불안 상태

지금까지 살펴본 것처럼 불안의 여러 측면에는 제각기 불안에 대처하기 위한 지침과 방법이 담겨 있다. 즉 흥분은 긴장 완화가 필요함을 시사하고, 불확실성은 확실성이 필요함을 시사한다. 또한 위험은 안전을 찾도록 우리를 부추기고, 무력감은 불안을 이겨 내고 삶에 대처할 의지와 역량을 키우도록 우리를 부추긴다. 또한 원칙적으로 자기 자신을 더 적극적으로 개발하고 자아를 실현할수록, 우리가 진정으로 어떤 존재인지 더 깊이 깨달을수록 우리는 불안을 더 쉽게 받아들이고 이에 대처할 수 있다. 따라서 불안한 사람을 치료할 때 불안한 상태가 위기로까지 발전할 위험이 없다면 불안한 상태 자체에 초점을 맞추는 경우는 그리 많지 않다. 그보다는 불안한 사람이 자기 자신을 발견하고 개발해서 자기 안에 있는 인간적 가능성을 활용하도록 돕는 데 초점을 맞춘다. 이때 특히 중요한 것은 자신의 (파괴적이지 않은) 공격성을 적극적으로 개발하고 변화시켜 일정한 범위 안에서 이를 활용할 수 있는 방법을 찾는 것이다. 정체성 작업은 불안을 받아들이기 위해 중요한 전제 조건이다. 우리가 느끼는 불안의 정도는 우리의 자아 콤플렉스가 얼마나 일관된지, 우리의 정체성이 또는 우리 자신에 대한 정체성이나 자아상이 얼마나 안정된지에 따라 다르다.* 따라서 누구는 본성적으로 불안하고 누구는 그렇지 않다는 가정은 성립하지 않는다. 예를 들어 외부 관찰자가 보기에도 부자연스럽게 걷거나 목이 잠긴 듯한 목소리를 내면서 신체에 매우 많은 불안이 쌓여 있다는 인상을 풍기는 사람들이 있다. 그러나 이런 사람들도 특정 상황에서는 매우 용감한 행동을 보이곤한다. 그리고 반대의 경우도 마찬가지다. 본성적으로 매우 용감한 듯한 인상을 풍기는 사람도 어떤 상황에서는 갑자기 매우 불안한 모습을 보일 수 있다. 그래도 우리는 일상생활에서 비교적 불안한 사람과 그렇지 않은 사람을 구분할 수 있는데, 이는 불안정한 정체성 및 '소심한' 생활 습관과 관련이 있다. 예를 들어 어떤 결정을 내리기 전에 장시간 심사숙고하는 행동, 결과가 불확실하면 시도조차 하지 않는 태도, 가능하면 언제나 이중의 안전장치를 마련하는 습관을 보이는 사람들이 있는데, 이런 사람들은 이것을 소심한 생활 습관이라고 부르는 대신에 매우 가치 있게 여긴다.

불안 특성Trait-Anxiety, A-trait이란 개인의 특성으로 간주된

---

* 흔히 '콤플렉스'를 열등감의 의미로 사용하기도 하지만 심리학에서 콤플렉스란 상호 연관된 표상, 감정, 생각 등의 복합적 단위를 가리키며, 카를 융 Carl Jung이 많이 언급한 '자아 콤플렉스'란 의식 활동의 중심에 놓여 있는 자아의식을 가리킨다.

3. 불안의 여러 측면

불안을 의미한다.* 불안 특성이 강한 사람은 도처에서 위험을 감지하고 예상한다. 이런 사람은 좀처럼 공격성을 드러내지 않는다. 즉 자신을 방어하기 위해 용기 있게 나서질 못하며, 상대방에게 거부 의사를 표현하는 것도 힘들어한다. 이런 불안 특성과 불안 상태State-Anxiety, A-state를 구분할 필요가 있다.** 불안 상태는 불안을 유발하는 개별 상황과 관련이 있다. 예를 들어 이별, 여러 유형의 상실, 큰 병에 이미 걸렸거나 걸릴지 모를 위험, 수술, 시험, 입사 지원 등은 불안을 유발한다. 불안 특성이 강한 사람은 불안 특성이 약한 사람보다 불안 상태를 더 심각하게 경험한다. 불안 특성과 불안 상태의 구분은 불안과 공포의 구분과 어느 정도 일치한다. 즉 불안 특성을 가진 사람은 구체적인 공포보다 막연한 불안감에 휩싸이는 경향이 있다.

회피의 악순환 — 도피, 회피 전략, 수정 경험

매우 많은 사람의 경우, 불안에 대한 첫 번째 반응은 도

---

* 'Trait-Anxiety'는 '특성 불안'이라고도 번역된다.
** 'State-Anxiety'는 '상태 불안'이라고도 번역된다.

피하는 것이다. 도피는 생존을 위해 중요할 수 있다. 불안은 우리가 매우 위험한 상황에 처했다는 신호일 수 있으며, 이럴 때는 도피하는 것이 상책이다. 최상의 경우에는 일단 도피한 다음, 해당 상황에 대해 되돌아보고 자신감이 생기면 다음번에 똑같은 위험이 다시 닥쳤을 때 이에 맞설 수 있게 되는 것이다. 그러나 도피가 만능 해결책이 될 수는 없다. 불안에 대처하기 위해 늘 도피하거나 회피하는 반응을 보이는 사람은 결코 자기 자신을 마주할 수 없으며, 자신감을 키울 수 없다. 습관적으로 도피하는 사람은, 자신이 통제할 수 없기 때문에 불안을 유발하는 상황에 또다시 처할 수밖에 없다. 물론 도피하는 것이 더 나을 때도 있고, 언제나 영웅처럼 버티고 맞서 싸워야만 하는 것도 아니다. 그러나 도피할 경우 이로 인해 새로운 문제가 야기될 수도 있다. 특히 삶의 많은 영역 또는 주요 영역에서 이런 도피나 회피 전략을 사용할 경우 문제가 될 수 있다. 계속 도피하면 불안 경험에 기초해 결정을 수정할 기회가 사라지기 때문이다.

불안 경험과 결정의 수정은 보통 다음과 같이 이루어진다. 불안을 유발하는 상황에 처했을 때 용기 내어 불안을 마주하기로 결심한다. 이를 위한 첫 번째 단계는 자신의 불안을 지각하는 것이다. 그러면 다음과 같은 물음이 제기된다. 이 상황을 회피할 것인가 아니면 상황에 맞설 것

3. 불안의 여러 측면

인가? 이럴 때 예를 들어 다음과 같이 스스로 답할 수 있다. '다른 사람도 다 하는데 나만 못하면 웃음거리가 되겠지? 이런 작은 불안 때문에 포기하지 말자.' 시험 불안에 대해 생각해 보자. 만약 시험 불안 때문에 아무도 시험에 응하지 않는다면 시험 제도 자체를 폐지해야 할 것이다. 그러나 대다수 사람은 자신이 붙을 가능성이 전혀 없는 경우가 아니라면 시험 불안이 있어도 시험에 응한다. 대다수 경우에 우리는 불안에 제대로 대처할 확률이 얼마나 되는지 잘 알고 있다. 그리고 해당 상황이 지나가면 다음과 같이 말하곤 한다. '뭐 그렇게 심하진 않았어.' 이런 식으로 많은 사람이 시험에 한번 응하고 나면 다음번에는 덜 불안한 마음으로 또 다른 시험에 응할 수 있게 된다. 불안 경험에 기초한 결정의 수정은 우리의 인생에서 매우 중요하다. 이런 수정을 통해 우리는 잠재 불안이 계속 쌓이는 것을 막고, 실제 상황에 맞게 잠재 불안을 조정할 수 있기 때문이다. 이런 수정 경험은 반대의 경우에도 중요하다. 즉 너무 겁 없이 덤비는 사람들이 있는데, 이런 사람들은 언제 어디서 자신이 정말로 위험한 상황에 처하는지 모르기 때문에 정말로 위험해질 수 있다. 너무 겁 없이 덤비는 것은 자신이 마주할 능력도 자격도 되지 않는 상황에서 분수에 넘치게 끊임없이 나서는 것을 의미한다. 수정 경험의 요점은 두려움 또는 용기를 배우는 것이다.

수정 경험을 통해 우리는 자신이 너무 겁 없이 덤볐거나 너무 소심했다는 것을 차츰 깨닫게 된다.

거의 언제나 회피나 도피 전략으로 반응하는 사람은 이런 수정 경험을 할 수 없다. 그리고 이런 회피나 도피는 이른바 회피의 악순환으로 이어진다. 즉 거의 언제나 회피하거나 도피하는 사람에게 세상은 점점 더 위험해 보일 것이고, 그러면 더 불안해져서 또다시 도피하거나 스스로를 가둘 수밖에 없다. 그렇게 되면 가치 있는 삶의 경험을 할 수 있는 기회가 줄어들 뿐만 아니라 스스로도 많은 에너지를 헛되이 소모하게 된다. 특정 상황에서 사람들은 회피를 통해 불안이 사라졌다고 믿곤 한다. 예를 들어 부담되는 전화를 걸지 않고 자꾸 미루는 경우가 그렇다. 이럴 때 사람들은 상황이 좋아질 때까지 기다리자는 식으로 말하곤 한다. 그러나 며칠이 지나도 상황은 좋아지질 않는다. '오늘은 꼭 했어야 했는데.'라고 거의 매일 자책하면서 '내일은 잊지 말자.'라고 거듭 다짐한다. 이렇게 무언가를 미루면 엄청난 에너지가 낭비된다. 그리고 언젠가는 결국 그것을 하지만, 그동안 너무 많은 에너지를 낭비한 것에 짜증이 난다. 또는 결국 전화를 하지 못한 경우에는 자신이 부담되는 전화 한 통도 하지 못하는 인간이라는 자책감에 휩싸인다. 물론 전화하기가 힘들면 편지를 쓸 수도 있다. 그러나 회피하는 자신이 무능하고 한계가

3. 불안의 여러 측면

분명한 인간이라는 느낌 때문에 수치심이 드는 것은 어쩔 수 없다. 이렇게 자존감에 상처를 입으면 불안을 마주할 용기는 더 쪼그라들고, 그러면 또다시 회피할 수밖에 없게 된다. 이런 회피의 악순환이 우리의 삶을 좌우할 수 있다.

회피의 악순환 사례

직업 학교 졸업 시험을 앞둔 20세 청년이 있었다. 그는 학교에 결석을 밥 먹듯이 해 성적도 나빴고 평판도 좋지 않았다. 그가 다시 학교에 나타나면 교사들의 지적을 받을 게 뻔했기 때문에 학교에 가기가 두려웠다. 이렇게 결석 일수는 늘어만 갔고, 회피의 악순환은 이미 진행 중이었다. 그에겐 당연히 변명할 이유가 있었다. 다시 말해 그의 방어 기제는 이미 작동 중이었다. 그는 학교를 깎아내렸다. 즉 자신이 결석하는 이유는 교사들도 형편없고 학교도 형편없기 때문이라고 생각했다. 게다가 학교에서 가르치는 것은 어차피 실제 삶에 아무 쓸모도 없다고 확신했다. 그러면서 학교에 가기가 두렵다는 점은 절대로 인정하지 않았다. 심지어 그는 불안해 보이지도 않았으며 다만 공격적인 인상을 풍겼다. 그는 이런 깎아내리기 전략을 통해 한동안은 자신을 합리화할 수 있었다. 심지어 그는 자신만이 정말로 성숙하고 적절하게 처신하고 있으며, 다른 모든 학생은 비겁한 겁쟁이라고까지 생각했다. 그러나 실제로 그는 졸업 시험을 치르기가 두려웠으며 결국에는 시험을 포기하기로 마음먹었다. 그러면서 직업 학교 졸업장을 따려는 것은 안정된 삶을 추구하는 소시민적 사고의 산물일 뿐이라고 스스로를 합리화했다. 그는 직업 학교 졸업장 없이 몇몇 회사에 입사 지원서를 제출했지만, 모든 회사에서 직업 학교 졸업장을 요구했다. 그는 이것이 소시민적 사고의 산물일 뿐이라고 폄하하면서 정말로 중요한 것은 개인의 능력 자체라고 생각했다. 물론 이런 견해를 가질 수도 있겠지만, 현실에서는 아무도 그를 채용하려 들지 않았다. 그래서 결국에는 자신이 그동안 무엇을 게을리했는가라는 물음이 떠오르면서 은밀하게 불안감이 싹트기 시작했다. 그는 일단 지인의 가게에서 아르바이트를 시작했지만 얼마 지나지 않아 심한 근육통 때문에 이 일도 접어야만 했다. 병원에서는 통증의 원인을 찾을 수 없었으며, 어떤 치료도 효과가 없었다. 그는 여자 친구에게 무시당하지 않을까 하는 불안감도 가지고 있었다. 그러나 그는 자신에게 이런 불안감이 있다는 것을 깨닫지 못했다. 오히려 그는 여자 친구를 공격적으로 대하면서 졸업 시험을 치른 그녀가 출세만 원하는 속물이라고 비난했다. 그 후로 여자 친구는 그와 거리를 두게 되

3. 불안의 여러 측면

었다. 그는 여자 친구를 잃을까 봐 두려운 마음에 그녀에게 만나자고 연락하지도 못했다. 그리고 이렇게 둘은 결국 헤어지고 말았다. 그는 곤란한 상황을 모면하기 위해 한편으로는 회피 전략을 구사했고, 다른 한편으로는 필요한 조치를 앞질러 취하려 했다. 그는 아직 일어나지도 않은 일들을 상상하면서 자신의 불안 환상이 현실이 될까 봐 모든 인간관계를 서둘러 정리했다. 그는 스포츠 클럽에도 가입되어 있었는데, 비슷한 또래 중에는 직업 학교 졸업 시험을 치른 사람이 적지 않았다. 그는 시험 얘기가 나올까 봐 두려웠고, 다른 사람들이 그를 도피자 취급하는 모습이 머릿속에 떠올랐다. 그래서 스포츠 클럽에도 더 이상 가지 않게 되었다. 저녁에 가족과 함께 소파에 앉은 그는 모두를 짜증 나게 했다. 그는 동생들을 위해 TV 프로그램을 양보할 마음이 전혀 없었기 때문이다.

이 사례는 비교적 짧은 시기 동안 회피 전략을 사용해도 인생 전체에 얼마나 큰 영향을 미칠 수 있는지 분명하게 보여 준다. 물론 이 청년의 경우에는 이전에도 회피 전략을 사용했을 가능성이 크다. 이 청년은 직업뿐만 아니라 이성이나 동성 친구를 대할 때도 회피·전략을 사용했다. 우리는 이런 끊임없는 도피로 인해 삶의 영역이 얼마나 좁아지는지를 어렵지 않게 상상할 수 있다. 회피 전략은 삶의 영역을 매우 좁게 제한한다. 혈기 왕성한 청년이 텔레비전 앞에 앉아 무슨 프로그램을 볼지를 두고 어린 동생들과 다투는 모습은 그의 삶이 얼마나 제한되어 있는 지를 여실히 보여 준다. 어찌 보면 그는 유아기의 가족 품으로 퇴행한 셈이었다. 불안을 유발하는 상황을 회피하면 늘 이런 후퇴나 퇴행 경향이 있게 마련이다. 이것은 자율 성 부족과 관련되며, 이런 현상을 가리켜 흔히 "어머니의 찌개로 돌아간다."라고 말한다. 이런 퇴행 경향을 보이는 사람은 어머니 콤플렉스Mutterkomplex가 강한 편이다.* 그리 고 어머니 콤플렉스가 강한 사람은 종종 무언가에 잡아먹 히는 불안 환상을 경험하곤 한다. 이 청년이 가족 치료를 받으면서 치료사에게 가장 먼저 털어놓은 것도 식구들이 자신을 집어삼킬 것 같다는 이야기였다.** 이것은 단순한

---

* 카를 융이 제안한 어머니 콤플렉스 개념에 관해 저자는 어머니 또는 어 머니처럼 느껴지는 사람(할머니, 이모, 계모 등)과 주고받은 관계 경험이 응축 되고 일반화되어 감정과 행동에 영향을 미치는 복합 표상이라고 설명한다. 이런 관계 경험이 긍정적이면(어머니가 나를 인정하고 지지해 주면) 긍정적 어 머니 콤플렉스가 형성되고 부정적이면(어머니가 나를 차갑게 대하고 인정하지 않으면) 부정적 어머니 콤플렉스가 형성된다고 한다. Verena Kast, 2000, "Mut-terkomplex", in: G. Stumm, A. Pritz (eds), *Wörterbuch der Psychotherapie*, Springer, Vienna, 447쪽 이하 참조
** '무언가에 잡아먹히다'와 '자신을 집어삼키다'는 모두 'verschlingen'이라 는 단어를 문맥에 따라 달리 번역한 것인데, 이 책에 자주 등장하는 이 표현 은 기본적으로 정체성이나 자율성이 위협받는 상황을 가리킨다.

환상이 아닐 수 있다. 왜냐하면 그의 후퇴 행동은 과거에도 있었기 때문이다. 어쩌면 이 가족 안에서는 자율과 독립을 향해 나아가는 것이 허용되지 않았거나 가족의 반대를 무릅써야만 가능했을지 모른다. 따라서 이 가족 체계는 구성원에게 매우 제한적이고 옥죄는 환경으로 지각되었을지 모른다. 원인이 무엇이든 이 청년의 지속적인 회피 전략으로 인해 가족이 자신을 늘 옥죈다는 비현실적인 상황 인식이 굳어졌을 것이다.

역공포 행동 — 불안을 인정하지 않는 용기

회피의 또 다른 형태가 있는데, 이것은 종종 회피의 정반대인 듯한 인상을 풍긴다. 이른바 역공포 행동kontrapho-bisches Verhalten이 이에 해당한다. 이것은 새로운 불안 경험을 회피하지 않으면서도 불안을 회피하려는 전략이라 하겠다. 예를 들어 어머니의 심부름으로 지하실로 내려가면서 잔뜩 겁에 질린 아이가 오히려 노래를 부르는 경우가 이에 해당한다. 또는 수업을 마치고 함께 집으로 걸어가는 아이들은 어두운 숲을 지날 때 유난히 더 와자지껄하게 떠들곤 한다. 이는 언제 덮칠지 모를 괴한에게 자신들이 전혀 떨지 않고 있으며 매우 용감하다는 것을 무의식적으로 과시하는 행동인데, 이런 것을 가리켜 역공포 행동이라고 부른다. 실제로는 매우 불안하거나 불안을 크게 유발하는 상황에 처해 있는데도 마치 전혀 불안하지 않은 것처럼 처신할 때 역공포 행동 또는 역공포 태도라는 표현을 사용한다. 이럴 때 사람들은 일종의 '불안에 맞서는' 행동을 보인다. 불안에 맞서는 이런 역공포 방어는 가끔 나타날 수도 있고, 생활 습관으로 굳어질 수도 있다. 불안에 대처하는 방식에 따라 다양한 생활 습관이 형성되는 것은 자연스러운 일이다. 특히 위험한 직업에 종사하는 사람의 경우 역공포 행동이 발달할 수 있다. 조종사를 대상으로 한 모르겐슈테른Morgenstern의 연구에 따르면[6] 매우 위험한 이 직업을 선택한 다수의 조종사는 실제로 매우 소심한 성격이라고 한다. 그러나 정신역학의 관점에서 볼 때* 이들이 소심한 성격일 것이라는 추측은 별로 설득력이 없어 보인다. 게다가 이 연구는 30년 전에 수행된 것

---

* '정신역동(이론)'으로도 번역되는 정신역학Psychodynamik이란 물리학의 (동)역학이 물체의 운동과 힘의 관계를 다루는 것처럼 심리 요소들의 운동과 힘의 관계를 다룬다는 뜻인데, 오늘날에는 마음의 심층에 있는 무의식에 설명의 초점을 맞추는 심층심리학Tiefenpsychologie과 거의 동의어처럼 사용된다. 심층심리학의 3대 창시자로 꼽히는 프로이트, 융, 아들러 중에서 저자는 주로 융의 접근법을 따르므로 이 책에서 말하는 정신역학 또는 심층심리학의 관점이란 주로 융의 분석심리학Analytische Psychologie적 관점을 가리키는 것으로 이해할 수 있겠다.

이다. 조종사 교관들의 설명에 따르면 오늘날에는 전혀 다른 성격 유형의 조종사를 선발한다고 한다. 또한 누가 역공포 행동의 일환으로 직업을 선택했다고 볼 수 있는 기준이 무엇인지도 불분명하다. 예를 들어 심리 치료사라는 직업도 역공포 행동의 일환으로 선택하는 경우를 충분히 상상해 볼 수 있다. 즉 인간 내면의 무의식, 불확실하고 통제할 수 없는 내면의 모든 것, 우리를 끊임없이 놀라게 만드는 내면의 모든 영역에 대해 커다란 두려움을 느끼는 사람이 이런 놀라움에 더 잘 대처할 수 있을 것이라는 기대를 품고 치료사가 되는 경우를 상상해 볼 수 있다. 또는 무엇보다도 질병과 죽음에 대한 두려움 때문에 의사가 되는 사람도 있을 것이다. 현대 사회에서는 역공포 행동이 가치 있게 여겨지는 경향이 있기 때문에 이런 행동은 매우 자주 관찰된다.

그러나 이런 역공포 행동은 일종의 과잉 보상이며 과잉 보상은 언제든지 역효과를 낳을 수 있다. 역공포 행동이 습관으로 굳은 사람은 갑자기 심한 불안을 경험하곤 하며 때로는 심한 무력감에 휩싸인다. 이럴 때면 과잉 보상도 효과가 없으며 매우 불안한 반응을 보이고 심지어 공포증에 시달리기도 한다. 베트남 전쟁에 전투기 조종사로 참전해 온갖 위험을 무릅쓰고 맹활약을 펼쳤다는 자신의 무용담을 쉬지 않고 떠벌려서 귀신도 무서워하지 않을 것 같은 인상을 풍겼던 사람이 내 주변에 있었는데, 그는 언젠가 로마에서 지갑을 도둑맞은 후로 극심한 공포증에 시달렸다. 그는 몇 달 동안 거리에 나가지도 못하는 거리 공포증을 보이며 자신의 신원이 노출되어 매우 위험한 상황에 처해 있다고 생각했다. 그러나 그의 불안은 로마에서 겪은 사건에 비해 과도했다. 이런 사정에 비추어 볼 때 그는 그동안 자신의 불안을 잠재우려고 역공포 행동을 통한 과잉 보상을 추구해 왔으며 이제는 이것이 더 이상 통하지 않게 되었다고 결론지을 수 있다. 누가 정말로 용감한지 아니면 역공포 과잉 반응을 보이는 것인지는 이런 과잉 보상 전략이 더 이상 통하지 않을 때 비로소 분명해지곤 한다. 그런가 하면 역공포 과잉 보상을 추구하는 사람은 자신의 불안을 솔직히 표현하는 사람을 가만두지 못한다. 즉 겁이 많은 사람을 보면 마구 조롱하기 시작한다. 등산가들 사이에서는 이런 일이 꽤 자주 일어난다. 물론 모든 등산가가 그렇진 않지만, 등산가 중에는 역공포 보상을 추구하는 사람이 적지 않다. 예를 들어 산장에서 휴식을 취할 때 누군가가 두려운 마음을 털어놓으면 이런 두려움을 부정하기 위해 역공포 보상을 추구하는 사람들이 떼거리로 달려든다. 누구는 비아냥거리고 누구는 정신차리라며 꾸짖는다. 이런 행동은 역공포 보상을 추구하는 사람들이 흔히 보이는 반응이다. 그 이유는 분명하다. 역공포 보상을 추구하는 사람은 불안이 전염될까 봐, 자신의 불안을 솔직하게 털어놓는 사람을 경계하기 때문이다. 그리고 불안한 상태에 빠지는 것은 역공포 보상을 추구하는 사람에게 결코 용납할 수 없는 일이다. 그래서 스스로 이런 상태에 빠지지 않으려고 다음과 같이 상대를 비난하곤 한다. "그렇게 계속 징징거리니까 너무 짜증 나네! 그렇게 두려우면 산에 오르질 말았어야지. 등산을 아무나 하는 줄 아나?" 덧붙이자면 용기 있는 사람의 특징은 자신의 불안을 솔직히 인정하면서도 이런 불안의 대상을 넘어서려 한다는 데 있다. 다시 말해 용기 있는 사람은 불안을 마주할 줄 아는데, 이것이야말로 역공포 보상을 추구하는 사람이 피하는 것이다.

물론 역공포 보상을 추구하는 사람은 새로운 경험을 많이 하게 된다. 그러나 이런 사람은 무언가 위험한 것이 주변에 있다는 불안의 신호를 보지 못한 채 끊임없이 무리한 시도를 하기 때문에 매우 위태로운 처지에 놓여 있다. 그러다 더 이상 감당할 수 없는 상황에 처하면 결국 공황 상태에 빠져서 본격적인 공포증이 발발하기 시작한다. 이것이 바로 과잉 보상의 특징이다.

역공포 보상을 추구하는 사람은 모든 것을 통제하는 권위자를 동경한다. 이런 사람은 종종 권위적인 아버지상을 추구하며 절대자 콤플렉스Gotteskomplex*를 보이기도 한다.

방어 기제의 용어로 말하자면 이런 사람이 선호하는 방어 기제는 반동 형성Reaktionsbildung이라 하겠다. 반동 형성이란 자기 내면의 충동과 정반대되는 행동과 경험을 추구하는 것을 말한다. 예를 들어 매우 싫어하는 사람에게 오히려 큰 친절을 베푸는 행동이 그런 것이다. 처음에는 이것이 반전된 형태의 방어 기제로만 작동하지만, 이런 행동을 장기간 반복하면 태도로 굳어지고 이렇게 굳어진 것을 가리켜 반동이 형성되었다고 말한다. 예를 들어 본성적으로 매우 불친절한 사람이 매우 친절한 사람처럼 탈바꿈해서 모든 사람에게 친절을 강요하는 이데올로기를 설파하곤 한다. 불안에 대한 방어 행동이 이데올로기로 발전하는 것은 매우 일반적인 현상이다. 역공포 보상을 추구하는 사람도 자신의 방어 행동을 바탕으로 이데올로기를 만들어 낸다. 이런 사람은 자신이 전혀 두려움을 모르는 정말로 침착한 사람인 것처럼 자신을 이상화하면서 다른 모든 사람은 겁쟁이라고 비난한다.

역공포 보상을 추구하는 사람과 어울리다 보면 쉽게 피해자 위치에 서게 되는데, 왜냐하면 그렇게 대단한 사람 옆에 있는 사람은 덜 대단할 수밖에 없기 때문이다. 역공

---

* '절대자 콤플렉스'란 자신의 능력, 특권, 무오류 등을 절대적으로 확신하는 태도를 가리키는 통속심리학적 용어다.

포 행동을 보이는 사람은 불안이 화두가 될 때 자신을 공격자와 동일시하면서 자신이 피해자가 될지도 모를 가능성을 억압한다.

비교적 많은 사람이 인생의 어느 단계에서는 역공포 행동을 보인다. 그러다 자존감에 대한 믿음이 강해지면서 점차 불안을 받아들이고 털어놓을 수 있게 되며, 자신이 예전에 역공포 행동을 했던 사실도 인정하게 된다. 이런 자백에서도 볼 수 있듯이 역공포 행동은 용기의 문제와 관련이 깊다. 오로지 역공포 보상만 추구하는 사람은 거의 없다. 따라서 관건은 내가 어떤 상황에서 역공포 행동을 하는지 아는 것이다. 덧붙이자면 오늘날 역공포 행동이 만연한 까닭은 우리 사회가 불안을 인정하려 들지 않고 불안을 허약함의 징표로 여기며, 역공포 행동을 강력함의 징표로 여기기 때문이다.

위험 관리가 2차 불안으로

예방, 즉 위험 관리는 좀 더 의식적인 형태의 불안 회피다. 예방 조치를 취하는 사람은 위험을 예견하고 있음을 인정한다. 또한 이런 위험 때문에 불안하다는 점도 인정한다. 이렇게 예방은 불안을 예상하고 지각하며 인정하는 태도를 전제한다. 그러나 또한 예방은 언제나 무언가를 관리함을 의미한다. 관리는 불안과 관련해 중요한 개념이다. 관리란 언제나 무언가를 일정한 범위 내에 두면서 전체를 개관할 수 있음을 의미한다. 또한 안전을 위해 생동적인 것을 억지로 제한하는 일이기도 하다.

위험 관리를 통해 무슨 일이 일어나는가? 우리가 무언가를 관리할 수 있으면 우리는 더 이상 무방비 상태에 있지 않다. 우리는 규칙을 만들어 경계하면서 나름대로 대처할 수 있는 능력을 얻게 된다. 그러나 다른 한편으로 위험 관리는 관리당하는 느낌, 즉 통제와 감시 속에서 마음대로 할 수 없다는 느낌을 낳는다. 위험 관리는 인류가 존재한 이래로 늘 있어 왔다. 물론 소심한 사람은 덜 소심한 사람보다 더 많은 위험을 예견하지만, 어쨌든 인류는 늘 위험을 예견해 왔다. 그래서 이를 방지하기 위해 법과 규칙이 생겼다. 그리고 다른 한편으로는 과학 기술 등을 통해 위험을 극복하는 방법을 끊임없이 모색해 왔다.

법도 양면성이 있다. 법은 한편으로 불안으로 인한 스트레스를 덜어 준다. 예를 들어 우리는 도둑질이 금지되어 있다는 것을 알고 있고, 이런 법이 있기 때문에 항시 도둑질을 경계할 필요가 없다. 물론 모든 사람이 법을 지키는 것은 아니다. 그러나 이런 법조차 없다면 모든 사람은 매 순간 훔칠지 말지를 스스로 결정해야 할 것이며, 그

3. 불안의 여러 측면

러면 우리의 불안 수준은 비교할 수 없을 만큼 치솟을 것이다. 우리 모두는 실제로 물질을 꽤 사랑하기 때문이다. 따라서 법은 실제로 우리의 스트레스를 덜어 주며, 이것은 법의 주요 기능이기도 하다. 그러나 다른 한편으로는 법이 많을수록 법을 어기는 것에 대한 불안이 새롭게 발생한다. 예를 들어 고속 도로에서 경찰차만 보여도 내가 무엇을 잘못했나 하는 불안감에 휩싸인다는 사람이 적지 않다. 어쨌든 우리는 항상 무언가를 잘못하기 마련이기 때문이다.

이처럼 법과 같은 위험 관리 장치는 일종의 2차 불안을 유발하는 요인이 된다. 다시 말해 원래 우리를 직접적으로 위협하던 것은 더 이상 두렵지 않은 대신에 훨씬 더 추상적인 불안이 새롭게 생긴다. 예를 들어 한 청년은 주택가를 시속 70킬로미터로 주행하다가 경찰에 붙잡힐까 봐 불안하다고 말했다. 그러나 그는 이 상황에서 원래 '더 정상적이고 직접적으로 느껴야 할' 불안인 어린이를 칠지 모른다는 불안은 느끼지 않는다고 했다. 이런 2차 불안은 일종의 권위에 대한 불안이라 하겠다. 중요한 것은 이런 불안이 더 이상 '올바른' 불안이 아니라는 점이다. 왜냐하면 이것은 우리나 다른 사람이 위험에 처해 있다고 경고하는 불안이 아니기 때문이다. 이런 2차 불안은 간접적인 불안, 훨씬 덜 실존적인 불안이다. 위험 관리는 우리의 책임감을 고무하지도 않는다. 법에 복종하는 것은 스스로 책임 있게 행동하는 것만큼 자부심을 북돋지 않는다. 이런 상황에서는 윤리적으로 책임감 있게 행동할 때 느끼는 뿌듯한 자부심이 생기지 않는다. 이렇게 법은 한편으로 불안 조절에 기여해 우리의 스트레스를 덜어 주지만 다른 한편으로는 새로운 불안을 유발하는 새로운 제약을 낳는다. 법은 인간에게 복종을 요구하지만 자기 책임을 요구하지는 않는다. 그러나 불안에 더 잘 대처하려면 자율적인 책임 의식이 필요하다. 책임 의식을 키우는 것은 보통 교육의 과제로 간주된다. 많은 부모는 자녀가 순종하길 원하지만, 어쩌면 순종보다는 자율적으로 행동하도록 가르치는 것이 자녀의 성장에 더 도움이 될 것이다. 위험 관리를 통해 우리는 불안으로부터 우리 자신을 보호하려 할 뿐만 아니라 사실상 달성 불가능한 안전을 추구한다. 또한 위험 관리와 함께 우리는 위험에 대처하는 데 도움이 될 인간의 능력을 키우는 일도 게을리한다. 과학기술의 경우도 마찬가지다. 예를 들어 의학을 통해 많은 질병의 위험이 극복되었다. 그러나 오늘날 우리는 수많은 약물의 부작용을 우려하면서 살고 있다. 이렇게 볼 때 불안을 줄여 줄 모든 것이 사실상 또다시 매우 많은 불안을 낳는다는 생각을 지울 수 없다. 우리는 불안에서 벗어날 수 없다. 그저 불안에 더 잘 대처하기 위해 준비할 수 있

3. 불안의 여러 측면

을 뿐이다. 심지어 위험 관리는 종종 새로운 위험을 낳는다. 인생을 어떻게 살아야 하는지 알려 준다고 주장하는 종교에 대해 생각해 보자. 이런 종교 체계는 흔히 죄에 대한 두려움과 결부되어 있다. 종교의 가르침을 따르지 않을 때 우리는 죄에 대한 두려움에 휩싸인다. 또 사람들은 흔히 자신의 삶이 더 이상 예전처럼 '건강하지' 않다고 느끼는데, 많은 사람이 느끼는 이런 불안도 2차 불안을 낳는다. 전 세계에서 유행하는 온갖 식이 요법만 봐도 그렇다. 이런 식이 요법은 우리가 무엇을 하든 어차피 뭔가 문제가 있을 것이라는 불안감을 조성한다. 원래 우리를 보호해야 할 사실상 모든 위험 관리는 우리를 불안하게 만드는 새로운 문제를 낳는다. 보호의 근본 문제는 보호가 불안과 매우 비슷하게 우리를 제약한다는 점이다. 위험 관리를 통해 불안을 없애려 할수록 우리는 더 제약된다. 무한한 보호는 결국 죽음을 의미할 것이다.

오늘날 많은 사람이 불안에 시달리는 것이 사실이라면 과연 이런 불안이 위험 관리와 어떤 관계에 있는지 살펴볼 필요가 있다. 위험 관리와 결부된 권위적 구조는 결국 아버지 또는 어머니 콤플렉스가 투사된 결과라고 볼 수 있는데,[7] 중요한 것은 과연 우리가 이런 권위적 구조 너머로 성장할 수 있는가 아니면 이로 인해 더욱더 어린아이 같은 처지에 놓이게 되는가 하는 것이다. 심리 내적으로 볼 때* 위험 관리는 우리를 다시 부모 콤플렉스의 영향권 안으로 밀어 넣는다. 관건은 과연 우리가 이것 너머로 성장할 수 있는가, 다시 말해 더 많은 불안과 함께 살 수 있는가 하는 것이다. 과연 우리는 인류가 구축했거나 구축했다고 주장하는 이런저런 안전장치들을 포기할 수 있을까? 아니면 우리는 삶이 너무 위험해지지 않도록 누가 관리해 주는 것에 만족하며 안심한 채 더 이상 이런 구조 너머로 성장하기 위한 창의적 상상력을 모두 잃어버리진 않았을까? 이상하게 들릴지 모르지만 우리가 스스로 받아들인 과잉보호야말로 오늘날 우리에게 불안을 유발하는 주요 원천이다. 우리가 실제로는 그렇지 않은 것을 잘 알면서도 안전하다고 믿고 싶어 하는 곳에서도 불안은 발생한다.[8]

위험 관리의 배후에는 삶이 위험에 빠져 위태로워지는 것에 대한 불안이 도사리고 있다. 규칙과 법률 등의 체계는 위험하지 않게 사는 법을 우리에게 알려 주겠다고 한다. 수많은 이데올로기가 존재하는 이유도 이 때문이다. 위험 관리는 우리를 권위의 영향권 안으로 밀어 넣는다.

---

* '심리 내적intrapsychisch'이란 개인 내부의 심리 과정을 가리키고 '심리 사회적psychosozial'이란 대인 관계의 심리 과정을 가리킨다. 예를 들어 돈과 명예 사이에서 선택할 때의 갈등은 심리 내적 갈등이고, 부모와 자식 사이의 갈등은 심리 사회적 갈등이다.

이런 영향력의 배후에는 유아기의 부모와, 부모가 나를 보호해 줄 것이라는 아이의 환상이 도사리고 있다. 이것은 어린 시절에 보호받던 기억이자 때로는 부모의 보호가 완전하지 못함을 깨달은 아이의 당혹감일 수도 있다.

마법적 절차와 그 효과

능숙한 부모의 힘을 또는 부모가 더 이상 곁에 있지 않을 때는 이런 힘에 대한 갈망을 돌이나 공 또는 태도 등에 전이하는 마법적 절차는 위험 관리의 또 다른 형태로 볼 수 있다. 마법적 절차의 출발점은 사람에게 영향을 미쳐서 사람을 탈바꿈시키는 초자연적 힘에 대한 믿음이다. 이런 힘은 이른바 백마술처럼 사람에게 도움이 될 수도 있고 흑마술처럼 방해가 되고 해를 입힐 수도 있는데, 도움이 되는 것은 용기를 주고 방해가 되는 것은 불안을 유발한다. 르네상스 시대에 명성을 날린 스위스 출신 의사이자 연금술사였던 파라셀수스Paracelsus는 마술을 통해 하늘의 힘을 인간에게 불어넣을 수 있으며, 이런 힘은 인과관계를 떠나 비물질적으로 전이된다고 주장했다. 이런 힘은 사물, 심상, 표상 등에 전이되며, 이런 것들과 접촉한 사람에게 다시 전이되어 정신적으로나 에너지 측면에서 큰 변화가 일어난다고 한다. 이런 사물, 심상, 표상은 심층심리학의 관점에서 보면 대개 이행기 대상transitional object*에 해당한다. 이것은 대개 자신을 특별히 보호하고 사랑하며 지켜보았던 사람의 물건이다. 심리 내적으로 볼 때 이것은 나를 지지해 주는 내면의 동반자와도 같다. 특정 대상에 대해 이런 식의 유대감을 느끼면서 그 대상으로부터 좋은 에너지가 자신에게 흘러 들어온다고 믿는 사람은 실제로 불안이나 극심한 공포에 덜 시달리는 긍정적인 효과를 볼 수 있다. 이런 사람은 초월적이거나 추상적인 어떤 힘, 환상, 사상, 고귀한 존재 등과 연결되는 경험을 통해 자신의 문제를 해결하기도 하고 마음의 평정을 찾기도 한다. 때로는 기도 등을 통해 이런 것과 소통하거나 하나가 되는 경험을 하기도 한다. 이런 경험은 정체성을 강화하는 효과가 있으며, 문제를 더 잘 해결하기 위한 출발점이 될 수도 있다. 반면에 이런 마법적 절차의 단점은 행운의 대상이나 부적 없이는 아무것도 돌아가지 않으며, 이

---

* 영국의 정신분석학자 도널드 위니컷Donald Winnicott이 제안한 '이행기 대상'이란, 갓난아이가 (원하는 것을 어머니가 바로 충족해 주기 때문에 자신이 원하는 대로 세상이 돌아간다는) '주관적 전능'의 환상에 빠진 단계에서 (자신과 원하는 대상이 분리되어 있음을 깨닫는) 객관적 현실 인식의 단계로 이행하는 중간 단계에서 반은 환상적이고 반은 현실적으로 지각된 대상을 가리킨다.

　　　　　　　　　　　　　　　3. 불안의 여러 측면

것에 의존하게 된다는 점이다. 무엇이 필요한지를 깨닫지 못하고 추상적인 힘 뒤에 숨는데, 이렇게 계속 살 수는 없는 노릇이다. 그 무엇이나 그 누구도 내 삶을 대신 살아 줄 수는 없는 법이다. 우리가 마법적 절차 및 마법적 대상과 맺는 관계는 이행기 대상과의 관계와도 비슷하다. 이런 대상은 나보다 덜 연약하고 더 강력한 무언가를 암시한다. 이것은 내 안의 더 강력한 부분을 돌아보게 하고, 세상의 더 큰 질서와 내가 연결된 느낌을 전달해 나를 진정시킨다. 그러나 비판적 자아의 관점을 포기하고 이것에 복종하면 또다시 권위의 올가미에 걸려들게 된다. 때로는 아주 위대한 모습으로, 때로는 아주 괴물 같은 모습으로 등장하는 권위는 우리의 환상을 먹고 자란다.

정체성 만들기

모든 감정은 우리의 정체성과 관련된다. 감정은 말하자면 우리 자신의 핵심을 구성한다. 감정은 언제나 이런저런 감정의 '색채'를 띤 자기 지각Selbstwahrnehmung으로 나타난다. 예를 들어 기쁘거나 신날 때와 불안할 때 내가 지각한 나는 아주 다르다. 이처럼 모든 감정에는 자기 경험, 나 자신의 정체성이 얽혀 있다.

불안과 결부된 자기 경험은 저하의 '색채'를 띤다. 불안은 왠지 갑갑하고 내가 무력하다는 느낌을 전달한다. 내가 '위축되는' 느낌이 든다. 이런 위축감이 내 삶을 지배하고 호흡에까지 영향을 미친다. 숨쉬기가 힘들고 이 세상에 내 자리가 없다는 느낌이 든다. 그러면 나를 제약하는 울타리와 이미 위축된 나를 구별하는 것이 별 의미가 없게 된다. 불안 속에서 나는 작고 열등하게 느껴진다. 이런 저하는 활력 저하, 자존감 상실, 자신감 저하, 자율성 감소 등의 다양한 형태로 나타날 수 있으며, 결국에는 해야 할 일을 하지 않아서 스스로 인생을 망쳤다는 느낌이 든다. 자신의 가능성과 소망을 더 이상 스스로 인정하지 못하는 상태가 되면 대인 관계에서도 인정받기 위해 무조건 순응하게 된다. 그러면 타인의 지배를 받는 위축된 느낌이 들면서 활력을 잃는다. 불안은 삶의 가능성을 제약하고 활력을 잃게 만드는 것이다. 이는 자율감, 즉 내 삶을 스스로 개척하면서 무언가를 이룰 수 있다는 느낌과는 정반대되는 것이다. 또한 이것은 우리가 기쁠 때 자연스럽게 일어나는 삶의 긍정과도 정반대되는 것이다. 이렇게 불안은 우리의 정체성과 관련이 있다. 우리가 불안을 얼마나 느끼는지는 습관적으로 우리의 정체성과 결부되는 느낌에 따라 달라진다.

어떤 정체성은 불안을 비교적 잘 견디고 또 어떤 정체

성은 불안을 잘 견디지 못할까?

이제 인생의 전환기라는 주제에 관해 살펴보기로 하자. 인생의 전환기에는 사춘기, 청소년기, 갱년기, 노년기로 접어드는 시기와 같이 누구나 거치는 전환기도 있고 질병, 이별, 연애 또는 새로운 동반자가 생기거나 동반자가 없는 상태처럼 상황에 따른 전환기도 있다.

전환기의 법칙

인생의 전환기에는 고유한 법칙이 있는데, 그것은 얼마 전까지도 타당하고 믿을 만해 보였던 것이 갑자기 의심스러워진다는 것이다. 불만족스러운 느낌이 처음에는 서서히 퍼지다가 삶의 곳곳에서 불안정한 요소가 점점 더 눈에 띈다. 새로운 목표는 아직 명확하지 않으며, 새로운 아이디어나 계획보다는 현 상황에 대한 비판의 형태로 표출된다. 익숙한 것에 의심의 눈길을 보내고 투덜거리면서도 이것을 아주 놓지는 못하는 것도 전환기의 한 특징이다. 이제 모든 것이 달라져야 하지만, 익숙한 것을 버리고 싶지는 않다. 그러나 미련이 있을수록 더 철저하게 돌아봐야 한다. 익숙한 것에 대한 불만과 미련의 혼란스러운 감정은 불쾌한 심리적 긴장으로 발전하고 때로는 삶의 위기로 지각된다. 특히 우리 삶에서 무언가 새로운 것을 원하면서도 그것을 스스로 인정하지 못할 때 우리는 위기에 빠진다.[9] 이런 심리적 긴장을 해소하려면 인생의 한 시기에 작별을 고해야 한다는 사실을 깨닫고 받아들여야만 한다. 그러면 해당 시기는 우리의 기억 속에서 다시 한번 특별하게 되살아날 것이다. 많은 기억과 그때의 감정이 그림같이 생생하게 떠오르면서, 이것이 내가 살아온 삶이고 아무도 빼앗지 못할 나의 소중한 일부로서 내 기억 속에 영원히 남을 것이라는 점을 깨달을 때 비로소 우리는 이것을 놓아줄 수 있다. 그리고 그래야만 삶의 새로운 전망이 열린다.

반면에 이전 상태를 놓아주지 못하고 계속 고집하면 과부하가 걸리고 실제의 나와 점점 더 멀어질 것이며, 결국에는 시간의 흐름을 거스를 수 없기에 체념 상태에 빠지고 말 것이다. 과거의 환상에 집착하면 삶을 능동적으로 설계할 수 없다. 이럴 때는 체념하고 의식적인 작별을 고해야 한다.

전환기는 불안정한 시기다. 이 때문에 불안, 긴장, 자신에 대한 회의감이 밀려들고 평소의 갈등과 어려움도 더 거세진다. 불안정과 갈등의 격화는 서로 상승 작용을 한다. 그래서 인생의 전환기별로 고유한 문제와 씨름해야 할 뿐만 아니라, 해묵은 갈등과 삶의 주제가 추가로 다시 불거질 수 있다.

3. 불안의 여러 측면

인간은 죽을 때까지 변화하고 발전한다고 가정할 때 삶의 새로운 주제가 등장하는 전환기는 정체성이 분산되고, 자아 콤플렉스의 응집력이 평소보다 약해지며, 삶의 개별 주제들이 하나로 통합되지 못하는 시기라 하겠다.[10] 이런 시기에는 평소의 방어 전략이 더 이상 통하지 않아 감정이 더 격해지고 특히 불안감에 휩싸인다. 왜냐하면 이런 시기에 우리는 불확실성, 혼란, 방향감 상실을 겪는 상황에 처하기 때문이다. 자아 콤플렉스의 응집력이 약해지면 억압됐거나 잠재해 있던 갈등이 되살아날 수 있으며, 한편으로는 이것이 삶의 새로운 주제를 의식하는 계기가 될 수도 있다. 또한 자아 콤플렉스의 응집력이 약해지면 자아 기능도 약해져 집중력 부족 같은 현상이 증가한다.

인생의 전환기에는 스트레스가 심해지고 따라서 불안감도 심해진다. 이런 상황에서는 자신감과 통제력이 떨어지고 어수선한 느낌이 든다. 그러나 이럴 때는 혼란이 커지는 동시에 평소에 잠재해 있던 무의식에 접근할 기회도 커지기 때문에 변화의 가능성도 그만큼 커진다.

그러나 인생에는 새 출발의 시기가 있을 뿐만 아니라 새로운 것이 삶에 통합되고 안정되는 공고화의 시기도 있다. 이런 시기에는 불안을 덜 느끼고 덜 민감하며 정서적으로 안정된다. 그러면 비교적 큰 불안도 견딜 수 있는 안정된 정체성이 생긴다. 이런 안정된 정체성은 연령대에 맞게 부모 콤플렉스에서 벗어나, 즉 걸핏하면 권위적 구조 뒤에 숨는 습관을 버리고 자아 활동에 충실한 능동적이고 유능한 사람으로서 자기 자신을 느낄 수 있을 때 생긴다. 그리고 경우에 따라 안정된 정체성이 흔들리더라도 이내 다시 중심을 잡을 것이라는 자신감도 이런 안정된 정체성의 일부다. 이것은 일종의 '유연한 정체성'에 대한 믿음이라 하겠다. 이것은 변화를 두려워하지 않고 '내 안의 이방인'을 외면하지 않는 태도이기도 하다.

이런 이방인을 훌륭하게 다룰 줄 아는 사람은 창의적인 사람이다. 창의적인 사람은 이방인이 발산하는 매력을 바탕으로 자신에게 고유하면서도 보편적인 의미를 지니는 무언가를 만들어 낸다. 창의적인 사람은 보통 사람보다 더 안정된 정체성을 가지고 있다기보다, 끊임없이 정체성 문제에 직면해 새로운 정체성을 찾아 나서는 데 더 익숙하고 영원히 고정된 정체성이란 없다는 점을 더 뼈저리게 체득한 사람일 것이다. 정체성은 평생에 걸친 과정이며, 영원히 고정된 것이 아니다. 정체성이라는 현상에 어울리는 대응 방식은 정체성이 영원히 고정된 것이 아니라는 점을 깨닫고 끊임없이 새로운 정체성을 찾아 나서는 것을 인생의 과제로 받아들이는 것이다. 창의적인 사람은 자아의 모순된 측면들을 마주하기 위해 개인의 통일성을 유지하면서도 정체성을 잠시 제쳐 놓을 줄 안다. 이런 사람은 이방인에 매혹되어 이방인의 영향을 흡수할 줄 안다. 이런 사람에게 이방인은 불안 유발 요인이라기보다 호기심의 대상이다. 그래서 때로는 치열한 작업을 거쳐 이방인에 대한 자기만의 표현을 완성한다. 창의적인 사람은 강력한 구현 의지를 가지고 있다.

우리는 기존의 정체성 개념을 수정할 필요가 있다. 정체성은 내 안에 고정된 어떤 것이 아니다. 우리는 끊임없이 정체성을 찾아 나선다. 그리고 특히 이방인과 마주하고 씨름할 때 정체성이 구체화된다. 이것이 바로 '유연한 정체성'이다. 나아가 정체성의 느낌은 종종 구현 작업을 통해 극적으로 경험되고 확보된다. 구현 작업 또는 무언가를 구현할 수 있다는 확신은 정체성의 필수 요소인 자아 활동의 아주 중요한 측면이다. 매혹을 받아들이려면 자신이 경험한 것을 어떤 식으로든 구현할 수 있다는 확신이 있어야 한다.

정체성은 개인만의 문제가 아니다. 민족 정체성, 유럽인의 정체성 등과 같은 집단 정체성도 있다. 오늘날 사람들은 이런 집단 정체성이 급변하고 있다고 말한다. 역사를 돌아보면 유럽인의 집단 정체성은 적어도 1914년 이래로 급변하고 있음을 알 수 있다. 과거에는 확고부동한 정체성이 있었다는 견해도 과거로 투사된 희망 섞인 표상에 불과할 것이다. 어쨌든 금세기에 들어와 많은 규칙과 현상을 유지하는 구조가 허물어짐에 따라 개인의 정체성 문제는 점점 더 첨예해졌다. 제도화된 종교의 영향력 감소도 이에 영향을 미쳤을 것이다. 사람들을 떠받치던 많은 것이 지지력을 상실했다. 따라서 개인이 집단 정체성 속에서 자신을 발견하기가 훨씬 어려워졌다. 이 때문에 개인의 정체성이 과거보다 더 중요해졌고, 이를 찾아 나설 필요성이 커졌다. 이방인의 문제와 폭력의 문제에 대처하기 위해 안정된 정체성을 찾는 외침이 도처에서 울려 퍼지지만, 다시 모자 관계에서만 해법을 찾으려 하는 것은 근시안적인 접근이다. 부모와 자식의 관계는 분명히 정체성 형성의 중요한 측면이지만, 정체성 형성의 많은 측면은 우리 스스로가 구현해야 한다. 또한 우리에게 영향을 미치고 우리가 영향을 미칠 수 있는 집단 정체성의 측면도 무시할 수 없다.

정체성의 관점에서 볼 때 중요한 것은 언제나 동일한 정체성을 유지하면서 많은 불안을 견뎌 내는 것이 아니라 새 출발의 시기와 공고화의 시기를 끊임없이 오갈 수 있는 능력이다. 이런 능력을 갖추려면 이 두 시기가 모두 우리에게 필요하고 자연스럽다는 것을 깨달아야 한다.

또 안정된 정체성과 관련해 다음과 같은 물음이 제기된다. 불안이 내게 원하는 것은 무엇인가? 불안을 통해 우리는 제약의 경험을 할 뿐만 아니라 도전의 경험도 하게 되는데, 왜냐하면 모든 불안은 불안에 휩싸인 사람에게 정체성과 관련된 무언가를 원하기 때문이다. 이와 관련해 우리는 생산적인 물음을 던질 수 있다. 불안은 내가 위험을 무릅쓰고 무언가를 감행해서 나의 자기 경험과 자기표현, 나의 자율성과 자존감이 성장하길 원하는가? 거꾸로 말해 만약 내가 불안에 굴복한다면 나는 무엇을 잃게 되는가? 정체성과 관련해 내 불안의 배후에 있는 발달 단계는 무엇인가? 그러나 우리가 이런 물음을 던지려면 당연히 먼저 불안을 지각할 수 있어야 하는데, 이것은 결코 쉬운 일이 아니다. 불안을 지각하려면 불안에 이름이 있거나, 우리가 불안에 이름을 붙일 수 있어야 한다. 따라서 나는 불안이 우리 자신에게 더 다가가도록 재촉하는 '발달 자극'이라고 부르고 싶다.

불안과 분노가 만드는 폭력의 악순환

불안, 분노, 격분, 적대적 행동 사이에는 인간의 공동생활에 중요한 연관 관계가 존재하며, 이는 우리의 정체성 경험에도 영향을 미친다. 무언가를 잃을지 모른다는 예상은 불안을 유발한다. 그러면 우리의 의도와 활동에 일단 제동이 걸리면서 무력감이 살짝 찾아든다. 그리고 자존감에 상처가 나고 안정된 정체성이 잠시 흔들리면서 정체성의 분산 현상이 발생한다. 이런 정체성이 복구되려면 방금 제동이 걸린 것과 다른 자아 활동이 필요한데, 특히 공격적 행동이 이런 기능을 한다. 무력감으로 인해 자존감이 손상될수록 격한 공격성이나 심지어 폭력으로 반응할 확률이 높아진다. 자포자기 상태의 불안과 무력감은 폭력의 궁극적인 뿌리다. 분노는 불안에 대항하는 수단이 된다. 우리는 공격적 행동을 통해 안정된 정체성을 복원하려 한다. 그러나 이런 행동의 효과는 일시적인데, 대개 죄책감이 뒤따르기 때문이다. 그러면 다시 정체성이 요동치기 시작한다. 정체성을 복원하기 위해 동원된 폭력의 악순환으로 인해 잠시는 불안에 대항할 수 있지만 이내 더많은 불안이 발생하고 이는 다시 더 많은 폭력을 부른다.

나아가 우리 자신의 공격성을 투사할수록, 즉 다른 사람에게 전가할수록 우리의 불안은 더 커진다. 왜냐하면 이럴 경우 우리 자신의 공격성과 거리를 두면서 스스로를 지키는 것이 불가능해질 뿐만 아니라 다른 사람의 악의적인 공격이 매우 우려되기 때문이다. 물론 외부 세계에 대한 모든 불안이 우리 자신의 공격성, 호전성 또는 파괴성을 외부 세계에 투사한 결과물은 아니다. 우리 주위에는 의심할 여지 없이 우리의 투사에서 비롯하지 않은 파괴적

3. 불안의 여러 측면

세력과 집단이 존재한다. 극심한 불안 반응을 일으키는 테러 같은 경우가 그렇다. 이스라엘 작가 데이비드 그로스먼David Grossmann은 「테러에 굴복한 우리 사회」라는 기고문에서[11] 폭력으로 인해 우리 사회가 어떻게 변했는지 서술했다. 즉 그는 한편으로 보안 시스템에 엄청난 에너지와 창의적인 노력이 투자되었고, '보안 위험'에 대한 경고와 함께 기본권에 많은 제약이 생긴 점을 지적했다. 그리고 다른 한편으로는 우리가 테러에 굴복하는 과정, 즉 불안과 불안정감, 권력과 폭력이 점점 더 우리 삶을 지배하게 되는 과정을 서술했다. 분노와 복수심은 어느새 사그라지고 체념이 뒤를 잇는다. 그로스먼은 한편으로 테러가 우리의 영혼에까지 폭력과 야만의 흔적을 남기는 과정을 적나라하게 파헤치면서 다른 한편으로는 테러 행위가 왜곡된 형태로나마 소통을 촉구하는 외침일 수 있다고 지적한다. 그는 파괴적인 행위 자체를 인정하진 않았지만 이를 면밀히 관찰하고 이해하고자 했다.

대처 메커니즘을 통한 불안 조절

우리는 위험 관리를 통해 불안에 대처할 수 있을 뿐만 아니라 내면적으로도 불안을 조절할 수 있다. 이는 대처 메커니즘이라고도 불리는 방어 기제를 통해 일어난다. 방어 기제는 억압, 주지주의 전략Intellektualisierung,* 합리화 등 매우 다양하며, 이런 방어 기제들은 심리학파에 상관없이 거의 균일하게 설명된다. 방어 기제는 자아를 보호하고 갈등에 대처하기 위한 자아 기능으로, 습관적이고 대개 무의식적으로 진행되는 과정이라고 정의된다. 방어 기제는 혼란, 자존감 저하 등으로부터 자아를 보호하는 기능을 수행한다. 무엇보다도 불안과 같은 불쾌한 감정 및 이에 따른 갈등, 고통, 죄책감 등을 의식에서 몰아내 안정된 정체성의 느낌과 적절한 자존감이 유지되도록 작용한다. 또한 방어 기제는 일시적으로 스트레스를 완화하는 효과도 있다. 갈등 상황을 연기해 바로 지금 갈등을 마주하는 대신 나중에 거리를 두고 처리할 수 있도록 해 준다. 예를 들어 어떤 문제를 의식에서 몰아내면 그 문제가 밤에 꿈에서 왜곡된 형태로 다시 나타날 수 있는데, 이런 상황에서 방어 기제가 제공하는 주요 이점은 당장의 고통 대신에 어느 정도 행복감을 느끼게 해 주고, 특히 시간을 벌게 해 주는 데 있다. 그러면 발달 자극이 되기도 하는 갈등을

---

* 주지주의는 지성 또는 이성이 의지나 감정보다 우위에 있다고 생각하는 철학상의 입장으로, 주지주의 전략은 '주지화主知化' 또는 '지성화'로도 번역되며, 감정의 문제를 논리와 합리성의 문제로 바꿔 감정적 갈등을 피하려는 행동을 가리킨다.

나중에 더 잘 처리할 수도 있을 것이다.

늘 똑같은 방어 기제를 사용하는 대신에 상황에 따라 분화된 여러 방어 기제를 갖춘 사람이 있는데, 이런 것을 가리켜 변조된 방어 기제라고 부른다. 그런가 하면 본질적으로 단 하나 또는 매우 적은 수의 방어 기제만 사용하는 사람도 있다.

이런 것을 '기제Mechanismus'라고 부르는 이유는 이것이 반사 행동처럼 거의 자동으로 작동하기 때문이다. 합리화, 주지주의 전략, 억압, 투사 같은 심리 내적 방어 기제 외에 대인 방어 기제라고도 불리는 심리 사회적 방어 기제도 있다.[12] 이 점은 방어 기제가 개인 내부에서뿐만 아니라 대인 관계에서도 작용함을 뜻한다. 이런 심리 사회적 방어 기제의 한 예는 위임Delegation이다. 예를 들어 어른이 청소년에게 공격성을 투사하는 경우가 많은데, 이럴 경우 청소년의 공격성은 어른의 공격성을 반영한다. 반면에 어른이 청소년에게 공격성을 위임할 경우 청소년은 어른의 공격성을 대신 실현할 수 있고, 실현해야만 하는 위치에 놓인다. 그러나 공격성은 위협적으로 느껴지기 때문에 어른은 이내 불안과 걱정의 눈초리로 청소년을 바라보게 된다. 다시 말해 청소년을 공격적인 존재로 지각할 뿐만 아니라 청소년이 그렇게 행동하도록 유도한 경우 위임의 방어 기제를 의심할 수 있다. 위임은 가족 안에서도 자주 관찰된다. 이 경우 보통 한 아이나 또 다른 식구가 공격적인 행동으로 문제를 일으키는데, 실제로는 그가 가족을 대신해 공격성을 실현하는 역할을 한다. 그래서 그 아이가 더 이상 가족 곁에 있지 않으면 그전에는 그 아이 외에 전혀 공격성 문제가 없던 가족이 갑자기 공격적으로 변한다.

그 밖에도 이른바 정신 신체적 방어 기제psychosomatischer Abwehrmechanismus가 있는데,[13] 이런 다양한 방어 기제는 뚜렷이 구분되지 않으며 서로 중첩된다. 예를 들어 심리 내적 방어 기제는 대인 관계에 중요한 심리 사회적 기능도 수행할 수 있다. 또 중요한 기능을 수행하는 방어 기제는 신체와도 관련된 경우가 많다. 심리 내적, 심리 사회적, 신체적 과정 사이의 이런 연관성은 방어 기제와 관련된 갈등 모델에서 분명하게 드러난다. 갈등 모델을 심리 내적으로 고찰하면 성격의 두 측면이 갈등하고 있는데, 이런 심리 내적 갈등은 특히 대상 관계 이론Object Relations Theory에서 주장하는 것처럼 대인 관계 문제의 표현인 경우가 많다. 또한 우리의 정체성은 언제나 신체에 기초한다. 삶에서 중요한 모든 것은 신체에도 영향을 미친다. 따라서 감정을 고찰할 경우 우리는 개인의 내면 세계뿐만 아니라 다른 사람이나 환경과의 관계 및 신체와의 관련성도 고려해야 한다.

투사와 어둠에 대한 두려움

투사는 잘 알려진 방어 기제다. 투사는 아이들이 어둠
을 두려워하는 이유를 설명해 주기도 한다.

사례

'보통 수준의 공격성'을 지닌 5세 남자아이가 있었는데,
그의 부모는 이 아이가 최근에 말을 안 듣고 반항적이며
매우 공격적으로 행동했다고 말했다. 겉으로 보기에 그
아이는 쾌활하고 활동적이며 다정하고 공감력을 지닌 소
년 같았다. 그러다 거의 하룻밤 사이에 이 소년은 아주 고
분고분해졌고 밤에는 집 밖으로 나가질 않았다. 왜 집 밖
으로 나가질 않느냐고 묻자 그는 "바깥 어두운 곳에 거인,
화성인, 살인자, 곰, 늑대가 있어서" 밖으로 나가지 않는다
고 답했다. 그는 다른 면에서도 고분고분해졌는데, 어둠
에 대한 두려움이 생겼기 때문이다. 어두울 때 현관문 밖
으로 나가 보라고 형들이 다그치자 그는 즉시 복통을 호
소하면서 몸이 아프다고 했다. 도대체 그에게 무슨 일이
일어난 것일까? 그는 반항적이고 공격적인 아이였다. 그
래서 공격적인 행동으로 여러 차례 지적을 받았다. 내가
보기에 그는 부모에게 분노를 느꼈고 그래서 부모에게 상
당히 적대적으로 행동했는데, 그 이유는 네 명의 아들 중

막내인 그를 부모가 여전히 어린아이처럼 취급했기 때문일 것이다. 따라서 그의 적대감에는 목적이 있었다. 그는 부모에게 자신이 더 이상 어린아이가 아니라는 신호를 보내고 싶었을 것이다. 그러나 부모는 건강한 분리 공격성 Trennungsaggression*의 표현인 이 적대감을 나쁘게 보았다. 게다가 이 시기에 아버지가 집에 없는 경우가 잦아졌는데, 이 소년은 무의식적으로 이 둘을 연결했을 수 있다('아버지가 자꾸 집에 없는 이유는 내가 나쁜 아이기 때문일 거야'). 이제 이 소년은 대책을 강구해야 했다. 공격성 또는 나쁜 아이라는 사실은 불안을 유발하므로 공격성, 적대감 또는 나쁜 아이라는 사실을 의식에서 몰아내야만 했다. 그리고 이 모든 것이 밤의 외부 세계로 투사되었다. 투사란 불쾌한 내용과 감정을 외부 세계로 밀어내는 것이며, 이를 통해 외부 세계는 당연히 적대적으로 변한다. 밤의 외부 세계는 이렇게 악마가 되었다. 이런 투사는 일리가 있다. 왜냐하면 우리는 보통 악한 것을 어둠 또는 어두운 생각이나 음모 등과 연관 지어 지각하기 때문이다. 반면에 올바른 방향을 찾는 것은 밝고 분명한 것과 연관 짓는다. 따라서 어둠 속에서도 올바른 방향을 찾는 법을 배우는 것이

---

* 이 책에서 자주 언급되는 '분리 공격성'이란, 건강한 분리 욕구를 토대로 상대방에게 거부 의사를 표시하고 자기주장을 펼칠 수 있는 태도라 하겠다.

성장의 과제일 것이다.

그러나 어둠은 일단 투사의 대상이 되어 악마화되었다. 악한 것이 거인, 화성인, 살인자와 같은 익명의 공격적인 힘에 투사되었다. 자신의 공격적인 면을 악마에 투사하는 것은 아동과 성인 모두에게서 흔히 있는 일이다. 예를 들어 아이들은 침대 밑에 악어가 있다거나 악어가 있을까 봐 무섭다고 아주 생생하게 이야기한다. 침대 밑의 악어는 어둠 속의 거인보다 당연히 훨씬 더 생생하게 경험된다. 이 때문에 침대 밑의 악어를 두려워하는 아이의 경우 훨씬 더 면밀한 치료가 필요하다.

이처럼 어둠에 대한 두려움은 적대감에 대한 방어를 시사하는 증상으로 볼 수 있다. 이 사례에서 소년의 적대감은 자신의 연령대에 맞게 부모에게 거리를 두면서 앞으로 나아가야 하는 소년의 발달 과제를 시사한다.

적대적 감정의 투사는 안도감을 선사한다. 왜냐하면 이제 이 소년은 다음과 같이 말할 수 있기 때문이다. '나는 나쁜 아이가 아니야. 나쁜 것은 어두운 밤에 숨어 있는 악마들이야.' 그러나 이런 안도감은 제한적일 수밖에 없는데, 이제 이 아이는 밤과 밤에 일어날지 모를 온갖 것을 두려워하게 되었기 때문이다. 이제 그는 더 이상 자신의 공격성과 나쁜 면을 두려워하지 않지만, 밤을 두려워하게 되었다. 그리고 이것은 어두운 밤에 바깥에는 거인, 화성

인, 살인자 등만 있다고 상상하는 지각의 왜곡으로 이어
졌다. 물론 어두운 밤에 '어둠의 존재'가 배회할 수도 있
지만, 그런 존재만 있는 것은 당연히 아니다. 자신의 공격
성을 투사함으로써 소년은 공격적인 존재의 위협을 느끼
게 되었다. 그에게는 야간 공포증과 누가 자신을 쫓는다
는 불안감이 생겼다.

어둠에 대한 두려움은 어두운 것을 외부 세계에 투사함
으로써 생긴다. 이렇게 밤의 외부 세계가 악마화된다. 불
안이 악마를 낳고 괴물을 낳는다. 그리고 괴물은 당연히
불안을 유발한다. 이제 불안은 더 이상 막연한 내면적 경
험이 아니라 구체적으로 맞서야 하는 공포가 되었다. 그
러나 공포가 너무 크면 이런 상황에 맞서기보다 이를 회
피하게 되는데, 그러면 특정 상황을 최대한 피하려 하는
공포증이 생긴다. 또한 자기 자신은 선하게 보고 외부 세
계는 악하게 보는 지각의 분열이 발생한다. 어둠에 대한
두려움, 미지의 것의 악마화는 아이들만의 문제가 아니
다. 우리가 악마화한 온갖 것을 살펴보면 그곳에 우리의
불안한 마음이 투사된 것을 확인할 수 있다. 이것은 집단
의 수준에서도 일어난다. 예를 들어 우리는 어떤 국가의
국민 전체가 공격적이고 나쁜 의도가 있으며, 호시탐탐
우리를 침략할 기회만 엿보고 있다고 단언한다. 이것은

우리의 그림자를 다른 사람들에게 집단적으로 투사하는 것이다. 이런 투사는 정당들 사이에서나 견해가 다른 사람들을 상대로도 빈번하게 일어난다. 이런 투사는 대화가 아니라 대립으로 이어진다. 그러나 이렇게 쪼개진 우리의 단면과 다시 소통하려면 대화가 필요할 것이다.

오늘날처럼 전 세계의 왕래가 빈번해진 상황에서 집단적 적대감을 계속해서 투사하기는 점점 더 어려워진다. '아랍인'에 대한 투사를 예로 들자면, 유럽인은 여행하면서 거의 불가피하게 아랍인과 접촉하게 된다. 그리고 아랍인과 조금만 관계를 깊게 맺어도 이런 투사를 더 이상 유지하지 못할 것이며, 경우에 따라서는 우리의 적대감을 투사할 또 다른 집단을 찾게 될 것이다. 어쩌면 우리 자신의 마음속에 있는 낯설고 어두운 면을 깨닫고 받아들이면서 이에 대처하는 법을 익히는 편이 더 현명할 것이다. 서로를 악마화하기를 멈추는 즉시(보통 서로를 더 잘 알면 그렇게 된다) 우리의 자존감을 지키는 데 기여해 온 적대감 투사는 설 자리를 잃게 된다.

대개 소외된 집단을 표적으로 삼는 적대감 투사에는 우리 자신의 어두운 그림자가 담겨 있다. 어찌 보면 우리는 이런 집단의 희생으로 우리의 그림자를 통제하고 있는 것에 대해 이들에게 감사해야 할 것이다. 이런 소외된 집단에 욕을 퍼붓고 분노를 표출함으로써 우리는 우리 안의 엄청난 잠재 불안을 해소한다. 이와 관련된 근본 메커니즘은 다음과 같다. 우리가 무엇을 세상 밖으로 투사하면 우리는 밖에서 그것과 마주치게 된다. 그러면 그것은 밖에서 우리를 위협하거나 적어도 상대하기 거북한 무엇으로 남는다. 그러나 우리는 이것을 마주할 필요가 있다. 우리를 따라다니는 것은 대개 우리에게 할 말이 있다.

물론 우리가 세상 밖으로 또는 다른 사람에게 투사하는 것은 적대적인 충동만이 아니다. 예를 들어 동거하는 애인이 상대방에게 오랜 구강성교를 요구하는데, 다시 말해 상대방의 세심한 애무를 통해 사랑받는 느낌과 안정감을 얻고 싶은 욕구가 강한데 상대방이 종교적 신념 등으로 인해 이를 거부하거나 불쾌해하는 반응을 보이면 애인은 더 이상 이런 욕구를 표현하는 대신에 투사하게 된다. 이럴 경우 대개 거부 반응을 보인 상대방이 투사 대상이 되는데, 그러면 상대방이 오히려 과도한 요구를 하면서 자신을 집어삼킬 듯한 인물로 느껴진다. 이런 현상은 우울증을 앓는 사람에게서 자주 관찰된다. 성적 욕망을 외부 세계로 투사할 경우 "길을 걸으면 모두가 나를 음탕한 눈으로 쳐다봐서 밖에 나가질 못하겠어."라는 식으로 투덜거리는 색광증色狂症으로까지 발전할 수 있다. 그러나 항상 그런 것은 아니니 주의할 필요가 있다. 실제로 과도한 요구를 하는 애인도 있으며, 선의로든 악의로든 누구를 뒤쫓는 사람도 당연히 있다. 또 전혀 예기치 않게 사귀자고 고백하면서 거절해도 들으려 하질 않는 사람도 있다. 따라서 역방향 추론은 성립하지 않는다. 내 애인이 까다롭게 느껴진다고 해서 실제로는 내가 까다로운데 이를 애인에게 투사하고 있을 뿐이라고 무작정 해석해서는 안 된다. 그러나 애인이 까다롭게 느껴진다면 혹시 나 자신도 그렇지는 않은지 자문해 볼 필요가 있다. 애인이 까다롭다는 확신이 일단 생기면 이에 대한 증거를 찾기는 전혀 어렵지 않다. 이럴 때 우리는 이른바 결정적 증거를 찾게 되고 또 당연히 항상 찾을 수 있다. "너는 나를 미워해도 나는 너를 미워하지 않아."라는 말은 투사의 작용을 시사하는 징후와도 같다. 이럴 때 흔히 이어지는 말은 다음과 같다. "나는 아무도 미워하지 않아." 또는 "누구를 미워할 때도 있지만 너를 미워한 적은 한 번도 없어." 이런 말을 하려면 둘 사이의 관계에서 그럴듯한 근거를 찾아내야 한다. 아주 작은 미움과 거부의 징후는 보통 도처에 널려 있기 때문에 이런 징후를 찾기란 일도 아니다. 어떤 사정이 있든 무엇을 소홀히 하기만 해도 상대방을 미워해서 그런 것으로 해석될 수 있다. 이렇게 우리는 투사에 필요한 결정적 증거를 찾고 또 찾아낸다. 그러면 이제 투사를 철회하기는 매우 어려워진다. 왜냐하면 우리의 눈에는 모든 것이 그렇게 보이기 때문이다. 그러나 우리가 투사하는 것은 원래 우리의 심리 체계에 속하는 것이므로 투사를 철회하는 것이 마땅할 것이다.

치료 상황에서 투사를 확인하기는 비교적 쉽다. 자신의 동반자가 바로 그렇다는 주장을 굽히지 않을수록 투사를 의심할 필요가 있다. 어차피 치료 상황에서는 이런 방어 기제를 예상하고 의심할 수 있으므로 이에 관해 이야기하기가 어렵지 않다. 그러나 일상생활에서는 투사를 확인하기가 매우 어렵다. 왜냐하면 일상생활에서는 투사 뒤에 숨어 있는 불안을 언급하기가 쉽지 않기 때문이다. 불안의 측면에서 볼 때 투사의 효과는 일시적일 뿐이다. 물론 이제 자신의 적대감을 두려워할 필요는 없게 되지만, 그 대신에 밖에 있는 공격자에 대한 두려움이 새로 생긴다. 그리고 이런 두려움은 원래의 두려움보다 대처하기가 더 어렵기 마련이다. 이제 분명히 알 수 있듯이 나를 뒤쫓는 것이 내게 다가오길 원하는 까닭은 그것이 이전에 내게 속했기 때문이다. 관건은 그것을 어떻게 다시 통합할 것인가에 있다.

투사는 치료 상황에서 일어나는 전이에 매우 중요한 역할을 한다. 투사가 없다면 치료 작업이 훨씬 더 어려울 것이다. 여기서 전이란, 어린 시절이나 현재 삶에서 불안을 유발하는 상황을 치료사와의 관계로 전이하는 것을 말한다. 이런 전이가 발생하면 비교적 친절하던 치료사가 갑

3. 불안의 여러 측면

자기 아주 악의적이고 자신을 집어삼킬 듯한 인물로 지각될 수 있다. 이것은 부모나 그 밖의 권위자에 대한 경험에 기초한 권위의 전이와 혼합되어 일어나기도 하고, 특정인과의 관계 전체가 통째로 전이되는 경우도 많다. 그러면 치료사는 악한 사람이 되고, 내담자는 피해자가 된다. 내담자는 자신의 상황이 정말로 끔찍하다는 사실을 치료사에게 납득시키려고 무진 애를 쓴다. 내담자는 자신의 투사를 전혀 깨닫지 못하거나 치료의 막바지에 이르러야 비로소 깨닫게 된다. 치료의 초기 단계에 내담자는 치료사가 갑자기 첫인상과 딴판으로 보이고, 자신의 부모나 교수와 똑같이 자신을 어려움에 빠지게 만든다는 느낌을 받는다. 물론 훨씬 유쾌한 전이도 있다. 이상적인 어머니나 아버지, 동반자나 자식의 모습과 같은 동경의 이미지를 치료사에게 전이하기도 하는데, 어차피 이런 이미지도 현실과 동떨어진 것이며 자신의 경험을 특정 역할에 투사하는 것일 뿐이다. 투사의 문제는 바로 여기에 있다. 투사는 그저 심리 내적인 작용에 그치지 않고, 투사 대상이 되는 사람에게도 영향을 미친다. 투사는 상대방의 반응을 유발한다. '유쾌한' 투사의 대상이 되면 처음에는 기분이 좋을 수 있다. 누가 내게 참 똑똑하고 매력적이며 친절하고 늘 침착하다고 말하면 기분이 나쁠 리 없다. 그러나 나 자신을 잘 알기 때문에 이 말이 실제와는 거리가 있다는 것을 누구보다도 잘 알며, 이런 식의 투사가 오래 지속될수록 진실은 다른 곳에 있다는 인상을 받게 된다. 그러나 투사가 너무 강력하면 정말로 이 역할을 떠맡아야만 할 것 같은 압력을 느끼기도 하며, 심지어 이것이 투사인지 아니면 정말로 나의 이런 측면이 이 사람 때문에 되살아난 것인지 분간이 안 될 지경에 이르기도 한다. 투사는 종종 위임과 결부된다. 왜냐하면 투사하는 사람은 상대방이 자신의 투사에 맞게 행동하길 원하기 때문이다. 다른 용어로 표현하자면 이것은 투사적 동일시projektive Identifizierung에 해당하는데, 다만 이것은 콤플렉스의 공모적 분열* 현상과도 관련될 수 있다.[14]

심리 내적, 심리 사회적, 정신 신체적 방어 기제의 상호 작용

결혼한 지 20년이 넘어서 모든 것을 배우자와 함께하는데 익숙해진 한 여성이 어느 날 여행사를 지나치다가 사무실 안을 흘깃 들여다보면서 생각했다. '나 혼자 떠나는 케냐 여행을 예약하면 어떨까?' 그러다 이내 '도대체 무

---

* '공모적 분열kollusives Aufspalten'이란 개인 내부의 심리적 분열이 타인의 무의식적 협력을 통해 분열된 인간관계로 나타나는 현상을 말한다.

슨 말도 안 되는 생각이야?' 하면서 더 이상 그런 생각을 하지 않았다. 그로부터 매우 오랜 시간이 흐른 뒤에 그녀는 당시의 일을 다시 머릿속에 떠올렸다. 당시의 일은 무엇을 의미할까? 이것은 그녀에게 분리 욕구가 있음을 의미한다. 분리 욕구는 반드시 남편과 이혼하고 싶은 욕구를 뜻하는 것은 아니다. 분리 욕구는 인간관계에서 일상적으로 생긴다. 우리는 종종 서로 너무 가까워지는데, 이럴 때는 다시 거리를 두고 자신을 되돌아보면서 자신에게 더 충실할 필요가 있다. 또 그러다 보면 다시 반작용으로 서로 접근하게 된다. 인간관계에서는 이런 친밀감과 거리감을 끊임없이 재조정하는 것이 매우 중요하다. 최적의 친밀감 또는 거리감을 장기간에 걸쳐 유지하기란 결코 쉽지 않기 때문이다. 따라서 분리 충동은 지극히 정상적이며, 관계가 이미 결딴났음을 의미하지 않는다. 자신의 분리 충동을 억압하는, 즉 불안감 때문에 방어 기제를 사용하는 사람은 동반자가 거리를 두는 듯한 아주 작은 징후만 보여도 헤어질지 모른다는 불안감에 휩싸이곤 한다. 이런 불안감에 대한 방어 기제로 흔히 투사가 사용되는데, 그러면 자신은 헤어질 마음이 없는데 동반자가 헤어지길 원한다는 식으로 생각하게 된다.

앞서 언급한 사례로 다시 돌아가 보자. 여행사를 지나쳤던 여성의 남편은 며칠 후에 아내가 진지하게 대화를 나누자고 하자 오늘은 너무 피곤하다며 책이나 읽고 싶다고 답했다. 그러자 그녀는 한층 더 심각해진 얼굴로 남편이 더 이상 자신에게 관심이 없는 것 같다고 말했다. 그녀는 남편에게 헤어지고 싶은 마음이 있는 것이 틀림없다면서 숨기지 말고 솔직히 인정하라고 다그쳤다. 둘의 관계에 관해 공격적인 질문을 퍼붓는 그녀를 보면서 그는 어이없다는 표정을 지었다. 그는 분리 욕구 같은 것은 꿈에도 생각지 않았기 때문이다. 그러나 그녀는 그에게 그런 소망이 있다고 확신했으며, 이 늦은 시각에 책을 읽고 싶다는 것이 명백한 증거라고 보았다. 노곤한 저녁 시간에 자칫 다툼으로 번질 수 있는 토론을 하기보다 조용히 책이나 읽고 싶은 마음은 누구나 가질 수 있다. 이것도 분리 욕구인가? 이것은 누구에게나 있는 거리 두기 욕구일 뿐이며, 어쩌면 약간은 분리 욕구일 수도 있지만 헤어지고 싶은 마음은 결코 아니다. 이 다툼이 있고 난 뒤로 얼마 동안 이 여성은 뚜렷이 남편에게 집착하는 행동을 보였다. 그녀는 남편이 특히 좋아하는 음식을 요리했고, 모든 것을 남편과 함께하려 했다. 그러자 가슴이 조이는 것처럼 갑갑함을 느낀 남편은 몇 차례 친구들과 외출했다. 이런 행동을 보면서 그녀는 다시 남편이 헤어지고 싶어 한다는 불안감이 들었다. 그녀는 남편의 행동을 문제 삼으면서 이별은 절대로 안 된다고 주장했다. 그는 이별을 꿈에도 생각지 않았다면서 친구들과 외출하는 것은 거의 인권에 가깝다고 항변했다. 이렇게 다툼이 격해지자 결국 두 사람은 상담을 받기로 했다. 오랫동안 잘 살아온 두 사람의 관계가 어째서 하루아침에 엉망이 되었는지 두 사람 모두 이해할 수 없었다.

아내의 입장에서 무슨 일이 있었는지는 정신역학적으로 쉽게 설명할 수 있다. 그녀는 마음속에서 분리 욕구, 즉 남편과 좀 더 거리를 두면서 자신만의 무언가를 해 보고 싶은 충동을 느꼈다. 그러나 이 소망이 불안감을 유발했기 때문에 그녀는 이를 의식에서 몰아냈다. 어쩌면 이 소망으로 인해 남편과 오랫동안 쌓아 온 관계와 다른 형태의 관계도 있을 수 있겠다는 생각이 문득 들었을지도 모른다. 그녀는 분리나 독립에 대한 환상을 부정不貞한 환상으로 해석했고, 그래서 이를 곧바로 남편에게 투사했다. 그녀 생각에 애정이 식은 사람은 남편이었으며, 이별의 환상을 가진 사람도 자신이 아니라 남편이었다. 또한 그녀는 남편이 그녀의 이별 환상대로 행동하도록 그를 자극했다. 그녀는 처음에 남편에 대해 왜곡된 인식을 가졌지만, 나중에는 그녀의 집착 행동으로 인해 남편이 정말로 애정이 식은 것처럼 반응하게 되었다. 그녀의 집착 행동은 자신의 분리 욕구에 대한 방어 기제로 볼 수 있으며, 이는 남편을 더 멀어지게 만들었다. 투사의 경우에는 오히려 상대방이 헤어지려 한다는 식의 환상을 품는다. 이에 비해 위임의 경우에는 상대방이 헤어지려는 마음을 행동으로 옮기도록, 다시 말해 정말로 헤어지려는 마음이 있는 것처럼 보이도록 유도한다. 특히 투사는 우리의 환상이 종종 상호 작용으로 실현되고, 상호 작용을 통해 환상의 생명력이 유지되는 현상을 분명히 보여 준다. 투사의 문제점은 죄책감과 결부된 원래의 분리 욕구를 있는 그대로 지각하고 심리적으로 극복할 기회를 잃게 된다는 것이다.

둘의 상호 작용에 관한 작업이 진행되면서 아내는 여행사를 지나쳤던 때를 회상했는데, 왜 하필 그날 저녁에 남편의 외도를 의심하기 시작했냐고 남편이 계속 물었기 때문이다. 남편이 생각하기에 그동안 함께 살면서 조용히 책이나 읽고 싶다고 말했던 적은 그때뿐이 아니었다. 게다가 남편은 나중에 아내가 원했던 토론에도 응했다. 그때 여행사 안을 흘긋 들여다보았던 장면이 아내에게 떠올랐다. 그것은 아내가 제대로 이해하지 못했던, 제대로 이해하는 법을 배워야 했던 장면이었다. 그녀는 혼자 여행을 떠나고 싶은 마음이 둘의 관계를 정리하고 싶은 마음이 아니라는 것을 깨달아야 했다.

이 사례는 투사와 위임의 상호 작용을 잘 보여 주는데, 그 밖에도 이 여성은 현기증이라는 정신 신체적 부수 현상도 경험했다. 이 사례에서 남편은 아내와 헤어질 마음이 없었다. 그러나 설령 그럴 마음이 있었더라도 현기증은 이별에 대한 아내의 불안감을 달랠 또 다른 수단으로 작용했을 것이다. 왜냐하면 아픈 사람을 그대로 놔둔 채 떠나기는 쉽지 않기 때문이다. 적어도 대다수 사람은 그렇게 생각한다. 이는 인간이 생물심리사회적 통일체biopsy-chosoziale Einheit이기 때문에 신체도 방어 행동에 관여한다는 점을 보여 준다.[15]

방어 기제는 불안감으로부터 우리를 보호하고 우리의 자존감을 지키는 역할을 한다. 그러나 이를 통해 갈등의 해결은 뒤로 미뤄진다. 왜냐하면 자아가 아직 문제를 해결할 준비가 되어 있지 않기 때문이다. 치료 상황에서 이런 방어 기제의 사용을 막기 위해 내담자의 이야기를 계속 분석하면서 주의를 환기하면 내담자에게 큰 불안감을 안길 수 있다. 자아가 이런 불안을 견디지 못하면 실조失調 현상으로 인해 정신 착란을 일으킬 수 있으며, 최선의 경우에는 이런 착란이 방향 전환의 계기로 작용할 수도 있다. 어쨌든 방어 기제가 사용되는 것은 당사자에게 이것이 필요하기 때문이라고 가정해야 한다. 융의 분석심리학에서 '방어 기제를 안고 간다'고 말하는 이유도 바로 이 때문이다. 어떤 방어 기제를 사용하고 있는지 한 번쯤은 지적할 수 있지만, 내담자가 이를 계속 사용할 경우 현재는 내담자에게 이런 형태의 방어가 필요하며 이를 통해 막고 있는 것이 현재의 내담자에겐 너무 위험한 것이라는 점을 인정해야 한다. 이런 방어 기제를 계속 지적하면 방어 행동은 더욱더 심해질 것이다. 특정 종류의 문제들은 자아가 어느 정도 강력하고 안정되어야만 스스로 인정할 수 있는 법이다. 당장은 문제를 피하기 위해 이런 방어 기제가 필요해 보인다면, 아직은 자아가 그렇게 강력하지도 안정되지도 않은 셈이다.

방어 기제의 부가 이익

각자가 선호하는 방어 기제를 이상화해서 이데올로기를 만들면 일종의 부가 이익이 생긴다. 예를 들어 합리화 방어 기제를 사용해 특정 사건과 결부된 감정을 해당 사건과 분리하거나, 감정이 섞인 모든 경험에서 일종의 법칙성을 도출해 감정 자체의 영향은 거의 받지 않는 사람이 있다고 상상해 보자.

이 사람에게 누가 매우 흥분한 목소리로 말한다. "네가 떠나면 나는 완전히 망가져 버릴 거야. 솔직히 나도 네 곁을 떠나고 싶지만, 나는 네게 묶인 몸이라 그럴 수가 없어. 너 때문에 내 삶이 엉망이 됐어. 나도 떠나고 싶지만 나는 네 곁에 있을 거야⋯⋯." 이렇게 혼란스러운 감정을 격정적으로 털어놓는 상대를 보면서 합리화 방어 기제 또는 주지주의 전략을 사용하는 사람은 다음과 같이 태연하게 대꾸할 것이다. "너는 지금 양가감정을 느끼고 있어. 이런 상태는 일종의 분리 단계야. 이때는 접근의 위기와 분리 현상이 나타나지." 감정이 격한 상태에서 이런 냉정한 촌평을 듣는 당사자는 상대방이 자신을 전혀 이해하지 못한다는 느낌을 받을 것이다. 그러나 합리화 방어 기제나 주지주의 전략을 사용하는 상대방은 자신의 태도를 이상화하고 이데올로기화하면서 다음과 같은 식으로 말할 것이다. "너는 언제나 너무 감정적이어서 대화가 안 돼! 하지만 나는 침착하게 사태를 있는 그대로 바라보는 편이지. 그래야 냉철한 시각으로 숲을 볼 수 있거든. 그리고 당연히 진실은 나무가 아니라 숲 전체에 있으니까." 이런 태도가 바로 방어 기제의 이상화 또는 이데올로기화라 하겠다. 이는 사회적으로도 가치 있게 여겨지는 특정 방어 기제를 통해 감정을 통제할 필요가 있으며 이런 감정 통제에 기초한 행동이 더 바람직하다는 이데올로기를 드러내고 있다. 물론 이는 자기 자신과 자신의 행동을 이상화하는 일이기도 하다. 그리고 이를 통해 불안을 억누르고 있다는 사실은 더 이상 언급되지 않는다. 그러나 이런 이데올로기화 또는 이상화가 진행되면 자신의 불안을 마주하며 해당 이데올로기에 의문을 제기하기가 어려워진다.

불안의 발생과 진행을 좌우하는 각인 상황

자기화 과정과 분리 불안 — 분리-개별화 단계

두려운 것의 투사는 분열을 낳는다. 이제 악한 것, 두려운 것은 밖에 있는 위험한 것이 되고 악하지 않은 것은 안에 있지만 위험에 떨고 있다. 이런 분열은 마가렛 말러 Margaret Mahler가 분리-개별화 단계separation-individuation phase로 서술한 발달 단계에서도 일어난다.[16] 이 발달 단계는 불안의 발생 및 진행과 매우 밀접한 관계가 있다. 이 단계는 애착 대상인 양육자와 분리되어 자기 자신이 되는 과정이자, 무엇보다도 활동 영역의 확장으로 나타나는 자율의 즐거움과 분리 불안 사이의 줄타기다. 이런 분리 과정은 성인이 된 후에도 중요한 영향을 미친다. 이는 말러의 서술처럼 최초의 분리 과정으로 보기는 어렵지만, 분리와 애착의 역동적 관계를 잘 보여 주는 매우 중요한 분리 과정인 것은 틀림없다. 말러에 따르면 분리-개별화 단계는 생후 6개월부터 36개월 사이에 일어난다. 애착 대상과 분리되는 과정 및 이와 결부된 자기화 과정에는 어느 정도 시간이 필요한 셈이다.

이 단계에 불안과 불안 발달이 매우 중요한 의미를 지닌다는 사실을 누구보다 강조하고 연구한 사람은 카를 쾨니히Karl König였다.[17] 감정 연구의 최근 결과와도 일치하는 그의 견해에 따르면 공포의 감정은 생후 6개월부터 나타난다.[18]

분리와 개별화의 과정은 여러 하위 단계로 나뉜다. 첫 번째 단계는 이른바 분화 단계다. 말러와 공동 연구자들이 생후 6개월부터 만 1세까지 지속된다고 본 이 단계에서는 불안이 그리 중요하지 않다. 다만 낯가림이나 이방인 공포증과 같은 현상은 관찰되는데, 이는 양육자와의 분리로 인한 것이라기보다 양육자가 주위에 보이지 않는 것에 대한 아이의 실망감에서 비롯한 것이다. 이 단계에서 이전에는 주로 받기만 했던 젖먹이가 갑자기 스스로 무엇을 잡기 시작한다. 손을 뻗쳐 물건을 움켜쥐고 특히 입을 사용해 자기 것으로 만든다. 이제 젖먹이의 빠는 행동이 주위 세계로 확장된다. 처음에는 입을 통해, 그다음에는 손을 통해서도 확장이 이루어진다. 이를 통해 젖먹이는 무언가를 그저 받는 데만 의존하지 않고 스스로 무언가를 잡는 경험을 한다. 아기의 동작 능력이 꾸준히 향상되고 동작의 즐거움도 경험한다. 이 단계는 아직 분리 단계가 아니라 다양한 관계의 새로운 가능성을 시험하는 분화 단계다.

이 분화 단계에 이어서 생후 약 1년부터 17개월까지는 이른바 연습 단계가 이어진다. 이 단계의 아이는 애착 대상인 양육자로부터 멀어지는 것을 시험하고 연습한다. 보이는 것과 보이지 않는 것, 바라보기와 외면하기가 중요한 관심거리가 된다. 아이가 언제든지 의지할 수 있는 안전한 토대가 되는 양육자는 아이에게 매우 중요하다.

자율을 향한 첫 번째 큰 걸음을 내딛기 시작하고 자율이 발달의 주제가 되는 순간 불안의 주제도 함께 등장한다. 불안과 자율은 서로 직접적으로 관련된다. 이 연습 단계에서는 독립을 향한 초기 발달이 관찰된다. 아이는 양육자를 잠시 '잊은' 채 혼자서 세계 안으로 들어가기를 즐긴다. 그러다 다시 양육자에게 돌아가 품에 안기면서 자신이 경험한 세계가 얼마나 두려웠는지, 자신이 얼마나 용감했는지 등을 '이야기'한다. 말러에 따르면 생후 18개월부터 24개월까지의 시기에 아이는 그사이 멀어졌던 양육자에게 다시 접근하면서 재접근의 위기가 찾아온다. 재접근 및 재접근 위기의 단계는 특히 중요한데, 왜냐하면 이 시기에 아이의 불안 증가가 뚜렷이 관찰되고, (좋은 것과 나쁜 것의) 분열도 이때 시작된다고 가정할 수 있기 때문이다. 한때 세계로 돌진했던 쾌활하고 자율적이던 아이는 이 재접근의 시기에 갑자기 어머니의 치맛자락에 매달리는데, 이때 아이는 만족감보다 불만족감을 더 자주 드러내며 이전보다 심한 감정 기복을 보인다. 아이는 자신이 하는 모든 것을 애착 대상인 양육자가 지켜보길 원하며 자신의 모든 경험을 양육자와 공유하려 한다. 연구자들의 해석에 따르면 이는 정서적으로 성숙한 아이가 최초로 의식적인 분리·상실 경험을 한 뒤에 원래의 애착 관계로 퇴행해서 양육자와의 관계가 이전과 다르지 않다는 것을 신체적으로 재확인하려 하기 때문이다. 그러나 재접근 단계에서 지나치게 가까워지거나 이전 발달 단계로 퇴행할 수 있기 때문에 결국에는 다시 결정적인 분리 단계가 뒤를 잇게 된다.

좋은 것과 나쁜 것의 분열은 이 최초의 의식적인 분리·상실 경험과 함께 나타나는 부수 현상으로 해석된다. 아이는 자율을 향한 욕구, 즉 내킬 때 또다시 양육자 곁을 떠나고 싶은 마음과 양육자 곁에 머물고 싶은 마음의 충돌을 경험한다. 또한 아이는 제멋대로 행동할 경우 실패를 감수해야 한다는 사실, 즉 세계로 여행을 떠날 경우 종종 타인의 구원이 필요한 곤란한 처지에 놓인다는 사실과 자신이 사라지면 양육자가 화를 내거나 실망해서 '나쁜' 사람이 되곤 한다는 사실도 경험한다. 그러나 아이가 다시 돌아가 양육자에게 의지할 수 있으려면 양육자는 아이를 무조건 반기는 '좋은' 사람이어야 한다. 이것은 아이가 처한 딜레마다. 또는 적어도 연구자들은 그렇게 해석한다. 아이에게 양육자는 온갖 좋은 것을 체화한 존재이므로 아이는 이 모든 좋은 것을 가진 양육자 곁을 떠나고 싫어 하지 않는다. 반면에 시간이 지남에 따라 점점 더 많은 독립성과 자율성을 원하는 발달 충동 또는 개별화 충동을 좇아 아이가 떠날 수 있으려면 양육자를 '나쁜' 사람으로도 볼 수 있어야 한다.

이런 딜레마는 청소년기와 같은 후속 분리 단계에서 다시 반복된다. 예를 들어 어느 12세 소녀가 일주일 사이에 다음과 같이 태도를 바꿔도 우리는 그리 놀라지 않을 것이다. "일주일 전만 해도 나는 엄마가 정말로 다정한 사람이라고 생각했는데, 이제는 정말로 사악한 마녀라는 것을 깨달았어." 어머니에 대한 애착이 매우 강했던 이 소녀는 자신의 분리 공격성을 '나쁜' 마음으로 생각해 그대로 받아들이질 못하고 어머니에게 투사한 셈이다. 이제 소녀는 어머니 곁을 떠날 수 있는데, 왜냐하면 나쁜 어머니와 이별하는 것은 그리 어려운 일이 아니기 때문이다.

이후의 분리-개별화 단계에서 발달이 계속 진행되려면 아이는 양육자를 좋기도 하고 나쁘기도 한 존재로 내면화해야 하며, 나아가 아이 자신을 포함한 모든 사람이 좋기도 하고 나쁘기도 하다는 것을 경험하고 받아들여야만 한다. 행동의 측면에서 이런 발달은 아이에게 양육자 곁에 머물 수도 있고, 떠났다가 다시 돌아올 수도 있는 자유가 생겼음을 의미한다. 그리고 이제 사람이 좋기도 하고 나쁘기도 하다면 그런 사람의 곁을 떠났어도 계속 그런 사람에게 의지할 수 있다. 말러에 따르면 이런 경험과 확신은 1세와 2세 사이에 일어난다고 하며, 다니엘 스턴Daniel Stern에 따르면 아이들은 원래 좋은 것과 나쁜 것을 통합할 줄 알았지만 나중에 정서적인 압박을 받으면서 좋은 것과 나쁜 것의 분열이 일어난다고 한다.[19] 스턴은 좋은 것과 나쁜 것의 구별을 언어 습득 후에야 가능한 더 높은 수준의 범주화로 본다. 이런 주장은 설득력이 있는데, 왜냐하면 젖먹이는 처음부터 유쾌한 경험과 불쾌한 경험을 모두 하기 때문이다. 따라서 양육자가 아이를 정성껏 돌본다고 가정할 때 양육자는 처음부터 아이의 마음속에서 '좋기도 하고 나쁘기도 한' 존재로 내면화되었을 것이다. 그러다가 독립이냐 의존이냐라는 삶의 주제에 직면해 분열이 일어남에 따라 이런 새로운 조건에서 '좋기도 하고 나쁘기도 한' 양육자를 재통합해야 하는 과제가 등장한다고 볼 수 있다. 좋기도 하고 나쁘기도 한 것을 더 구체화하자면, 이 단계에서 '좋은' 것은 '안전한' 것을 의미하고 '나쁜' 것은 '두렵고 위험한' 것을 의미할 것이다.

어머니가 곁에 없어도 더 이상 아이가 그저 화나 짜증만 내는 반응을 보이지 않는다면, 이는 독립을 향한 발달과 좋기도 하고 나쁘기도 한 양육자의 내면화가 진행 중임을 시사할 것이다. 곁에 없는 어머니는 이제 단순히 나쁜 어머니가 아니다. 어머니가 잠시 곁에 없을 때는 특정 상징이 잠시나마 어머니를 대체할 수도 있다. 이른바 이행기 대상이 이에 해당한다.[20] 곰 인형 같은 것이 이런 역할을 할 수 있는데, 이럴 경우 곰 인형은 어머니 및 어머니와의 관계를 상징한다. 이런 대체물 덕분에 이제 어머니는 단순히 '내 곁을 떠난 사람', 그래서 단순히 '나쁜 사람'이 아니며 단순히 '좋은 사람'도 아니다. 이렇게 이행기 대상은 대상 항상성object constancy의 안정된 경험에 기여한다.* 그러나 이를 위해서는 아이의 마음속에 양육자에 대한 생생한 표상이 존재해야 한다. 많은 심리 치료 접근법의 공통된 가정에 따르면 상징화 없이는, 즉 특정인이나 특정인과의 관계에 대한 표상이 아이의 환상 속에서 생생하게 유지되지 않으면 좋은 표상과 나쁜 표상의 통합은 원칙적으로 불가능하다. 이런 통합이 먼저 있어야 분열도 가능하다. 통합을 통해 삶은 이제 좋기도 하고 나쁘기도 하며, 자기 자신을 포함한 사람들도 좋기도 하고 나쁘기도 하다. 좋기도 하고 나쁘기도 한 인물이, 말하자면 아이의 내면적 동반자가 될 때 비로소 아이는 (어머니가 곁에 없어도) 자신이 버려지지 않았다는 확신을 가질 수

---

* 즉 어머니(와의 관계)를 상징하는 곰 인형을 매개로 '내 곁을 떠난 사람', '나쁜 사람', '좋은 사람', '곰 인형' 등의 개별 표상이 특정 대상(이 경우 '어머니')의 다양한 측면으로 통합되어 이해되기 시작한다. 대상 항상성에 관해서는 다음 단락 참조

있으며, 나아가 더 이상 양육자에게만 의존하지 않고 스스로 자신을 챙길 줄도 알게 된다. 이제 아이는 어느 정도 위험에 대처할 줄도 알게 된다. 좋은 것과 나쁜 것이 통합될 때, 동일한 사람이 만족과 위안뿐만 아니라 혼란과 불안감을 초래하기도 한다는 사실을 알 때 비로소 대상 항상성이 생긴다. 반면에 양육자로 인해 아이의 세계 탐험이 방해를 받으면 대상 항상성의 발달이 더딜 것이다.

자율성과 관계 능력의 발달 — 대상 항상성의 중요성

대상 항상성이라는 용어는 하인즈 하트만Heinz Hartmann이 고안했다.[21] 이것은 언뜻 보기에 간단한 개념처럼 보인다. 하트만은 불변하는 정신적 표상이 있을 때, 즉 아이가 양육자의 표상을 일정하게 떠올리고 심리 내적으로 이용할 수 있을 때 대상 항상성이 생겼다고 말한다.

이는 양육자가 곁에 없어도 영원히 사라진 것이 아니라는 점을 아이가 알고 있으며, 양육자와의 관계에서 경험한 주요 감정들을 양육자가 곁에 없을 때도 재현할 수 있음을 의미한다. 또한 반대되는 감정이 우세할 때도, 예를 들어 지금은 양육자에게 화나더라도 이런 주요 감정을 재현할 수 있음을 의미한다. 이제 아이는 반대되는 감정이 일시적이며, 또 다른 감정도 있다는 것을 어느 정도 의식하게 된다. 이제 양육자는 아이의 현재 욕구 상태와 무관하게 아이의 환상 속에 늘 존재할 것이다. 이제 양육자는 그저 아이의 욕구가 충족되는 장면에서만 표상되는 것이 아니라 독립된 객체로 표상될 것이다. 아이는 어머니가 곁에 있을 때 어머니의 표상을 내면화함으로써 이런 대상 항상성에 도달한다. 그리고 무엇보다 이행기 대상이 이런 내면화에 기여한다. 좋은 어머니에 대한 표상이나 어머니에 대한 좋은 기억이 내면화된 아이는 스스로를 돌볼 수 있다는 느낌도 점차 가지게 된다. 아이의 마음속에서 좋은 어머니와 나쁜 어머니, 어머니에 대한 좋은 기억과 나쁜 기억 등이 서로 연관되기 시작한다. 발달 과정에서 아이는 좌절감을 견디는 법을 배워야 한다. 기분 좋고 신날 때도 있지만 배가 고프거나 그 밖에 어떤 식으로든 불쾌할 때도 있다는 것을 배워야 한다. 좋은 어머니와 나쁜 어머니의 표상이 통합되었다는 것은 좋을 때도 있고 나쁠 때도 있다는 것을 자아가 알게 되었음을 의미할 것이다. 나쁠 때도 좋았을 때의 기억을 잃지 않는 것과 그 반대의 경우는 모두 대상 항상성에 기여한다. 대상 항상성을 가지게 된 아이는 이제 어머니가 곁에 없거나 아이의 소망을 들어주지 않을 때도 똑같은 어머니가 있다는 것을 알게 된다. 우리는 분리 공격성을 느낄 때 이를 상대방에게 투사하곤 하는데, 그러면 상대방은 우리에게 성가시거나 악한 존재가 된다. 그러나 대상 항상성을 가진 우리는 당장은 화가 나서 상대방을 신랄하게 비난하지만 다른 한편으로는 우리가 상대방을 사랑하기도 한다는 것을 잘 알고 있다. 우리는 모든 사람이 좋기도 하고 나쁘기도 하다는 것을 잘 알고 있다. 좋은 사람이 잠시 내 곁을 떠나도 나는 그 사람이 완전히 사라진 것이 아님을 알기 때문에 크게 불안해하지 않는다. 만약 내게 대상 항상성이 없다면 평소에 나와 잘 맞던 상대방이 나와 다른 견해를 보이거나 내 제안을 거부할 경우 상대방이 영원히 사라진 것 같은 느낌, 즉 완전한 상실감에 빠질 것이다. 이것은 친밀감 또는 거리감에 대한 불안과 관련해 특히 중요한 주제다.

대상 항상성이 확립되지 않은 아이는 양육자에 대한 욕구를 결코 충분히 충족하지 못할 것인데, 왜냐하면 이런 아이는 바로 지금 실재하는 어머니, 아버지, 형제자매 또는 그 대체물 등을 통해서만 이런 욕구를 충족하려 하기 때문이다. 심각한 불안 문제가 있는 사람은 어머니가 바로 지금 곁에 있기를 바란다. 이런 사람에게는 자기 내면의 모성적인 면을 떠올려 보라고 조언하거나, 어머니의 분위기가 느껴질 만한 공간을 찾거나 안정감을 줄 수 있는 상황이나 이미지를 생각해 보라고 조언해도 별로 효과가 없다. 이런 사람은 아주 구체적으로 실재하는 것만을 찾기 때문이다. 대상 항상성이 없거나 부족한 사람은 이처럼 어머니다운 것을 어떤 자질로 이해하는 대신에 구체적으로 실재하는 어머니와 연관 짓거나 기껏해야 어머니 같은 여성에게 전이할 수 있을 뿐이다. 이는 남성의 경우 어머니다운 것을 동반자에게 전이하는 형태로 나타날 수 있다. 그러면 동반자는 남성의 어린 시절 어머니처럼 남성의 기대와 요구를 받아 주는 역할을 떠맡게 될 것이다.

양육자가 내면화되는 과정은 젖먹이의 발달을 관찰하고 연구한 다니엘 스턴의 '일반화된 상호 작용 표상Representations of Interactions that have been Generalized, RIG'[22]이라는 개념으로 설명할 수 있을 것이다. 일반화된 상호 작용 표상에 대한 스턴의 설명은 실제 사건과 경험에 대한 기억인 '일화 기억episodic memory'[23]에 대한 엔델 툴빙Endel Tulving의 서술에 기초한다. 일화 기억에는 아침 식사처럼 아주 평범한 일상의 장면도 포함될 수 있고, 아기의 출산 소식을 접한 아버지의 반응처럼 감동적인 순간도 포함될 수 있다. 일화 기억 속에서 관련 행동, 감정, 지각 등은 분리되지 않는 통일체로 기억되지만, 감정과 같은 특정 측면에 주의를 집중할 수도 있다. 젖가슴, 젖, 배부름 등으로 이어지는 일화 경험이 유사하게 반복될 경우 이런 경험이 일반화된다. 즉 아이는 미래에도 같은 일화가 반복될 것이라고 기대한다. 이렇게 일반화된 일화 기억은 더 이상 하나의 구체적인 기억이 아니라 "여러 구체적인 기억을 포함한다. (…)

이것은 평균적인 기대에 부합하는 사태 진행의 구조에 해당한다."[24] 이렇게 일반화된 상호 작용 표상은 기대를 낳고, 기대는 당연히 실망으로 이어질 수도 있다. 스턴에 따르면 일반화된 상호 작용 표상은 아이의 자아와 '중요한 타인' 사이의 온갖 상호 작용에서 비롯한다. 스턴에 따르면 이것은 핵심 자아가 표상되는 기본 단위이며, 이를 토대로 젖먹이는 정체성 경험의 기초가 되는 통합된 핵심 자아의 느낌을 갖게 된다. 아이가 일반화된 상호 작용 표상의 특정 측면을 머릿속에 떠올리면 내면의 동반자인 '중요한 타인'도 함께 머릿속에 떠오를 것이다. 이 내면의 동반자는 아이가 세계 및 불안에 대처할 때뿐만 아니라 흥분에 대처할 때도 아이를 지원하는 역할을 할 것이다. 따라서 대상 항상성의 결여는 스턴의 용어로 말하자면, 무엇보다도 신뢰할 수 없는 양육자의 경험이 일반화된 결과라고 말할 수 있을 것이다. 융 심리학에서는 이런 것을 가리켜 '유아기의 부정적 어머니 콤플렉스ursprünglich negativer Mutterkomplex'라고 부를 것이다.[25]

융 심리학에서 말하는 콤플렉스란 무엇보다도 특정 감정과 결부된 갈등 관계의 경험이 일반화된 것을 가리킨다. 이런 관계 경험에는 항상 '나와 타인'이 포함되어 있다. 일반화된 상호 작용 표상과 콤플렉스는 매우 유사하지만, 콤플렉스는 주로 곤란한 삶의 경험을 가리킬 때가 많다. 콤플렉스에 따라 경험이 다르게 조직되며, 특히 이와 결부된 감정이 나중에 새로운 삶의 상황으로 전이되기도 한다.[26]

콤플렉스는 특정 감정과 결부된 핵심 의미를 중심으로 구축된 에너지 중심과도 같다. 이후의 유사한 경험이 특정 콤플렉스의 관점에서 해석되면 이를 통해 다시 해당 콤플렉스 또는 해당 콤플렉스와 결부된 감정이 강화된다.[27] 그래서 점점 더 많은 생활 사건life event이 해당 콤플렉스에 통합되고 해당 콤플렉스의 관점에서 경험된다. 콤플렉스는 개인마다 위기에 취약한 지점이 되기도 한다. 왜냐하면 이것은 내면의 삶에 동력을 제공하는 에너지 중심에 해당하기 때문이다. 그래서 콤플렉스는 한편으로 삶의 억제 요인이 될 수 있는데, 콤플렉스의 지배를 받는 사람은 현재 상황에 맞게 적절히 반응하는 대신에 특정 감정과 결부된 정형화된 방식으로 과잉 반응을 보이기 쉽기 때문이다. 이렇게 정형화된 행동·경험 방식은 내면의 갈등을 유발하는 특정 감정을 억누르는 역할을 한다. 그러나 다른 한편으로 콤플렉스는 새로운 삶의 기회를 여는 단초가 될 수도 있다.[28] 융이 살았던 시대에 비해 오늘날에는 콤플렉스를 상호 작용 과정의 결과로 보는 경향이 더 강하다. 콤플렉스는 "적응의 필요성과 이런 필요성에 비추어 부적합한 개인의 특별한 성질이 충돌해서 발생하는 것이 틀림없다."²⁹라고 주장한 융의 발생 가설을 토대로, 오늘날에는 이런 적응의 필요성이 사실상 양육자와 무관할 수 없으므로 어린 시절이나 그 후에 경험한 곤란한 대인 관계의 유형 및 이와 결부된 감정과 정형화된 행동 방식 또는 방어 전략이 콤플렉스에 반영될 것이라고 본다. 따라서 콤플렉스에는 항상 양육자 및 이 양육자와 대개 곤란한 관계에 있던 '나'가 반영된다고 볼 수 있다.

불충분한 내면화로 인해 대상 항상성이 제대로 확립되지 않을 경우 심리적으로 막대한 결과가 초래될 수밖에 없다. 특히 기본적 신뢰감이나 불신감과 같은 심리 사회적 태도에 영향을 미친다.* 또한 자신에 대한 신뢰감, 즉 자기 내면의 도움을 기대하는 태도에도 영향을 미친다. 이런 신뢰감 또는 불신감에 따라 아이는 무의식 속의 창의적인 이미지들을 받아들이기도 하고 배척하기도 한다. 이것은 자아-자기 축Ich-Selbst-Achse**의 확립, 안정된 정체감

---

* 정신분석학자 에릭 에릭슨Erik Erikson에 따르면 생후 1년까지의 시기에 양육자가 아기의 요구를 적절히 충족해 주는지 여부에 따라 양육자와 세상에 대한 아기의 기본적 신뢰감 또는 불신감이 형성된다고 한다.

** 융 심리학에서 자아Ich는 의식의 중심이고, 자기Selbst는 의식과 무의식 등을 포함한 전체 성격의 중심이다. 모든 심리 과정은 의식과 무의식 또는 자아와 자기의 역동적 관계로 이해할 수 있는데, 융의 제자인 에리히 노이만Erich Neumann은 이런 두 중심의 긴밀한 연관을 강조해 '자아-자기 축'이라고 불렀다.

의 형성 및 개별화 과정, 자율적 존재가 되는 동시에 좋기도 하고 나쁘기도 한 자기와 통합될 수 있는 능력의 발달 여부에 영향을 미친다. 그리고 훨씬 더 실제적인 측면에서 이 모든 것은 다시 자기 자신 및 타인의 그림자 측면을 받아들일 수 있는지 여부에 영향을 미친다. 대상 항상성이 없는 사람은 모든 것을 전적으로 좋거나 전적으로 나쁘게만 경험하고 판단할 것이다. 그러나 주위 사람들이 전적으로 나쁜 존재라면 무슨 짓이든 할 수 있는 사람들에게 둘러싸인 우리는 극도의 위험에 직면해 아무것도 할 수 없을 것이다. 이는 극도의 절망과 무력감에 빠진 상태다. 그리고 이 모든 결과는 대상 항상성이 결여되었거나 불충분하게 확립된 것과 관련이 있다.

심리학에서는 종종 완전한 자아 항상성과 완전한 대상 항상성의 이상을 가정하는데, 이것은 그리 바람직해 보이지 않는다. 누구와 헤어져서 또는 헤어졌다고 생각해서 상실감에 빠진 채 상대방을 '나쁜 사람'으로 깎아내리거나 그냥 잊어버리려는 유혹에 넘어가지 않으려면 때때로 상대방을 있는 그대로 재경험할 필요가 있다. 분리는 불안감을 유발하고, 우리와 헤어지는 사람은 우리의 행복감을 위협한다. 그래서 우리에게 이런 사람은 악한 것의 투사 대상이 된다. 예를 들어 15년을 사귄 애인과 안 좋게 헤어지면 그 사람은 갑자기 '나쁜 사람'이 된다. 그래도 한때는 그 사람을 사랑하지 않았냐는 질문을 받으면 그때는 사랑에 눈이 멀었었기 때문이라고 답한다. 이렇게 비통한 시기가 오랫동안 지속한 뒤에야 비로소 그 사람이 좋기도 하고 나쁘기도 했다는 점과 자기 자신도 좋기만 한 것이 아니라 좋기도 하고 나쁘기도 하다는 점을 다시 받아들일 수 있게 된다. 아이가 자율성을 추구하는 연습 단계를 원활히 거치려면 분열의 양면이 공존한다는 것을 깨달아야 한다. 그래야 비로소 아이는 애착 대상인 양육자 곁을 떠날 수 있고 또 양육자에게 다시 돌아올 수 있다. 이럴 때 아이는 자율성 상실에 대한 별다른 불안 없이 양육자에게 의지해 안정감을 얻을 수 있다. 나쁜 어머니가 갑자기 다시 좋은 어머니가 되는 재접근 단계가 매우 중요한 이유도 바로 이 때문이다. 이 단계는 불안의 발생과 관련해서도 중요하다. 이 단계는 양육자에게 쉽지 않은 상황인데, 왜냐하면 아이가 드디어 독립적으로 되었다고 기뻤다가도 어느 순간 아이가 갑자기 다시 치맛자락에 매달려 칭얼대는 바람에 계속 아이를 챙겨야만 하고 잠시라도 떨어지면 아이가 이전보다 더 큰 불안감을 보이기 때문이다. 이 단계의 아이를 적절히 다루려면 아이가 더 유아기적인 형태의 관계를 원할 때도 양육자가 이를 받아들일 수 있어야 하며, 그러다가 아이가 다시 자율적인 의도를 보일 때는 아이를 붙잡지 말아야 한다. 성공적인 삶의 길은 자율성과 관계 맺기가 동시에 가능할 때 비로소 열린다.

한편으로는 다른 사람과 함께하고 싶은 마음, 어쩌면 더 나아가 다른 사람의 일부가 되고 싶은 마음과 다른 한편으로는 거리를 두고 독립해야 할 필요성(그리고 궁극적으로는 자율적 존재로서 다시 다른 사람과 관계를 맺을 필요성) 사이의 딜레마, 다시 말해 공생과 개별화 사이의 딜레마에서 불안이 발생한다. 위대한 심층심리학자인 프로이트와 융은 모두 불안 발생의 이 두 측면을 언급한 바 있다. 프로이트는 후기 저작에서 다양한 형태의 분리를 불안의 주요 원천으로 언급했다.[30]

그는 인간에게 원래 늘 함께하고 싶은 마음, 관계를 맺고 싶은 마음이 있다고 가정하면서 모든 불안은 결국 우리가 다른 한편으로는 끊임없이 분리되어야 하기 때문에 생긴다고 주장했다. 여기서 분리에는 인간관계의 분리뿐만 아니라 자아상과의 분리 등도 포함된다. 예를 들어 애정의 상실, 소속감의 상실, 질투심을 보이는 사람에 대한 신뢰감의 상실 등은 모두 일종의 분리 불안으로 볼 수 있다.

융은 불안을 다음과 같이 아주 간결하게 요약했다. "성격의 미성숙한 부분이 기를 펴지 못하고 억제되어 불안을 낳거나 불안으로 변한다."[31]

융은 개별화, 자기화 과정, 더 많은 자율을 향한 발전의 측면을 더 강조한다. 그래서 우리 안에 남아 있는 성격의 미성숙한 부분이 연령대에 맞게 기를 펴지 못하고 억제되면 불안이 생긴다고 말한다. 이렇게 융은 자기 상실에 대한 불안에 초점을 맞추는 반면, 프로이트는 사랑의 상실에 대한 불안에 초점을 맞춘다. 그러나 이 둘은 실제로 나뉘지 않는다. 사랑의 상실에 대한 불안과 자기 상실에 대한 불안은 동전의 양면과도 같다. 분리에 대한 불안과 독립하지 못하는 것에 대한 불안은 동시에 존재한다. 아이의 삶에서 최초의 분리가 성공적으로 이루어진 경우에도 중요한 것은 그저 독립하는 것이 아니라 의존과 독립, 곁에 있음과 떠남, 복종과 자발성의 두 측면이 아이의 삶에서 제자리를 찾는 것이다. 이런 양면적 과제 상황에서 아이가 처한 환경이 열악할 경우 아이는 독립을 회피하거나 독립만 고집하는 분열된 태도와 나아가 강박적인 의존성이나 강박적인 독립성을 보일 수 있다.

세계를 탐험하기 ― 통제 기능을 수행하는 양육자의 역할

아이가 양육자의 행동을 통해 양육자의 좋은 면과 나쁜 면을 모두 받아들이고 양육자 및 자기 자신의 좋은 면과 나쁜 면을 함께 내면화할 수 있으려면 무엇보다도 아이가 자신을 보호하는 좋은 양육자를 상상할 수 있어야 하고, 이런 상상을 시험할 수 있는 이행기 공간이 아이에게 제공되어야 한다. 분리-개별화 단계에서는 통제 기능을 수행하는 사람의 창의성에 따라 아이 스스로 통제하는 능력이 발달할 것이다. 그리고 이 둘의 공동 통제 방식에 따라 아이가 얼마나 두려움 없이 세계를 탐험할 수 있는지가 결정될 것이다.

분리-개별화 단계와 불안 장애의 연관성에 관한 쾨니히의 고찰은 우리의 논의뿐만 아니라 치료를 위해서도 많은 것을 시사한다.[32] 통제 방식 및 이와 결부된 콤플렉스나 일반화된 상호 작용 표상은 공황 장애의 전개에 큰 영향을 미친다. 분리-개별화 단계의 주요 과제는 아이의 활동 영역이 확장되는 것이다. 아이의 확장 충동에 대한 양육자의 대처 방식, 즉 양육자가 아이의 용기를 북돋거나, 스스로 불안해져서 아이의 행동을 엄격히 통제하고 모든 것을 금지하거나 아니면 체념한 마음으로 모든 것을 허용하는 등의 대처 방식은 아이의 마음속에서 일반화된 경험으로 내면화된다. 쾨니히는 이런 양육자를 가리켜 '통제 기능을 수행하는 대상steuerndes Objekt'이라고 불렀는데, 이는 적절한 표현이다. 실제로 양육자는 아이에게 닥칠 수 있는 온갖 위험과 세계 정복의 즐거움 사이에서 아이를 통제하는 역할을 하기 때문이다. 이 단계에서 양육자의 통제 방식에 따라 아이에게 내면화된 '동반자'는, 대개 무의식적으로 아이가 불안 상황에 적절히 대처하면서 확장과 보호 사이의 균형을 유지하도록 도와주는 통제 기능을 수행한다.

공포성 성격 구조*의 발달에 영향을 미치는 근본적인 발달 과제는 '어떻게 하면 아이가 어머니나 양육자의 사랑을 계속 받으면서 자기화 과정을 원만하게 진행할 수 있는가?'라는 물음으로 귀결된다. 공포성 성격 구조나 공황 장애가 있는 사람의 경우 유아기에 아이에게 결정적 영향을 미친 양육자가 스스로 불안해하면서 아이를 통제하고 매달리게 만들어 아이에게 충분한 성장 기회를 제공하지 못한 경우가 많다. 이런 양육자는 세계가 위험한 곳이며 자기 곁에 있는 것이 가장 안전하다는 메시지를 끊임없이 아이에게 보낸다. 그런가 하면 아이에게 별다른 관심을 보이지 않으면서 너무 일찍 또는 너무 전면적으로 아이를 혼자 놀게 방치하는 양육자도 있다. 예를 들어 스스로 많은 불안감을 드러내면서 아이를 통제하고 매달리게 만드는 양육자는 아이가 물건을 망가뜨리거나 다칠까봐 아이가 잡는 모든 것을 바로 빼앗곤 한다. 이런 환경에서 아이는 매우 의존적으로 성장할 수밖에 없다. 나아가

---

* 쉽게 공포 반응을 보이는 성격 구조

이런 아이는 어차피 양육자가 더 잘하므로 굳이 스스로 하려고 애쓸 필요가 없다고 생각하기 쉽다.

이런 각인 상황은 성인이 된 후에도 종종 관찰된다.* 열여덟 살이 된 '아이'가 잡는 모든 것을 빼앗는 양육자라면 아이가 두 살이었을 때도 똑같이 했을 것이다. 물론 양육자의 이런 행동은 반드시 불안 때문만이 아니라 전혀 다른 이유로도 일어날 수 있다.

내면 구조가 풍부하지 못해서 소수의 가용 구조에 집착하고 불안해하는 양육자와 상호 작용하는 아이나 청소년에게 선택의 여지는 그리 많지 않을 것이다. 이런 양육자 자신이 어린 시절에 통제 기능을 수행하는 부모나 애착 대상을 충분히 내면화하지 못해서 자신의 공격성을 세계에 투사하고 신체나 세계가 통제 기능을 대신 수행할 경우, 이런 양육자와 상호 작용을 하는 아이는 세계와 삶이 위험으로 가득하므로 모험이나 변화를 시도하기보다 그냥 집에 머무는 것이 최선이라는 메시지를 전달받기 쉽

---

* 동물행동학자 콘라트 로렌츠Konrad Lorenz는 새끼 오리가 태어나서 처음 본 움직이는 물체(이 경우 로렌츠)를 어미로 여기고 졸졸 따라다니는 행동을 관찰한 후, 이렇게 유전적으로 정해진 시기에 특정 자극에 대한 특정 반응 양식을 비가역적으로, 즉 평생 지속되고 거의 수정되지 않는 방식으로 학습하는 것을 가리켜 각인Prägung이라고 불렀다. 이 책에서 각인 또는 각인 상황이란 주로 양육자와의 상호 작용을 토대로 아이의 성격 발달에 결정적 영향을 미치는 유아기의 경험 또는 그런 상황을 가리킨다.

3. 불안의 여러 측면

다. 이럴 경우 아이는 자율성을 향한 자신의 충동이나 공격성에 적절히 대처하는 법을 배우기 어려울 것이다. 그리고 집에 머물 때도 자신의 욕구와 공격성을 적절히 처리하기 위해 필요한 양육자의 지원을 기대하기 어려우므로 독립적인 성인으로 자라는 데도 어려움을 겪을 가능성이 크다.

이런 양육 환경에서는 아이의 성장이 억제되며 심지어 이런 억제가 이상화되기까지 한다. 게다가 자율성 욕구를 포기한 대가로 양육자의 사랑이 보장되는 것도 아니다.

아이를 거의 통제하지 않는 양육자는 아이를 너무 일찍 방임하곤 하는데, 이것도 불안 유발 요인이 될 수 있다. 이런 양육자는 아이에게 이미 모든 것을 혼자서 할 수 있으며 앞으로도 계속 그래야 한다는 느낌을 심어 준다. 이런 양육자는 자신의 삶과 자신의 걱정만으로도 버거운 상태다. 이로 인한 문제는 특히 분리-개별화 단계의 아이가 재접근 위기에 직면할 때, 즉 생후 18개월쯤 된 아이가 분리 경험으로 인해 용기를 잃고 다시 어머니 품으로 돌아가 치맛자락에 매달리려 할 때 분명하게 드러난다. 그리고 이런 문제는 성인이 돼서도 또다시 반복된다. 전형적인 상호 작용 유형은 반복되기 마련이다. 아이를 너무 통제하지 않아서 아이에게 과도한 부담을 안기는 양육자는 이전에도 자신이 굳이 필요하지 않았으므로 지금도 모든 것을 아이 혼자서 해야 한다는 메시지를 아이에게 전달하기 쉽다. 양육자는 아이에게 독립성을 요구하지만 아이는 아직 독립성을 익히거나 독립적으로 성장할 수 있는 단계에 있지 않은 셈이다. 이 경우 아이에 대한 공격성도 포함해 양육자의 잠재적 또는 명시적 공격성이 아이에게 직접 투사된다. 아이는 아직 스스로 일을 처리할 수 있을 만큼 자신감을 갖고 있지 않는데도 아이에게 양육자 곁을 떠나 스스로 일을 처리하라고 요구하고 있는 셈이다.

아이를 거의 통제하지 않는 양육자의 행동이 아이의 삶에 얼마나 큰 영향을 미치는지 살펴보기 위해 두 유형의 심장병 공포증 환자를 예로 들어 보겠다. A 유형은 누군가에게 유난히 집착하는 사람이다. 이런 사람에게 집착은 공황 발작이 일어나지 않도록 보장하는 조건과도 같다. 이런 사람은 자신이 집착하는 대상이 긴급히 필요할 때면 화가 치밀곤 하지만 이 사람을 잃을지도 모른다는 불안 때문에 감히 화를 내지 못한다. 집착 대상을 잃으면 극심한 공포에 휘말릴 것이기 때문에 집착 대상에게 더 집착하게 되고, 상실에 대한 불안을 막기 위한 반동 형성이 일어난다. 즉 이런 사람은 화가 치밀어도 이를 상대방에 대한 분노로 표현하는 대신에 오히려 상대방이 곁에 있어 줘서 매우 고맙다는 식으로 반복해서 말한다.

B 유형은 이른바 역공포 보상을 추구하는 사람이다. 이

런 사람은 자신에게 심장병 공포증이 전혀 없는 것처럼 행동한다. 그는 모든 것을 잘 처리하는 편이지만 살면서 모든 것을 스스로 처리하기 위해 항상 많은 노력을 기울였으며 그 결과도 성공적이었다. 이런 사람은 자신의 약점을 절대로 인정하려 들지 않는다. 이런 사람은 자신이 약하다는 느낌이 들 경우, 역공포 보상을 추구하는 모든 사람이 그렇듯이 지금까지의 보상 기제가 무너지면서 미해결 상태로 억압됐던 많은 문제가 한순간에 터져 나올 수 있다. 이런 유형의 사람은 문제를 해결할 능력이 있다는 자신감을 심어 주면 문제를 훨씬 더 잘 해결한다.

역공포 보상을 추구하는 B 유형은 혼자 방치되어 독립적이고 강해져야 한다는 부담감에 시달리는 경험을 했을 것이다. 이런 사람은 분리-개별화 단계에서 이상적 자아상을 매우 빠르게 내면화했을 것이며, 그래서 안정된 대상 항상성이 발달할 시간이 부족했을 것이다. 자신에게 대상 항상성이 확립된 시기를 기억해 보라고 하면 대다수 사람은 어린 시절 중에서 꽤 늦은 시기를 언급하는데, 이럴 때 사람들은 보통 타인의 도움을 간절히 원하면서도 결국에는 스스로 처리해야 한다는 것을 명확히 깨닫게 된 일화를 머릿속에 떠올리기 때문이다. 그러나 너무 일찍부터 모든 것을 스스로 처리해야 했던 사람은 이런 일화를 회상할 때도 비교적 이른 시기의 사건을 언급하곤 한다. 너무 일찍부터 모든 것을 스스로 처리해야 했던 사람이 이른 시기에 이상적 자아상을 내면화하고 이에 집착하는 까닭은, 혼자서도 잘 해낼 수 있다는 확신이야말로 이런 사람에게 가장 필요하기 때문이다. 그래서 이런 사람에게는 다른 사람이 전혀 필요하지 않다. 또한 이런 사람의 경우 혼자서도 잘 해낼 수 있다는 확신이 과도하게 부풀려졌을 수 있는데, 이런 확신이 흔들리면 큰 문제에 직면할 수 있다. 여건이 양호한 경우에 이런 사람은 자신의 기회를 잘 활용하는 편이다. 이런 유형은 특별히 동반자를 필요로 하지 않으며, 오히려 연약한 사람을 선택해 자신이 강한 동반자 역할을 하기도 한다. 또 세상의 모든 일을 스스로 처리해야 하며 또 자신은 그렇게 할 수 있다고 확신한다. 이런 사람은 끊임없이 과로에 시달린다. 그리고 이런 생활 태도 및 이와 결부된 대인 관계 방식이 바뀌지 않을 경우 결국에는 탈진 상태에 빠질 수 있다. 어차피 세상의 모든 일을 혼자서 할 수는 없기 때문에 어찌 보면 탈진은 필연적일 것이다.

지금까지 살펴본 것처럼 양육자가 아이에게 집착하는 행동과 아이를 너무 방임하는 행동 모두 아이에게 세계와 자기 자신에 대한 불안감을 불어넣는 요인으로 작용할 수 있다. 게다가 첫 번째 경우에 아이는 세계를 위험한 곳으로 지각하고 세계에 대처하기 위한 역량을 제대로 발달시키지 못한다. 다시 말해 아이는 자신을 무능한 존재로 지각하고, 스스로 감당할 수 있는 것과 그렇지 못한 것을 제대로 구별하지 못한다. 반면에 양육자가 아이를 너무 방임하는 경우 아이는 감당하기 어려운 자율성에 대한 요구에 직면하게 된다. 다행히 매우 재능 있는 아이라면 이런 과도한 요구가 크게 문제 되지 않겠지만, 그렇지 않을 경우 아이는 매우 힘들어질 것이다.

4

불안 장애

강박 장애

스턴R. S. Stern과 콥J. P. Cobb은 가장 흔한 강박 행동으로 반복 강박, 확인 강박, 청소 강박, 회피 강박, 강박적으로 느린 행동, 너무 꼼꼼한 행동 등을 언급했다.[1] 강박 행동은 우리 모두가 알고 있는 것이다. 누구든지 한 번쯤은 가스레인지가 정말로 꺼졌는지 확인하기 위해 다시 부엌으로 돌아갔던 적이 있을 것이다. 병적인 강박 현상은 보통 매우 집요하고 강력하며 자주 반복되는 양상을 띠며, 이와 결부된 기능 저하감 및 자신의 의지와는 무관한 듯한 느낌이 특징이다.

잘 알려진 강박 현상으로는 청소 강박, 청결 강박, 확인 강박, 반추 강박 등이 있다. 엄밀히 말하자면 우리가 세상에서 할 수 있는 모든 것이 강박 행동으로 변질될 수 있다. 강박은 (절대적인 압박감 속에서) 자신의 의지나 신념에 반하게 무언가를 하거나 생각하지 않을 수 없는 상태로 정의된다. 이때 당사자는 그것을 하지 않으면 무언가 엄청난 일이 벌어질 것만 같은 절대적인 압박감에 시달린다. 매우 구체적이고 때로는 그림같이 생생한 걱정이 마음을 어지럽힌다. 혹시 자신이나 다른 사람이 다치지 않을까, 사고가 나지 않을까, 자신이 책임을 뒤집어쓰지 않을까 하는 식의 걱정이 든다. 또한 혹시 누구를 죽이지 않을까 하는 식의 통제력 상실을 걱정하기도 한다. 그러나 이런 강박 충동이 현실화되는 일은 거의 없다. 강박 장애가 있는 사람은 강박 행동을 못 하게 되면 극심한 불안감에 휩싸인다. 강박 장애는 일종의 불안 장애이며 그중에서도 대표적인 통제 장애다. 강박 장애가 있는 사람은 자신을 효과적으로 통제하지 못하는 듯한 인상을 풍긴다.

사례

상담소를 찾아온 22세 남성은 자신이 우울증을 겪고 있다고 말했다. 그는 나와 악수하는 대신에 팔꿈치를 내밀며 말했다. "죄송해요. 제게 좀 문제가 있어서요." 그는 문도 직접 여는 대신에 내가 열 때까지 기다리더니, "제게 좀 문제가 있어서요."라고 말했다. 그는 하루 종일 수많은 사람과 악수했을 나를 포함한 사람들의 손에 얼마나 많은 세균이 있을지 그리고 문고리에 얼마나 많은 세균이 들러붙어 있을지, 다양한 상상의 예를 들어 가면서 자세히 설명했다. 따라서 언제든지 병에 걸릴 수 있기 때문에 자신은 매우 불안하다고 했다. 그의 목소리에서 나는 매우 큰 불안과 심지어 극심한 공포를 짐작할 수 있었다. 그는 일상 세계를 치명적인 위험이 가득한 곳으로 여기는 듯했다. 자신이 만약에 다른 사람과 악수하거나 문고리를 만져야 하는 상황에 처한다면 반드시 병에 걸리거나 심지어 죽을 것만 같았다. 그는 늘 이런 상상에 시달렸다. 이런 생각을 떨쳐 버릴 수 없었고 다른 생각은 할 틈도 없었다.

이것은 강박 관념이다. 그가 위험을 너무 생생하게 묘사하는 바람에 나는 어떻게 평생 별걱정도 없이 그 모든 문고리와 다른 사람의 손과 기타 등등을 만졌을까 하는 생각이 머리를 스칠 정도였다.

강박 관념은 강박 행동의 조건이 된다. 강박 행동은 강박 관념에 휩싸인 사람이 그토록 두려워하는 것을 막기 위해 치러야만 하는 의례와도 같다. 이 청년은 불안을 유발하는 상황을 피하려다 보니 팔꿈치 인사만 하는 습관이 생겼다. 특히 세균이 여전히 득실거릴지 모를 상황에서 다른 사람과 인사를 나눠야 할 때 이런 방식은 매우 흥미로운 대체 행동이 될 수 있다. 또한 그는 항상 누가 문을 열 때까지 기다리기 위해 많은 상상력을 동원했다. 자동문은 문제가 되지 않았지만, 다른 문 앞에서는 마치 바닥에 떨어진 열쇠를 찾는 것처럼 행동하다가 누가 와서 문을 열면 잽싸게 따라 들어갔다. 이런 식의 일상생활은 결코 쉽지 않았다. 많은 시간을 투자해야 했고 다른 사람에겐 지극히 일상적인 상황에 어떻게 대처할지를 늘 궁리해야 했다.

그의 가장 대표적인 강박 행동은 손 씻기였다. 마지막에 수도꼭지를 다시 만지면 손 씻기 전과 마찬가지가 되므로 그는 아주 특별한 절차에 따라 손을 씻어야만 했다. 그래서 그는 매우 복잡한 절차를, 즉 강박 행동을 반복해야 했다. 이런 씻기 절차를 통해 불안을 얼마간 잠재울 수 있었지만, 그것도 잠시뿐이었다. 강박 절차는 보통 더 큰 불안의 악순환으로 이어진다. 이 청년이 하루에 30~50회 손을 씻는다면 당연히 피부가 손상될 것이다. 그리고 피부가 손상되면 세균이 더 쉽게 침투할 것이라는 생각 때문에 이 청년은 더 자주 손을 씻을 수밖에 없을 것이다.

강박 관념은 고통스럽고 불안을 유발한다. 강박 행동 또는 특정 절차는 이런 불안을 추방하기 위한 시도다. 이 것은 마법과도 같다.

아이들이 매우 마법적인 방법으로 불안에 대처하는 시

기가 있는데, 이럴 때 아이들은 예를 들어 스물을 세기 전에 횡단보도에 도착하면 집에서 초콜릿을 훔친 일을 들키지 않기로 하느님과 계약을 맺는다. 보통 5세쯤부터 취학 연령 초기까지 지속되는 이런 마법적인 행동은 강박 절차의 주요 요소다. 이때 정신역학적으로는 무슨 일이 일어나는가? 앞의 사례에서 청년이 말하는 감염 위험은 실제로 세균과 관련 있지는 않을 것이다. 일반적으로 이런 감염 위험은 더러운 것 또는 사람들이 더럽게 여기는 것과 관련이 있는데, 여기에는 사람들이 더러운 것에 투사하는 모든 것과 자기 자신에게서 더럽게 여기는 모든 것도 포함된다. 그리고 여기에는 더러운 환상도 포함된다. 경우에 따라서는 강박 관념의 배후에 한 번쯤 더러워지고 싶은 마음, 더러워도 되는 어린아이로 한 번쯤 돌아가고 싶은 마음이 숨어 있을 수 있다. 이 경우 방어 기제의 일환으로 반동 형성이 일어난다. 즉 정반대의 것으로 전도되는 현상이 발생한다. 이런 전도가 습관적인 태도로 굳어지면 반동 형성이 완성되는 것이다. 이런 사람은 자신의 더러운 환상을 억누르기 위해 유난히 깔끔을 떤다. 이때 일어나는 일은 매우 흥미롭다. 왜냐하면 더러운 환상에 시달리는 사람이 의식에서 몰아내려는 것이 사라지지 않고 계속 남아 있기 때문이다. 즉 더러운 것은 퇴치해야 할 무언가로 환상 속에 계속 남아 있다. 이런 사람은 자신의

4. 불안 장애

더러운 환상을 즐기는 대신에 손에 들러붙게 만들어 즉시 물로 씻어 내려 한다. 이런 환상은 계속 남아 있어도 에너지의 원천이 될 수는 없는데, 왜냐하면 이를 즉시 퇴치해야만 하기 때문이다. 그런데 반동 형성은 분열의 결과로, 지각과 경험보다는 행동의 차원에서 나타난다. 그러나 분열은 원래 지각과 경험의 차원에서 더 자주 나타난다. 이럴 때 사람들은 더러운 것, 성적인 것, 공격성 표출, 재화 등등을 향한 욕망을 솔직히 인정하는 대신에 자신은 절대적인 순수함, 절대적인 궁핍 등을 추구한다고 생각한다. 강박 장애를 가진 사람을 치료하다 보면 분열 현상을 아주 쉽게 관찰할 수 있다. 특히 전이Übertragung와 역전이Gegenübertragung가 일어나는 상황에서는 분열의 양극단이 분명하게 드러난다.* 내담자는 보통 자신의 방어 행동을 이상화하고 이데올로기화한다. 이럴 때 내담자는 고상한 원칙에 따라 매우 순수한 또는 매우 금욕적인 삶을 실천하는 아주 훌륭한 사람처럼 행세한다. 이런 상황에서

---

* 앞서도 언급했듯이 심리 치료 상황에서 '전이'는 내담자가 (주로 유아기에 양육자와의 관계에서 형성된) 자신의 감정, 기대 등을 상담자에게 전이하는 것을 가리키며, '역전이'는 상담자가 이런 전이에 반응해 자신의 무의식적 감정 등을 내담자에게 전이하는 것을 가리킨다. 정신분석 초기에 프로이트는 전이와 역전이를 치료의 방해 요인으로 간주했으나, 오늘날에는 이런 것을 사회적 상호 작용의 매우 일반적인 현상으로 보며 이를 치료에서 활용할 수 있다고 본다.

치료사는 아주 쉽게 '반항아', 고상한 것을 추구하지 않는 부류의 대변인 역할을 맡게 되곤 한다. 이럴 때 내담자는 다음과 같이 반박하곤 한다. "자신의 그림자를 받아들여야 한다는 (심리 치료) 이데올로기로는 결코 고귀한 이상을 가진 사람의 경지에 도달할 수 없어요." 이는 자기 자신에 관한 이야기인 셈이다. 이렇게 반동 형성은 불안을 막기 위한 수단으로 이용된다. 이럴 때 자신을 공격자와 동일시하는 또 다른 방어 기제가 작동할 수 있다. 정신역학적으로 볼 때 이런 사람의 마음속에서는 아이와, 즉 때로는 더럽게 또는 공격적으로 행동하고 탐욕스럽게 몸의 쾌락을 즐기면서 아이처럼 굴고 싶은 사람과 순수함을 요구하는 강력한 인물 사이에서 격렬한 싸움이 벌어지고 있는 셈이다. 이런 경우 자신의 그림자는 아이에게 투사되고 초자아Über-Ich는 순수함을 요구하는 인물에 투사된다. 강박 관념을 가진 사람은 보통 절대적인 것을 요구하는 인물과 자신을 동일시한다. 그래서 치료 상황에서 내담자가 초자아의 대변인처럼 행동하면 치료사는 자연스럽게 반항아의 역할을 떠맡게 된다. 내담자의 강박 관념은 어린 시절에 부모가 어린애 같은 행동을 단호하게 금지하면서 엄격한 복종과 통제를 요구했던 각인 상황과 관련이 있을 것이다. 자신을 공격자와 동일시하는 것은 이제 자아가 엄격한 규율을 요구하는 양육자의 입장을 취하게 되었음을 의미한다. 여기서 공격자는 순수함과 절대적인 것을 요구하는 내면의 인물이라 하겠다. 이런 내면의 인물은 보통 양육자에 대한 경험에서 비롯해 나중에는 신적인 것으로 전이된다. 이 때문에 이런 방어 행동은 쉽게 이데올로기로 발전한다. 이것은 절대적인 법칙과도 같다.

내면의 인물은 대개 매우 엄격한 규율을 요구했던 부모에게서 비롯하지만, 정반대의 경우도 있다. 즉 부모가 별다른 요구도 하지 않고 매우 단순한 내면 구조를 지녔을 경우 아이의 마음속에서 이에 대한 보상으로 매우 엄격한 초자아 인물이 발달할 수 있다. 출발점이 무엇이든 아이의 마음속에서는 절대적인 순수함, 타협의 여지 없이 절대적인 것을 요구하는 인물과, 더럽고 호기심 많으며 세계를 정복하고 싶어 하는 지극히 정상적인 어린아이 사이의 싸움이 벌어진다. 또한 이 모든 것은 아이가 자율적인 존재가 되고 싶어 한다는 것을, 즉 부모의 요구대로 통제받는 대신에 자신만의 경험을 하고 싶어 한다는 것을 의미한다. 그리고 이런 싸움을 통해 이상적 자아상과 대립하는 그림자가 생긴다.

각인 상황에서, 즉 분리-개별화 단계에서 아이가 경험한 양육자의 매정한 태도, 통제, 엄격한 규율 등에 대한 내면화 작업이 뒤늦게 이루어진 경우를 상상해 보라. 이는 다시 말해 훈육이 너무 일찍, 너무 엄격하게 이루어진 경우에 해당한다. 이 경우 엄격한 규율만을 요구하는 양육자가 통제 기능을 수행하는 내면의 동반자로 자리 잡아, 아이는 삶의 즐거움과 노고를 균형 있게 결합하는 데 어려움을 겪을 것이다. 그리고 분열도 그대로 유지될 것이다. 즉 이쪽에는 엄격하게 통제하는 양육자가 있고 저쪽에는 말을 듣지 않는 아이가 있을 것이다. 아이의 삶에서 확장과 자제가 균형을 이루는 대신에 확장이 포기되거나 기껏해야 강박 행동의 확장으로 나타날 것이다. 어쩌면 오늘날 우리는 아이들을 너무 일찍 훈육하는지도 모른다. 이때 문제가 되는 것은 아이의 내면에서 벌어지는 권위자와 아이 사이의 싸움이다. 물론 사람들 각자 자신 안에서도 이런 싸움이 벌어지고 있지만 자신은 강박적이지 않다고 말할 것이다. 그렇다. 우리 안의 권위자와 우리 안의 아이 사이의 싸움은 우리 모두에게서 벌어지고 있다. 이는 매우 인간적이기도 하다. 강박 장애가 있지 않다면 우리는 보통 우리 자신을 늘 공격자와 동일시하는 대신에 번갈아 가면서 동일시할 수 있다. 즉 우리 안의 아이 같은 면을 한 번쯤은 실컷 발산하다가 어느 순간이 되면 다시 우리 안의 공격자 같은 면이나 권위자 같은 면을 활성화할 수 있는 것이다. 이럴 때면 그렇게까지 날뛸 필요가 있었나 싶기도 하다. 그러다 우리 안의 아이가 다시 칭얼대기 시작하면 다시 아이에게 더 많은 발언권을 주곤 한다.

이런 움직임은 심리학 문헌에서도 관찰된다. 1996년은 다시 권위자가 우위를 점한 시기였다.* 그때는 무엇보다도 사회 질서를 다시 확립하기 위한 구조가 중요했다. 반면에 1980년대 중반에는 우리 안의 아이를 통해 모든 것을 설명하고 양해를 구할 수 있었다. 그때는 중요한 강연을 취소하면서 우리 안의 아이가 지금 놀고 싶기 때문이라고 이유를 대도 먹힐 만한 분위기였다. 다시 말해 그때는 사회 전체가 아이에게 꽤 많은 발언권을 주었다. 반면에 오늘날에는 사회 전반적으로 반대의 움직임이 감지된다.

강박 장애가 있는 사람의 경우 번갈아 가면서 한 번은 자신을 아이와 동일시하고 그다음 한 번은 성인과 동일시하는 것이 불가능하다. 이런 사람은 자신을 공격자와 동일시하며 그래서 반동 형성이 일어난다. 그리고 내면의 아이는 당연히 통제 대상이 된다. 이런 사람은 자신의 품행에 각별한 주의를 기울인다. 통제 기능을 수행하는 내면의 권위자가 너무 많은 구조와 엄격한 규율을 요구하면서 이를 지키지 못하면 가혹한 처벌을 내린다. 강제와 통제의 대상이 된 아이는 위험에 처해 있다. 강박 장애가 있는 사람은 활력과 생기, 자신을 바꿀 수 있는 능력, 창의

---

* 여기서 저자는 앞서 언급한 그로스먼의 1996년 기고문 「테러에 굴복한 우리 사회」를 염두에 두고 있는 듯하다.

력, 세계에 몰입할 수 있는 능력, 어쩌면 충동적이고 감정적인 모든 것이 위험에 처해 있다. 이런 심리적 메커니즘은 때로는 가학증Sadismus이나 피학증Masochismus으로까지 발전할 수 있다. 강박 장애가 있는 사람은 자기 자신에게 매우 엄격할 뿐만 아니라 종종 다른 사람에게도 매우 엄격하다. 금욕적이거나 광신적인 성향을 보일 때가 많으며 불완전한 모든 것을 매우 증오하거나 적어도 경멸한다.

강박 구조

여기서 구조란 자아가 삶을 지각하고 설계하는 특징적인 방식을 뜻한다. 이와 관련해 심리학에서는 강박 구조, 히스테리 구조, 우울증 구조, 조현병 구조 등을 구별한다.[2] 강박 구조가 있는 사람의 경우에도 강박 구조만 있는 것은 아니다. 다른 구조도 있지만 특정 구조가 우세할 뿐이다. 강박 구조가 뚜렷한 사람은 살면서 중대한 사태에 직면했을 때 강박 장애를 보일 수 있다.

강박 구조가 뚜렷한 사람은 통제, 법칙, 억제, 제약의 기분 속에서 사는데, 이는 각인 상황 및 이와 결부되어 내면에서 일어나는 습관적 갈등의 결과다. 이런 사람의 인상은 경직되고 진지하며 종종 유머가 없고 지나치게 꼼꼼

하며 독선적이다. 이런 사람은 절대적이고 최종적인 것을 선호하는 완벽주의를 추구하며 권위적인 편이다. 삶에서 절대적인 것을 찾지 못할 경우 강박적으로 질서, 구조, 불가피한 사정 등을 통해 절대적인 것을 드러내고 경험하려 한다. 강박 구조가 뚜렷한 사람은 쉽게 결정을 내리지 못하며 작업을 끝까지 완수하는 경우도 드물다. 종종 작업을 시작하지도 못하는데, 어차피 인간은 불완전하므로 일을 완벽하게 하지 못할 바에는 아예 시작조차 하지 않기 때문이다. 이런 이유로 강박 장애가 뚜렷한 사람은 언짢은 기분에 휩싸일 때가 많으며, 특히 죄책감과 불안감에 시달린다. 이런 사람은 매우 특이한 책임감에 시달린다는 인상을 풍기며, 이런 사람을 접하면 갑자기 자신이 너무 경솔하고 무책임한 사람처럼 느껴진다.

강박 구조 및 강박 장애는 항문의 오염 불안과 관련된다고 보기도 하는데, 개별화와 분리의 후기 단계가 이른바 항문기와 겹치기 때문이다. 이런 시각에서 보면 강박 현상이 잘 설명된다. 항문기 오염 불안이 있는 사람은 자신이 배출하는 모든 것을 두려워해서 배출 자체를 꺼린다. 그래서 이런 사람은 통제력이 강하고 결코 즉흥적이지 않으며 모든 것이 무균 상태이길 바란다. 이는 또한 인색함이나 절약과도 관련될 수 있다. 항문기에 고착된 '항문기 성격'은 수십 년 동안 인색한 성격으로 알려져 왔는

데, 이것은 불안에 기인한 인색함이라 하겠다. 자제하는 모든 행동을 항문기 오염 불안의 관점에서 볼 수도 있는데, 예를 들어 '쓰레기 같은 말'을 내뱉지 않으려고 자제하는 경우가 이에 해당한다. 그러나 인색함과 절약은 관심이 없거나 에너지가 부족한 것의 표현일 수도 있다. 자신이 배출하는 모든 것을 두려워하는 사람은 자신의 관심을 잘 드러내지도 않으며 세상일에 얽히기도 싫어한다. 관심도 일종의 감정이다. 관심의 발달은 어린 시절에 아무 데나 끼어들어도 혼나지 않을 때 촉진된다. 아이에게 아무 데나 끼어들지 말고 소수의 정해진 데만 끼어들라고 너무 일찍 가르치면 아이의 관심이 자극을 받는 대신에 금지된다. 이 경우 아이의 작업 수행 능력에도 문제가 생길 수 있다. 강박 구조를 가진 사람은 성공이 보장될 때만 일을 잘하는 경우가 많다. 이런 사람은 성공에 대한 확신 없이 무언가를 무작정 시작하는 데 매우 서툴다. 또한 좀처럼 일에 몰두하지 못한다. 강박적인 통제의 대상이 되는 것은 불안뿐만 아니라 공격성도 마찬가지다. 강박 구조가 뚜렷한 사람은 건강한 분노 또는 부당한 제약을 깨부수기 위한 분노를 좀처럼 표출하지 못한다. 이런 사람이 화를 낼 때는 뭔가 경직된 느낌을 풍긴다.

주지주의 전략과 합리화도 강박 메커니즘의 일부로 사용된다. 그래서 강박 구조를 가진 사람은 화를 내기보다

냉소적인 비꼬기로 반응할 때가 많으며, 끊임없이 불평을 늘어놓는 경우도 적지 않다. 불평을 매우 교묘하게 늘어놓기 때문에 상대방이 정면으로 맞서기도 쉽지 않다. 이런 사람은 종종 감정의 동요 없이 매우 지적이고 풍자적인 비판을 하곤 한다. 그리고 이런 태도는 편협하고 완고한 독선주의로 발전할 수 있다. 그러나 갑자기 공격적이고 파괴적인 행동을 할 가능성도 배제할 수 없다. 생기 있고 역동적인 것을 끊임없이 통제하면서 무엇보다도 안전을 추구하고 포괄적으로 위험을 관리하는 사람은 시간, 법칙, 질서와 같은 특정 현실을 과대평가하기 마련이다. 이런 것들은 삶을 구조화하는 기능을 한다. 강박 구조를 가진 사람은 이런 것들을 통해 삶에 구조를 부여하고자 한다. 시간과 법칙과 질서가 자신의 손안에 있다고 믿는 동안은 안전하다는 망상을 누릴 수 있지만, 비합리적인 것을 영원히 추방할 수는 없는 노릇이다. 강박 행동 자체도 합리적이진 않다. 이것은 아이의 전능 환상과도 비슷하다. 강박 구조가 뚜렷한 사람은 종종 유령이나 귀신 이야기에 큰 관심을 보인다. 에리히 프롬Erich Fromm은 이런 사람들에게 뚜렷한 시체 성애증이 있다고 했다.[3] 시체 성애증이란 살아 있는 것보다 죽은 것에 더 애착을 느끼는 것을 뜻한다. 죽은 것에 대한 애착은 법칙과 이론 등에 대한 사랑, 나아가 예상치 못한 일을 일으키지 않는 모든 것에 대한 사랑이기도 하다. 이것은 살아 있지 않은 것에 대한 사랑이다. 왜냐하면 살아 있는 모든 것은 언제나 놀라움의 원인이 될 수 있기 때문이다. 물론 우리 모두에게는 죽은 것을 좋아하는 마음이 있다. 강박 구조가 뚜렷하지 않은 사람은 살아 있는 것을 좋아하는 마음도 있으며 이 두 가지가 균형을 이루고 있다. 반면에 강박 구조가 뚜렷한 사람은 삶의 생동하는 충동, 살아 있는 것, 무언가에 전심으로 몰입하는 것을 두려워한다. 이런 사람의 연애 생활은 비감정적인 특징을 보인다. 이런 사람은 연애 생활을 체계적으로 조직하려 하며, 심리학 문헌의 꽤 경멸적인 표현을 따르자면 관계를 맺기 전에 일종의 '정절 보증서'를 요구한다. 강박 구조가 비교적 뚜렷한 사람을 상대했던 내 경험에 비추어 보아도 이런 사람은 연애와 성관계의 즐거움보다 애인 관계의 안전성에 더 큰 관심이 있는 듯한 인상을 풍긴다. 연애 생활을 포함해 삶에서 안전을 추구하고 이를 굳게 지키려는 태도로 인해 삶이 경직되고 죽은 것처럼 생기를 잃게 된다. 이렇게 통제를 통해 불안을 극복하려는 시도의 대가는 경직과 죽음이다. 이런 사람은 삶의 예상치 못한 결과를, 어찌 보면 삶의 결과 자체를 회피하려 한다. 그러나 이러면 관계는 발전할 수 없고 늘 똑같을 수밖에 없을 것이다. 우리 사회에는 많은 강박 구조가 존재한다. 대다수 사람은 위험을 무릅쓰기보다 모든 것이 그대로 있기를 바란다. 그러면서 변화를 추구하는 사람을 보면 커다란 재난이 닥칠지 모른다고 비난한다. 대다수 사람이 불필요한 위험을 떠안지 않으려 하고 변화보다 보존을 선택함으로써 처벌에 대한 불안이 사회 체제의 주요 관리 기제로 자리 잡게 되었다. 그러나 최선의 보존은 합리적인 변화를 허용하는 데 있을 것이다. 결국 문제는 안전의 확보다. 즉 위험을 무릅쓰고 변화하는 것보다 조심하고 예측하는 것을 선호하는 우리의 태도가 문제다. 우리 사회는 위험을 무릅쓰는 것보다 조심하고 예측하는 것을 훨씬 더 높게 평가한다. 때로는 불가피한 사정 때문에 어쩔 수 없다고 말하기도 한다. 예를 들어 사람들은 달리 방도가 없다고, 내키지 않지만 그렇게 할 수밖에 없다고 말하곤 한다. 이럴 때면 그 사람이 정말로 내키지 않는 건지, 아니면 오히려 즐기고 있는지 분간하기가 쉽지 않다. 우리 사회에 확립된 이른바 '불가피한' 사정들은 우리가 더 깊이 생각하지 못하도록, 위험을 무릅쓰고 무언가를 감행하지 못하도록 막는 역할을 한다. 이런 경우 불가피한 사정이란 이미 모든 것이 명확하므로 더 이상 생각할 필요가 없음을 의미한다. 새로운 것, 유동적인 것, 위험이 따르는 것은 불안하므로 사람들은 이런 것들을 기꺼이 회피하려 한다.

공황 장애

일반화된 불안

　일반화된 불안이란 초조하고 심란해서 안절부절못하며 긴장하거나 긴장을 풀지 못하는 상태를 말한다. 이는 막연한 불안감이지만 매우 구체적인 예기 불안*이기도 하다. 이런 사람은 초조하고 긴장된 상태에서 다양한 신체적 불안 증상을 보인다. 또한 늘 최악의 사태가 벌어질 것을 두려워하면서 지나치게 걱정하는 듯한 인상을 풍긴다. 이런 불안은 대개 일반화된 비관적 예상으로 나타난다. 그러나 일반화된 불안은 초조하고 긴장된 과잉 각성 상태로 나타날 수도 있다. 예를 들어 무언가 나쁜 일이 일어나지 않도록 초조하고 긴장된 상태에서 끊임없이 주변을 감시하고 통제하려 한다. 이 장애의 특징은 과도한 근심이다. 이때 공황 발작은 일어나지 않는다.

　일반화된 불안이 항상 불안 장애의 증상은 아니다. 일반화된 불안의 초기 징후는 누구나 살다 보면 경험하기 마련이다. 과도기나 위기 상황에서는, 특히 이런 상황을

---

* '예기 불안Erwartungsangst'이란 불안을 경험했던 상황에 또 처할지 모른다는 불안을 뜻한다.

바꾸기 위한 결단을 내리려 할 때 일반화된 불안감에 휩싸이기 쉽다. 일반화된 불안이 계속되고 무엇보다도 주관적인 압박감과 제약감 또는 질병의 느낌이 들 때만 장애로 본다. 일반화된 불안의 경우 공격성이 세계로 투사되고, 심할 때는 아주 막연한 대상과 상황에 투사되는 현상이 뚜렷이 나타난다. 이럴 때는 자신의 공격성이 실린 대상과 상황으로 인해 목숨이 위태로운 듯한 느낌이 든다. 이런 현상은 초조한 과잉 각성 상태에서 가장 분명하게 나타나는데, 이럴 때는 무언가 나쁜 일이 일어날 것만 같은 예감에 끊임없이 시달리는 모습을 보인다.

공황 발작과 공황 장애

예전에는 불안 신경 질환이라고 불린 공황 발작과 공황 장애는 흔한 질환이다. 이 질환은 대개 젊은 성인기에 시작되며 특히 여성에게 흔하다는 보고가 많다.[4] 여성에게 흔하다는 보고는 신중하게 해석할 필요가 있는데, 왜냐하면 남성의 경우 불안감을 떨쳐 버리기 위해 자신이나 다른 사람을 위험에 빠뜨리는 식으로 불안에 대처하는 성별 차이가 있을 수 있기 때문이다.

프리드리히 슈트리안Friedrich Strian은 "공황 발작은 '불안의 바다'에서 종종 이는 가장 높은 파도와도 같다."라고

했다.[5]

공황 발작은 강력하고 전혀 예측할 수 없는 급성 불안 발작이다. 발작이 일어나면 속수무책으로 무기력하게 당할 수밖에 없는 치명적인 위협에 처한 느낌이 든다.

그렇다면 불안 발작 또는 공황 발작의 증상은 무엇인가? 불안 발작의 기본 증상은 매우 유사하며 사례별로 또 다른 증상이 추가될 수 있다. 당사자는 불안감보다 정신·신체적 변화를 먼저 경험한다. 심장이 미친 듯이 뛰기 시작하는데, 대개 목과 가슴에서 이런 증상을 강하게 느낄 수 있다. 이로 인해 발한, 전신 떨림, 경련, 현기증 등이 생긴다. 기절할 것 같은 느낌, 매우 빠르게 숨 쉬는 이른바 과호흡 등의 증상이 나타난다. 이런 증상들이 심장마비의 증후군과 비슷하기 때문에, 해당 환자는 심장마비가 온 것 같은 느낌이 든다.

그래서 구급차를 부르는 경우가 많다. 이런 불안 발작은 주위 사람에게도 큰 불안을 유발하기 때문에 불안 발작을 겪는 사람은 이를 피하려고 노력하지만, 불안에 대한 불안 때문에 어찌할 도리가 없다.

이런 공황 발작은 종종 공황 발작이 처음으로 발생한 상황과 연관된다. 이런 경우를 보통 공포증이라고 한다. 불안 발작이 전철에서 처음으로 일어난 경우 전철 공포증이 생기기 쉽다. 공포증의 큰 문제는 특정 상황을 회피

4. 불안 장애

하는 행동을 낳는 데 있다. 공포증이 일반화되거나 복합적일수록, 그래서 공포증이 더 자주 발생할수록 더 많은 상황을 회피하게 된다. 공포증도 전부 병리 현상은 아니다. 예를 들어 거미 공포증은 보통 병리 현상으로 분류하지 않는다. 거미 공포증이나 쥐 공포증은 매우 많은 사람에게서 관찰되는데, 이런 공포증은 고통스럽기도 하지만 적어도 당사자가 아닌 사람들에게는 즐거움을 주기도 한다. 이런 공포증은 '자유롭게 떠다니는' 불안이 특정 대상에 대한 불안이나 공포의 형태로 고착된 것이라고 볼 수 있는데, '자유롭게 떠다니는' 막연한 불안보다 대처하기가 훨씬 쉽다. 따라서 어찌 보면 공포증 자체가 처음에는 막연했던 불안에 대처하는 한 형태라 하겠다. 공황 발작에 대한 불안은 불안에 대한 불안으로 발전할 수 있다. 그러면 불안에 대한 불안 때문에, 예를 들어 1차 불안을 경험했던 거리로 더 이상 나서지 못하는 일이 발생할 수 있다. 잘 알려진 공포증으로는 광장 공포증, 폐소 공포증, 적면 공포증(얼굴이 붉어지는 것에 대한 불안), 동물 공포증, 사회 공포증 등이 있으며, 그 밖에도 많은 공포증이 있다.[6] 예를 들어 임의의 질병이나 특정 질병에 대한 병적인 불안이 있을 수 있다. 예전에는 암 공포증이 많았던 반면에 오늘날에는 에이즈 공포증이 더 많은데, 이런 증상들은 취약 집단에 해당하지 않는 사람들에게서 관찰된다. 에이즈 공포증은 목숨을 잃는 것에 대한 극심한 공포의 표현이자 이런 공포의 배경이기도 하다. 너무 제한되거나 경직된 삶을 사는 경우 또는 살다 보면 겪게 마련인 이런저런 문제들을 너무 회피하려 하는 경우에 에이즈 공포증 등으로 표현될 수 있다. 이런 경우 죽음에 대한 불안은 사실상 삶에 대한 불안의 표현이며, 이 점은 많은 공포증의 매우 중요한 배경이기도 하다. 즉 위험한 일이 닥치지 않기만을 바라면서 조심하고 경계하기만 한다면 삶다운 삶이 불가능할 것이며, 그러면 이것이 특정 공포증으로 표현될 수 있다.

공황 장애는 공포증뿐만 아니라 때로는 우울증, 건강 염려증 또는 강박증과 결부되어 나타나기도 한다. 불안 장애는 대개 20세에서 40세 사이에 발생한다. 다만 불안 장애가 있는 사람이 치료를 받으러 오는 시기는 이보다 훨씬 늦다. 치료를 받으러 와서도 자신의 불안을 솔직히 털어놓지 않을 때가 많다. 이런 사람은 이미 오랫동안 자가 치유를 시도한 경우가 많은데, 그중에서 가장 대표적인 방식이 술의 도움을 받는 것이다. 예를 들어 다른 사람들 앞에서 말하는 데 어려움을 겪는 가벼운 사회 공포증이 있는 사람은 술이 두 잔쯤 들어가면 망설임이 없어진다고 말하곤 한다. 이런 경우 두 잔이 여러 잔으로 늘어날 수 있다.

공황 장애의 발생, 증상, 전개

33세에 처음으로 공황 발작이 온 여성이 있었다. 그녀는 자신이 그전에는 별다른 이상이 없었고 비교적 평범한 사람이었다고 말했다. 남편의 설명에 따르면 그녀는 "제 일을 알아서 처리하는 여자", 수완 있고 관리 능력이 뛰어나며 아이들에겐 최고의 어머니였다. 그러나 이 설명은 약간 이상화된 느낌을 풍겼으며, 숨기고 싶은 무언가가 있지 않을까 하는 의심이 들었다.

막내아들이 아홉 살이었을 때(이 부부에게는 세 자녀가 있었다) 학교에 불려 간 어머니는 아들이 종종 학교에 결석한다는 충격적인 이야기를 들었다. 다른 자식들에게는 이런 일이 한 번도 없었으며, 이 가족에게는 있을 수 없는 일이었다. 충격을 받은 그녀는 갑자기 하늘이 노랗게 보이면서 현기증을 느꼈다. 그녀는 거의 실신 상태에 빠졌으며 심장이 마구 뛰었고 숨이 막혔다. 불안과 극심한 공포에 휩싸인 그녀는 "세상이 무너지는" 느낌이 들었다고 말했다. 그녀가 병원으로 이송되었을 때 공황 발작은 이미 가라앉은 상태였다. (공황 발작은 몇 분 후에 불안감이 최고조에 달하며 보통 10~20분 후에는 다시 진정된다.) 주치의는 그녀에게 심장 질환이 있는지 검사했다. 그녀는 이전에도 공황 발작을 자주 겪었지만 이것을 공황 발작으로 인식하지 못했는데, 왜냐하면 두근거림, 답답함, 어지러움, 가슴 통증 등에만 주목해 다양한 방법으로 이를 치료하려 했기 때문이다. 그래서 그녀는 치아 교정까지 받았지만, 어느 병원을 가도 치료 효과는 그리 크지 않았다. 그렇게 2년이 지난 후에 그녀는 이제 정말로 무언가를 해야겠다는 마음이 들었다. 그녀는 집에 머물 때가 점점 더 많아졌으며 불안에 대한 불안, 즉 매우 이상한 상황에서 반복되고 무엇과 관련이 있는지도 알 수 없는 공황 발작에 대한 불안을 느꼈다. 예를 들어 버스에 앉아 있다가도 불안 발작이 일어났고, 저녁에 텔레비전을 보다가도 공황 발작이 일어났다. 그래도 집에서는 도와줄 사람들이 곁에 있었기 때문에 그렇게 두렵지 않았다. 그러나 거리에 나서거나 영화관에 갈 때는 불안이 커졌다. 이렇게 불안에 대한 불안으로 인해 생활 범위가 점점 더 좁아졌고 많은 회피 행동이 생겼다. 처음에는 그녀에게 광장 공포증이 있는 것처럼 보였다. 그녀는 자신의 삶에서 제자리를 찾지 못하고 방황하면서 아무것도 해서는 안 되는 상황에 처한 것처럼 보였다. 불안 장애가 있는 사람의 경우 동반자의 역할이 매우 중요하다. 동반자가 계속 곁에 머물면서 대개 당사자의 의지와 상관없이 당사자를 돕고 보호하는 역할을 해야 한다. 이 여성은 더 이상 동반자나 동행하는 다른 사람 없이는 아무것도 할 수 없게 되었다. 그녀는 독립적이었던 예전 모습이 어디로 갔는지 자문하면서 스스로 무너져 내렸다. 그녀의 경우 불안에 대한 불안이 일반화되었지만, 일반화된 불안은 아니었다. 그래서 일상생활에서 자식들을 대할 때도 지나치게 불안해하지는 않았으며 그 대신에 구체적인 공포증에 시달렸다. 결국 그녀는 치료사를 찾았다. 심층 심리 상담에서 그녀가 그동안 갈등 상황을 피하기 위해 늘 자신을 주변 환경에 맞춰 왔다는 점이 분명해졌다. 다시 말해 그녀는 자신의 분리 공격성과 자기주장을 위한 공격성 등을 모두 억압해 왔다. 그녀는 항상 다른 모든 사람에게 맞추려고 노력했다.

그녀는 우울한 성격 구조를 가지고 있었다. 여기서 또 다른 방어 기제를 소개할 필요가 있겠다. 최근 몇 년 사이에 처음으로 언급되었고 내가 매우 중요하게 여기는 이것은 투사적 복종이라는 방어 기제다. 내가 알기로는 투사적 복종을 처음으로 설명한 사람은 미하엘 에르만Michael Ermann이었다.[7] 투사적 복종이란 자신의 이상적 자아상을 다른 사람에게 투사해서 이런 자아상에 복종하려는 행동을 가리킨다. 예를 들어 상대방이 원하는 내 모습이 어떤지를 상상해서 그런 모습대로 행동하는 경우가 이에 해당한다. 그러다 상대방이 원하는 것이 그런 모습이 아니라는 사실이 밝혀지거나 상대방이 그런 모습을 칭찬하지 않으면 매우 실망하게 된다. 우리는 불안을 막기 위해 이런 투사적 복종을 종종 사용한다. 우리가 이상적 자아상을 투사한다는 것은 결국 우리의 욕구와 소망을 상대방에게 투사해서 상대방과의 관계에서 이를 충족하려 한다는 것을 의미한다. 그러나 이것은 의식적인 과정이 아니다. 의식적으로는 상대방의 욕구대로 복종하고 있다고 생각한다. 그러다 상대방의 욕구가 자신의 욕구와 다르다는 것이 밝혀지면 매우 불쾌해진다.

이 여성의 이상적 자아상은 자기 자신은 돌보지 않고 남을 위해 헌신하는 여성이었다. 그래서 그녀는 상대방과 '분리되어' 배척당하고 함께하지 못하게 될 수 있는 모든 갈등 상황을 피하려 했다. 그러나 모든 갈등 상황을 회피하면 자기 자신을 되찾기 위해 필요한 작은 분리 조치마저 회피하게 된다. 이런 상황에서는, 분리 공격성이 항상 관계의 파탄을 초래하지는 않으며 자기 자신을 돌아보기 위해 필요한 단계일 뿐이라는 점을 깨달을 수 없다.

이처럼 투사적 복종은 갈등을 초래할 수 있는 독립을 부정하고 독립에 대한 불안, 맞서는 것에 대한 불안을 막는 역할을 한다. 그래서 이제 자기 자신이 되는 것은 상상 속의 일이 되고 만다. 갈등 상황을 피하기 위해 이 여성은 많은 것을 하찮게 여겼는데, 하찮게 여기는 것도 방어 기제의 일부다. 예를 들어 그녀는 남편이 중병에 걸렸을 때도 '어차피 살다 보면 병에도 걸리므로 내가 조금 더 고생한다고 해서 달라질 것은 없어.'라고 생각하면서 대수롭지 않게 넘어갔다. 그러나 이것은 그저 조금 더 고생하는 문제가 아니라 배우자가 죽을지도 모른다는 진짜 불안이었다. 그녀는 남편의 중병과 관련된 불안뿐만 아니라 미래에 대한 불안도 받아들이려 하지 않았다.

그러나 그녀는 학교에 불려 갔을 때 더 이상 문제를 하찮게 여기거나 뒤로 미루거나 회피할 수 없었다. 그녀는 문제를 정면으로 마주할 수밖에 없었다. 그래서 공황 발작이 일어났고 이것이 나중에는 심장병 공포증으로 발전했다. 모든 공황 장애가 그렇듯이 그녀도 동반자에게 매우 의지하게 되었다. 공황 장애를 겪는 대다수의 삶은 불안에 대한 불안으로 인해 점점 더 제한된다. 이 때문에 이런 사람이 불안 발작에 잘 대처하도록 곁에서 도와줄 사람이 필요하며, 공황 장애를 겪는 사람은 이런 역할을 하는 동반자에게 매우 집착하게 된다. 이런 경우 동반자는 어린 시절에 내면의 동반자로 자리 잡지 못한 '통제 기능을 수행하는 대상'을 대체한다. 그러나 이렇게 '통제 기능을 수행하는 대상'의 역할이 문제가 될 수 있는데, 왜냐하면 특히 불안 장애는 정신역학적으로 볼 때 갈등, 특히 분리 갈등의 억압과 관련이 깊기 때문이다. 자신과 매우 양면적인 관계에 있는 동반자 없이는 아무것도 할 수 없는 경우 불안 환자는 동반자와 분리될 수 없는 처지에 놓이게 되고 동반자 없이는 아무것도 아닌 존재가 되고 만다. 그리고 이렇게 의존적인 자신의 처지에 대해 강한 분노가 치밀어 오르곤 한다.

심장병 공포증 — 안정 욕구와 분리 욕구

심장병 공포증은 신체의 장기와 관련된 공포증이다. 이것은 심장 질환이 진단되지도 않는데 심정지를 두려워하는 것을 가리킨다. 공황 발작의 증상이 심장마비와 비슷하기 때문에 공황 장애는 종종 심장과 관련 있는 것처럼 느껴진다. 다만 심장병 공포증의 경우에는 기절할 것 같은 공포감보다 심장에 뭔가 문제가 생겼다거나 심정지 또는 심장마비가 올 것 같은 공포감이 더 지배적이다. 그러나 이것은 쉽게 연상되는 것처럼 죽음에 대한 불안이라기보다 발작이 일어나 통제력을 잃고 무력한 상태에 빠지면 도와줄 사람이 없을 것 같은 불안에 더 가깝다.

이를 토대로 우리는 이런 불안 장애를 유발한 각인 상황을 대강 짐작할 수 있다. 이런 불안은 자기 자신과 상황에 대한 통제력을 잃고 무력해지는 것에 대한 불안, 이런 상황에서 무엇을 어떻게 해야 할지 알려 주는 사람 없이 혼자 남는 것에 대한 불안이다. 또한 이것은 혼돈에 휩싸이는 것에 대한 불안이고, 궁극적으로는 당연히 죽음에 대한 불안이기도 하다.

강박 장애의 경우에는 어디로 가야 할지 분명하게 알려 주면서 지나치게 통제하는 양육자가 문제인 반면에 공황 장애나 심장병 공포증 및 그 밖의 대다수 공포증의 경우에는 통제하는 사람 또는 그렇게 지각될 만한 사람에 대한 내면화가 부족하다. 이 때문에 당사자는 자신의 불안에 어떻게 대처해야 할지 몰라 당황한다.

공황 장애에 시달리는 사람의 양육자는 보통 그 자신이 불안하고 무언가에 집착하기 때문에 아이에게 충분히 구체적인 방향을 제시하지 못했을 수 있다. 이런 부모는 아이에게 너무 적은 구조와 지지를 제공하면서 아이를 과잉보호하거나 "이제 알아서 할 수 있잖아."라는 식으로 너무 일찍 방치하는 경향이 있다. 공황 장애를 겪는 사람은 너무 적은 지지와 통제를 받았기 때문에 자율보다는 '통제 기능을 수행하는 사람',[8] 자신에게 조언해 줄 동반자를 원한다.

사례

32세의 한 남성이 주치의의 진료 의뢰서를 들고 나를 찾아왔다. 이 남성은 3년 전부터 심장마비를 겪고 있다면서 다음과 같이 말했다. "제게는 심혈관 질환이 있을 뿐이에요." 그는 꾸준히 치료받았지만 최근에 상태가 급격히 악화되었다. 이전에는 2주에 한 번쯤 발작이 있었는데, 나를 찾아왔을 때는 1주에 세 번 정도 발작이 일어난다고 말했다. 그의 다섯 번째(!) 의사로부터 그가 복용하는 의약품(베타차단제, 벤조디아제핀)이 별로 효과가 없다는 말을 들은 후부터 상태가 악화됐다고 했다. 그는 자신이 겪는 통증의 배후에 불안이 숨어 있으므로 심리 치료사를 찾아가라는 주치의의 조언을 들었고, 이 조언으로 위기가 본격화되었다. 이제 이 남성은 오랫동안 잠재해 온 문제를 마주할 수 있게 되었다. 그는 이곳에 오게 되어서 매우 기쁘다고 말했다. 그는 인사하면서 두 손으로 내 손을 꼭 쥔 채 한참 동안 놓지 않았다. 그 와중에 내 발이 밟혔는데, 내가 아파하면서 발을 빼는 것도 그는 눈치채지 못했다. 그의 손과 발을 통해 나는 그가 매우 적극적인 사람이라는 인상을 받았다. 이런 적극성은 자신을 이해해 줄 사람을 드디어 만나서 너무 다행이라는 그의 말과 묘한 대조를 이루었다. 사람을 대하는 그의 태도는 상대방에게 매달리면서도 고압적인 듯한 양면성을 보였다. 우리가 대화를 시작했을 때 그는 안정된 직업을 가지고 있으며 사생활도 행복하고 세 살 된 아들이 있으며, 그 밖에도 사는 게 즐겁기 때문에 자신이 아플 이유가 없다고 했다. 불쾌한 일은 없냐고 묻자 그는 평소에 짜증 나는 일이 많다고 답했다. 특히 스포츠 클럽에서 사람들이 자신을 건강 염려증 환자라고 놀리는 것이 가장 짜증 난다고 했다. 그러면서 그는 자신의 심장마비 증상에 관해 이야기했다. 그는 종종 심장이 심하게 두근거리다가 가슴이 죄이는 압박감과 갑갑함을 느낀다고 했다. 그리고 발작이 없을 때도 늘 지치고 피곤한 느낌이 든다고 했다. 그러다 발작이 일어나면 숨이 가빠지고 식은땀이 나면서 심장이 멎을 것 같은 불안감이 생긴다고 했다. 그러면 당연히 점점 더 흥분하게 되고 숨이 막히면서 심장마비가 온 것 같은 극심한 공포감에 휩싸인다고 했다. 그는 이러다 죽을 수도 있겠다는 생각도 들었지만, 아무도 도와주지 않으면 어쩌나 하는 두려움이 가장 컸다고 한다. 어쨌든 늘 신속하게 응급의가 달려왔다고 한다. 그러나 발작이 잦아지면서 상태가 훨씬 더 악화된 최근에는 약이 더 이상 별 도움이 되지 않는 것 같다고 했다. 또다시 검진을 받았지만 아무것도 발견되지 않았다면서 그는 다음과 같이 말했다. "이렇게는 더 이상 살 수 없어요. 이제는 즐거운 것도 없고 아내에게 너무 큰 부담만 안기는 것 같아요." 자신은 몸이 많이 쇠약해져서 더 이상 아무것도 할 수 없으며, 아내가 거의 언제나 곁에 머물면서 자신을 보살펴야 한다고 했다. 상태가 악화된 계기는 약을 복용해도 별다른 효과가 없을 것 같다는 의사의 말이었다. 나는 3년 전에 처음으로 공황 발작을 일으킨 계기가 무엇이었는지 물었다. 그러자 그는 직장에서 많은 스트레스를 받았다면서 심장마비를 일으킨 직원도 있었다고 답했다. "그렇게 큰 회사에서는 늘 심장마비를 일으키는 사람이 있게 마련이에요."라고 그는 대수롭지 않다는 듯이 덧붙였다.

나는 당시의 스트레스에 대해 더 자세히 알고자 했다.

당시에 그는 매우 활기차고 공격적인 동료와 경쟁을 벌여야 했다고 한다. 그러면서 만약 그 동료가 정말로 야심 찬 인물이었다면 그사이 직접 회사를 차렸겠지만 그 정도는 아니었던 것 같다고 유쾌하게 이야기했다. 나는 이 남성의 위기 뒤에 경쟁의 문제가 숨어 있을지 모른다고 생각했다. 그래서 그에게 물었다. "그렇게 야심 찬 사람 옆에서 버티기가 쉽지 않았을 텐데, 많이 힘드셨겠네요?" 그러자 그는 다음과 같이 답했다. "아니요, 그렇게 힘들지는 않았어요. 오히려 제게 자극이 되기도 했어요." 나는 당시에 그의 아내가 출산을 했으므로 또 다른 스트레스 요인이 있었을지 모른다는 생각이 들었다. 나는 출산 상황을 언급하면서 아내가 아이를 낳았을 때 어땠냐고 물었다. 그는 특히 아들이 생겨서 매우 자랑스러웠다고 답했다. 그러면서 어디가 불편한 듯 의자에서 몸을 앞뒤로 움직이기 시작했다. 나는 "물론 매우 기쁜 일이지만, 그래도 갑자기 아이가 생기면 생활에 큰 변화가 오기 마련이죠."

라고 말했다. "아내는 무조건 아이를 갖고 싶어 했죠."라고 그는 말했다. "아내가 아이를 원했군요."라고 내가 말하자, "맞아요, 무조건 갖고 싶어 했죠. 사실 저는…… 아이를 원치 않았어요. 저는…… 이기적인 사람이 아니지만, 그래도 제 생각에는 충분히…… 어쨌든 지금은 제 아들을 아주 많이 사랑하죠……."라고 그는 말했다. "때로는 다른 사람을 위해 무언가를 할 때가 있죠. 그런데 그리 간단한 일은 아니에요."라고 나는 말했다. 그러자 그는 갑자기 흥분해서 말했다. "제게는 선택의 여지가 없었어요. 안 그랬으면 아내가 틀림없이 헤어지자고 했을 거예요." "아내가 정말로 그렇게 말했나요?"라고 내가 묻자, "아니요, 그렇게 말하진 않았지만 틀림없이 그렇게 했을 거예요."라고 그는 답했다. 나는 말했다. "정말로 많이 힘드셨겠네요. 직장에서는 야심 찬 동료 때문에 스트레스를 받았고, 집에서는 아내가 헤어지자고 할까 봐 많이 불안하셨을 테니까요." "맞아요, 정말로 견디기 힘들었어요."라고 그는 말했다. "아내는 소중한 사람이니까요."라고 내가 말하자 그는 다음과 같이 말했다. "제가 아내에게 많이 의존했기 때문에 더 화가 났어요. 죽는 것보다 아내를 잃는 것이 더 두려웠어요."

이 대화를 통해 나는 그의 자존감을 지지하면서도 부분적으로 억압된 그의 감정에 다가가려 했는데,[9] 그러는 동안에 대화는 아주 중요한 불안의 내용에 접근하게 되었다. 그것은 바로 아내를 잃을지도 모른다는 불안, 즉 그의 분리 불안이었다. 이제 그의 위기 뒤에 있는 중심 문제는 분명해졌다. 그것은 바로 아내에게 의존하는 것에 대한 불안, 즉 아내에게 버림받을지 모른다는 불안이었다. 그러나 이것이 실제로 근거 있는 불안인지 아니면 투사적 복종인지는 아직 불분명했다. 투사적 복종은 불안 환자에게서 매우 자주 발견된다. 이럴 때 환자는 자신이 두려워하고 어쩌면 원하기도 하는 행동을 다른 사람에게 투사한다. 그런 다음 환자는 자신이 이것을 정말로 원하는지도 분명히 알지 못하는 상태에서 이런 행동에 복종한다. 나와 대화를 나눈 남성의 경우에 정말로 아내가 떠나려 하는지도 불분명할 뿐만 아니라 그는 이 문제를 아내와 이야기한 적도 없었다. 그는 그저 자신이 아내가 원한다고 생각하는 것을 하지 않으면 아내가 떠날 것처럼 행동할 뿐이다. 또 다른 문제는 자신의 관점을 갖는 것에 대한 불안인 듯했다. 이 남성의 자아 콤플렉스는 연령대에 맞게 어머니 콤플렉스에서 벗어났어야 했지만 그러지 못한 것처럼 보였다.[10] 그래서 그는 타인과 지나치게 밀착된 관계를 맺으려는 공생 성향이 강했고, 노골적인 공격성보다는 은밀하고 수동적인 공격성을 가지고 있었다. 이와 관련된 설명은 호르스트 리히터Horst E. Richter와 디터 베크

4. 불안 장애

만Dieter Beckmann의 저서[11]를 포함해 심장병 공포증 환자에 대한 심리학 문헌에서 자주 발견된다. 이에 따르면 심장병 공포증 환자는 어머니나 가장 중요한 양육자의 역할이 투사된 사람이 제공하는 안전한 공간을 떠나지 않으려 한다. 이런 환자는 버림받는 것에 대한 불안뿐만 아니라 (이 남성의 직장 상황처럼) 체면을 잃는 것에 대한 불안과 경쟁에 대한 불안도 가지고 있다. 그래서 이런 사람은 공격성을 노골적으로 드러내지 않는다.

이 남성은 심장병 공포증이 있기 전에 현재보다 더 큰 불안을 느꼈는데, 그것은 삶에 자신이 없고 일을 제대로 완수하지 못해서 승진에서 탈락할지 모른다는 막연한 불안감이었다고 한다. 그럴 때마다 아내가 곁에서 힘이 되어 주었으며, 아내와 함께 있으면 일이 더 잘 풀리는 것 같은 느낌을 받았다고 한다. 그러나 다른 한편으로는 늘 아내의 조롱거리가 됐다면서 다음과 같이 말했다. "아내 때문에 힘들었던 점을 말하자면 제게 늘 이런저런 심부름을 시킨 점이에요. 다행히 이제는 이런 심부름이 사라져서 여유가 좀 생겼지요."

여기서도 공격성을 회피하는 그의 행동을 분명하게 볼 수 있다. 그는 아내에게 '심부름' 문제를 제기하고 이에 관해 대화하는 대신에 심장병 문제를 안긴 셈이었다. 분리를 통해 자기 자신이 되는 과정의 출발점이 될 공격성은 이렇게 회피되었다. 그는 자신의 공격성을 그대로 드러내면 자신의 삶 전체가 위태로워질 것이라는 환상에 빠졌다. 그러나 이렇게 생겨난 증상으로 인해 이제 아내가 '심부름'을 해야 하는 처지가 되었다.

이제 이런 장애가 발생하는 데 중요한 계기가 되는 각인 상황에 대해 살펴보자. 부모의 통제가 심한 경우 아이는 부모가 자신에게 원하는 것이 무엇인지를 아주 쉽게 알아챈다. 그러면 아이는 공격자(부모)와 자신을 동일시하거나 아니면 본격적인 반항아가 되는 수밖에 없다. 반면에 양육자가 통제를 너무 안 하고 아이에게 무엇을 기대하는지 명확히 밝히지 않을 경우 또는 매우 이른 시기부터 "스스로 알아서 해야지."라고 말할 경우 커다란 불확실성이 생긴다. 이런 각인 상황을 경험한 사람은 상대방이 정말로 원하는 것이 무엇인지 끊임없이 자문하는 경향이 있는데, 상대방을 만족시키고 상대방으로부터 버림받지 않으려면 상대방이 원하는 것을 해야 하기 때문이다. 투사적 복종과 공격성 억제도 이런 맥락에서 보아야한다.

불안 장애가 있는 사람을 치료하기 위한 주요 방법 중하나는 불안을 유발하는 자극에 적극적으로 대처하기다. 이와 관련해 리히터는 다음과 같이 말한 바 있다. "예전에는 어머니가 탓하던 것을 이제는 심장이 탓한다." 나는 이 문장을 언급하면서 본인의 경험은 어떠냐고 이 남성에게 물었다. "맞아요, 어머니는 늘 제가 최고가 되길 바라셨어요."라고 그는 답했다. 그러면서 그가 최고가 아닌 성적표를 들고 집으로 왔을 때 어머니가 크게 실망했던 일을 떠올렸다. 어머니에게 중요한 것은 성적 자체가 아니라 그가 최고가 되어야 한다는 점이었다. 적어도 그는 그렇게 경험했다. 그러면서도 어머니는 "네가 하고 싶은 대로 해. 다 괜찮아!"라고 말했다고 한다. 그는 "그러나 저는 최고도 아닐뿐더러 너무 소극적이에요. 최고가 되려면 무엇을 해야 하는지도 모르겠고요."라고 말했다. 그러면서 그는 회사 이야기를 이어 갔다. 직장 동료들은 더 적극적이고 비행 공포증도 없다고 했다. 반면에 그는 비행 공포증 때문에 특정 업무는 맡지도 못했다면서 자신의 장점은 차분하게 기획하고 아이디어를 제시하는 것이라고 했다. 그것으로도 충분하지 않냐고 내가 묻자 그는 그렇지 않다면서 회사에서 전혀 다른 것을 자신에게 원할 때도 있다고 말했다.

우리는 그가 회사에서 지금 하는 일만으로도 충분하다는 점을 어떻게 설명할 수 있을지 함께 궁리했다. 그는 이 상상의 대화를 머릿속에서 떠올려 보았다. 드디어 운명의 시간이 되었는데, 새로운 직원을 경영진으로 뽑기 위해 그를 포함한 모든 동료가 한자리에 모였다. 그곳에서 한 상사가 그(환자)의 업무가 기획과 아이디어 제시라고 아주 분명하게 말했다. 그러면서 그가 이 일을 아주 훌륭하게 하고 있으며 앞으로도 이렇게 하는 것 외에는 그에게 다른 것을 기대하지 않는다고 덧붙였다.

불안을 유발하는 또 다른 내용을 마주할 수 있도록 이제 나는 그에게 아내가 곁을 떠날지 모른다는 불안에 대해 아내와 대화하는 장면을 상상해 보라고 했다. 이 대화는 훨씬 더 힘들었는데, 왜냐하면 그의 아내가 그의 곁을 떠날 수도 있다고 선언한 적이 있기 때문이다. 또 그가 아내에게 상당한 분노를 느끼고 있으며, 아내에게 매달리는 동시에 아내 곁을 떠나고 싶은 마음이 있다는 것이 그의 꿈을 통해서 분명해졌기 때문에 우리는 부부 치료를 진행하기로 했다.

치료 과정에서 그는 자신이 매우 불쾌하게 여겼던 분리 공격성이 자율과 자기 자신을 되찾기 위해 반드시 필요하며, 인간관계의 기초가 된다는 점을 깨달을 수 있었다. 이 남성의 치료는 8회에 걸쳐 집중적으로 이루어졌고, 그 후에는 1년간 15회에 걸쳐 진행되었다. 첫 번째 상담 때부터 환자의 상태가 많이 안정되었고, 발작 빈도가 감소했으며 부정맥 증상에 대한 환자의 걱정도 줄어들었다. 그는 불안을 유발하는 문제도 마주할 수 있게 되었는데, 다만 많은 사전 작업이 필요했고 처음에는 상상 속에서만

4. 불안 장애

가능했다. 그에게는 불안의 문제 외에 의존과 자율 및 자기주장과 관련된 발달의 문제도 중요한 것으로 밝혀졌다. 내 동료가 병행해서 진행한 부부 치료에서는 인간관계와 관련된 이런 문제를 다룰 수 있었다.

공황 장애나 장기 공포증이 있는 사람은 자신이 무력한 상태에 빠질지 모른다는 불안을 느낀다. 이는 삶이 걷잡을 수 없이 휘몰아칠지 모른다는 불안이자, 특히 자신을 강하게 통제하는 사람에게 의존하는 관계가 허물어져서 자기 자신을 잃을지도 모른다는 불안이기도 하다. 분리-개별화 단계에서 양육자가 아이를 거의 통제하지 않으면 통제 기능을 수행하는 대상의 내면화가 충분히 이루어지지 않는다. 이럴 경우 통제 기능을 수행하는 대상은 외부에 있는 사람에게 투사되고 위임된다. 그러면 통제 기능을 수행하는 사람과 분리되어도 자기 자신을 잃지 않으며, 정체성의 분산 현상을 잠시 겪더라도 자신을 되찾을 수 있다는 경험을 할 수 없게 된다.

공황 장애는 강박 장애의 정반대에 해당한다. 강박 장애 환자는 보통 통제 기능을 수행하는 공격자와 자신을 동일시한다. 반면에 공황 장애나 공포증 환자는 외부의 공격자를 두려워하는 아이와 자신을 동일시한다. 이렇게 두려움에 떠는 아이에게는 무엇보다도 투사적 복종의 방어 기제가 필요하다. 이런 방어 기제는 조금이라도 분리와 관련된 모든 것을 억압해서 독립에 대한 모든 불안을 막는 역할을 한다. 그리고 이것은 크게 두 가지 결과를 초래한다. 한편으로는 보호받고 싶은 욕구, 즉 무엇을 어떻게 해야 할지 알려 주고 통제 기능을 수행하는 사람이 있으면 좋겠다는 욕구가 매우 강해진다. 그러나 다른 한편으로는 상대방을 죽이고 싶은 마음이 생겨서 매우 큰 스트레스를 받는다. 분리 욕구가 계속 억눌리면 상대방을 죽이고 싶은 마음으로 발전할 수 있다. 이런 상황에서 공포증 환자는 통제 기능을 수행하는 사람에게 커다란 양가감정을 느낀다. 즉 한편으로는 통제 기능을 수행하는 사람이 곁에 있어야만 마음이 안정되고 공황 발작이 일어나지 않거나 일어나더라도 도움을 받을 수 있다고 생각하기 때문에 이런 사람에게 매우 집착하게 된다. 그러나 다른 한편으로는 이런 의존 관계에 커다란 분노를 느낀다. 말하자면 상대방이 너무 필요하고 그 사람이 없으면 삶이 불가능할 정도로 그 사람에게 의존하고 있는 것에 대한 분노다. 그러나 이런 분노를 표출해서는 안 되는데, 표출하면 자신에게 매우 필요한 그 사람을 잃을 수 있기 때문이다. 그래서 분노를 억누르고 상대방에게 더욱 집착하게 된다. 따라서 집착은 반동 형성의 결과인 셈이다.

여기서도 우리는 방어 기제가 심리 내적으로, 신체적으

175   4. 불안 장애

로 또는 심리 사회적으로 다양하게 변형되는 것을 볼 수 있다. 예를 들어 다음과 같은 심리 사회적 과정이 나타난다. 우선 동반자는 통제 기능을 수행하는 대상이 된다. 동반자는 안전을 보장하는 사람이 되며, 동반자 덕분에 공황 발작이 억제되거나 공황 발작이 일어나도 모든 것이 결딴나지는 않을 것이라고 기대할 수 있다. 그러나 이로 인해 새로운 심리 사회적 관계가 형성된다. 동반자는 너무나 중요하고 없어서는 안 될 수호자가 된다. 그러나 이런 심리 사회적 관계가 문제를 해결해 주지는 못하기 때문에 의존 관계는 점점 더 심해진다.

공포성 성격 구조

이 책에서 말하는 공포성 성격 구조phobische Charakterstruktur란 정상적인 사람의 성격 특징을 가리킨다.[12] 이런 성격 구조를 가진 사람은 강력한 상실 경험을 하는 경우 다른 사람들보다 공황 장애 반응을 보일 확률이 높다.

이런 사람은 매우 신중하고 자발성이 없는 편이며, 지시를 받으면 매우 안정적으로 일한다. 또한 관리직 업무도 별 어려움 없이 수행할 수 있다. 이런 사람에게는 직업적 역할도 '통제 기능을 수행하는 대상'이 될 수 있다. 다시 말해 직업적 역할이 내면의 동반자 역할을 할 수 있다. 공포성 성격 구조를 가진 사람은 명확히 정의된 직책, 준수할 의무 목록이 명시적으로 규정된 경우 등을 선호한다. 이런 사람은 가족과 함께 사는 경우가 많은데, 가족도 의지할 수 있는 구조가 되기 때문이다. 또 이런 사람은 집단의 가치 체계도 잘 받아들이는 편인데, 이런 것도 통제 기능을 수행할 수 있기 때문이다. 집단의 가치 체계는 특정 상황에서 어떻게 처신해야 하는지에 대한 지식을 전달한다. 오늘날과 같이 가치 체계가 다원화된 사회에서 공포성 성격 구조를 가진 사람은 무엇을 따라야 하는지 결정하기가 쉽지 않다. 따라서 이런 사람에게는 구체적인 조언을 통해 통제 기능을 수행하는 누군가가 필요한데, 동반자나 친구, 직장 동료, (특히 위계질서가 명확한) 조직 등이 이런 역할을 할 수 있다. 공포성 성격 구조가 뚜렷한 사람은 이런 환경에서 매우 편안하게 느낀다. 이런 사람은 자신의 공격적인 면을 대개 억압하기 때문에 권위적인 주변 환경과 갈등을 일으키는 문제는 거의 생기지 않는다. 그러나 가끔 공격적인 '폭발'이 있을 수 있다. 이런 사람은 통제 기능을 수행하는 양육자를 거의 내면화하지 못했기 때문에 외부 세계가 그 대신에 이런 역할을 한다.

공포성 성격 구조가 뚜렷한 사람은 매우 전형적인 작업 장애를 보이기도 한다. 이런 사람은 독립적으로 행동하는 것이 매우 서툴다. 독립적으로 행동해야 하는 상황에 처하면 불안해진다. 또 무언가를 하려는 의욕은 있는데, 일을 제대로 하지 못하면 어쩌나 하는 불안감에 금세 휩싸인다. 그러면 이런 불안을 방어하기 위해 이런저런 합리화가 동원된다. 그래서 이런 사람은 무엇을 하겠다는 계획은 거창한데 실제로 이루는 것은 그리 많지 않다. 그러나 이런 계획을 매우 진지하게 받아들이기 때문에 불안에 가로막혀 후퇴할 수밖에 없는 처지가 되면 실망감도 매우 크다.

이런 작업 장애는 우울성 작업 장애와도 비슷하다. 그러나 우울성 작업 장애가 있는 사람은 무언가를 하려는 의욕 자체가 없는 반면에, 공포성 성격 구조를 가진 사람은 의욕은 있지만 실행을 회피하는 경향을 보인다. 즉 이런 사람은 무언가를 해내는 유용한 사람이 되고자 하는 반면에 우울증이 있는 사람은 완벽주의 성향이 있어서 일을 완벽하게 처리하려 한다. 물론 공포증 환자도 기분이 우울할 때가 있으며 우울증이 있는 사람도 불안감을 자주 느끼는 편이다. 불안과 우울은 공동의 감정 영역에서 생기는 감정이지만 서로 구별될 수 있으며, 특히 치료를 위해서는 둘을 구별할 필요가 있다. 다만 불안 신경성 작업 장애는 우울성 작업 장애보다 주변의 영향을 쉽게 받는다. 예를 들어 불안 신경성 특성을 가진 사람은 누가 지켜봐 주기만 해도 일을 잘할 수 있다. 즉 누가 관심을 보이면서 작업이 잘되고 있다고 확인해 주면 큰 힘이 될 수 있다. 반면에 우울증 환자에게 이런 상황은 지옥과도 같을 것이다.

외상성 불안과 외상 후 스트레스 장애

외상성 불안은 특별한 불안이다. 이것은 일상적 불안이나 공황 장애 때 느끼는 불안보다도 훨씬 심각한 불안이다. 외상성 불안은 폭력, 전쟁, 강간, 성 학대, 치명적 병고의 경험(예를 들어 뇌출혈, 3도 화상 등), 치명적 질병의 진단(예를 들어 암, 에이즈 등), 사랑하는 사람의 갑작스러운 죽음, 사랑하는 사람의 죽음이나 심각한 부상에 대한 죄책감 등과 같은 과도한 스트레스 상황에서 느끼는 불안이다. 이런 상황은 삶의 위기로 이어지거나 상당한 스트레스를 유발하는 생활 사건이나 트라우마로 굳어질 수 있다.

심리적 트라우마란 과거의 매우 고통스러웠던 경험이 너무 강력했거나 너무 갑작스럽게 닥쳐서 심리적으로 극복되지 않고 계속 영향을 미치는 것을 말한다. 마음의 평소 자기 조절 메커니즘으로는 이런 상황을 감당할 수 없게 된다. 다시 말해 자아가 더 이상 이런 상황을 적절히 지각하지 못하거나 불안 등의 감정에 적절히 대처하지 못함으로써, 행동이 필요한 상황에서도 불안, 굴욕감, 분노, 좌절감 등에 휩싸인 채 완전히 방향감을 잃고 무기력한 반응을 보이게 된다. 매우 넓은 의미에서 폭력과 파괴의 피해자인 이런 사람은 실제로 매우 위태로운 상태에 있다. 트라우마로 인해 자신과 세계에 대한 이해가 근본적으로 흔들리고 있기 때문이다.

마음의 자기 조절 메커니즘이 작동을 멈추면 이 세상에서 더 이상 좋은 것을 기대할 수 없게 되고, 삶에 대한 신뢰 전체가 붕괴될 수 있다. 또한 이전에 의지했던 모든 것이 의심스러워 보일 수 있다. 이런 사람에게 필요한 것은 인간과 삶을 새롭게 이해하고, 끔찍한 경험에도 불구하고 계속 살아가는 법을 익히는 것이다.

트라우마의 극복

트라우마는 극복할 수 있다. 트라우마는 처음에는 부정되다가 점차 다시 경험 속으로 들어와 반복적으로 경험되는 경향을 보인다. 이러면 경험의 세계가 트라우마 경험에 고착되는 현상이 나타난다. 트라우마 경험이 감정적으로 반복되는 과정에서 트라우마 상황 전에 자신에게 속했지만 그동안 부정되고 분리되었던 자신의 일부를 다시 의식하게 되기도 한다. 이상적인 경우에는 외상 후 정체성과 외상 전 정체성의 재결합이 일어날 수 있다.

사별 경험이 트라우마의 고착으로 이어지지 않는 애도 과정은 이런 트라우마 극복의 좋은 예라 하겠다.[13]

애도 과정과 애도 단계

애도 과정은 일정한 유형에 따라 진행된다. 물론 애도 과정은 사람의 성격에 따라서도 다르기 마련이다. 평소에 자율성이 덜 뚜렷했던 사람은 사별의 순간에도 고인을 쉽게 놓아주지 못할 것이다. 그리고 분리에 대한 불안 때문에 분리 단계를 거의 건너뛴 사람은 사별의 순간에도 애도 과정을 건너뛸 위험이 있다. 또한 애도 과정은 누구를 어떻게 잃었는지에 따라서도 다를 수밖에 없다.

나는 애도의 첫 번째 단계를 '인정하지 않으려 하는 단계'라고 부른다.

아주 가까운 사람의 사망 소식을 접했을 때 우리는 일단 그럴 리가 없다고 생각한다. 심지어 관 속에 누운 모습을 본 뒤에도 '이것이 정말일까? 혹시 꿈이 아닐까?' 하고 되묻곤 한다. '그러면 안 되므로 그럴 리가 없다'고 생각하는데, 이런 반응은 위기에 직면했을 때 나타나는 방어 반응이라 하겠다. 변화가 주는 압박감이 심하면 우리는 반사성 마비 반응을 보이곤 한다. 우리는 인정하기 어려운 것을 환상으로 대체한다. 즉 우리는 일단 사별 경험과 우리 자신을 분리하면서 현실을 부정한다. 이 때문에 시신을 보는 것이 중요하다. 이를 통해 죽음이 현실이라는 것을 확인할 수 있기 때문이다. 현실을 인정하게 되면 우리는 불평하기 시작한다.

이것은 애도의 두 번째 단계인 '혼란스러운 감정의 분출 단계'다.

이 단계에 있는 사람은 감정의 폭풍에 휩싸인 듯한 모습을 보인다. 울다가 갑자기 화를 내기도 하고, 전반적으로 불안한 기색을 보이거나 갑자기 큰 불안에 휩싸이기도 한다. 고인에 대한 사랑과 다시 함께하고 싶은 마음을 드러내는가 하면 인생, 하느님, 주위 사람 등을 원망하기도 한다. 고인에게 소홀히 했던 온갖 기억들, 더 많이 아끼고 보살펴야 했는데 그러지 못했던 점들이 갑자기 떠오른다. 고인을 떠나보내는 사람들에게 만시지탄의 후회와 죄책감이 몰려오는 것이다. 이렇게 혼란스러운 상태에서는 죄책감을 견디기가 매우 어렵기 때문에 희생양을 찾아 죄책감을 전가하는 일이 자주 일어난다. 내가 이런 감정을 혼란스러운 감정이라고 부르는 이유는 서로 모순되기도 한

다양한 감정이 마구 뒤섞여 느껴지기 때문이다. 예를 들어 그렇게 허무하게 떠나 버린 고인에 대한 원망과 강렬한 사랑의 감정이 거의 동시에 또는 나란히 느껴진다.

이런 상태에서는 근본적으로 많은 양가감정을 느끼며, 평소에는 사랑의 틀 안에서 결합되어 있던 사랑과 미움의 감정이 쪼개지기도 한다. 즉 자아가 분열되기도 한다.

이 단계는 견디기 쉽지 않다. 우리는 평소에 감정을 잘 통제할 수 있다고 믿는 경향이 있지만, 이런 상황에서는 감정 통제가 거의 불가능하며 바람직하지도 않다. 애도 작업의 관건은 슬픈 감정의 다양한 측면을 얼마나 있는 그대로 받아들이고 표출하느냐에 달렸다. 자신의 감정에 솔직해야 하며 실제로 느끼는 감정을 표출할 수 있어야 한다. 즉 사회적으로 용인되지 않는 듯한 감정도 표현할 수 있어야 하며, 스스로 느끼지 않는 애도의 감정은 표현하지 말아야 한다. 대개 원망과 슬픔의 감정은 쉽게 표현하지만 분노의 감정은 표현하면 안 된다고 생각한다. 당연히 고인의 죽음이 고인의 잘못은 아니다. 그러나 자존감에 상처를 입으면 화를 내면서 그 대상을 찾는 것은 우리 인간의 자연스러운 반응이다. 적대적 감정의 표출은 매우 중요한데, 그래야만 슬픔에 머물지 않고 내적으로 (그리고 어쩌면 외적으로도) 한 걸음 나아갈 수 있기 때문이다. 이 애도 단계의 의미는 괴로워도 솔직하고 생생하게 자신의 감정을 느끼면서 감정적인 자기 자신을 마주하는 것이다.

혼란스러운 감정의 분출 단계에서는 신체도 불안정해진다. 즉 대다수 사람은 식욕을 잃고 잠을 설치며 평소보다 감염에 취약해진다. 게다가 다른 사람과 신체적 접촉을 통해 위로받고 싶은 마음, 애무받고 싶은 욕구와 성욕이 뚜렷해지는데, 이런 욕구는 특히 슬픔에 잠긴 상태에서 더욱 뚜렷하게 느껴지는 반면에 정황상 당장 충족되기 어렵기도 하다. 슬픔은 그저 심리 상태가 아니라 몸과 마음의 통일적인 상태다. 또한 이 단계는 분리되어 홀로 남겨진 느낌, 자아가 분열된 느낌이 표출되는 단계이기도 하다. 이 단계에서 우리는 더 이상 부정할 수 없게 된 사별을 다양한 방식으로 언급하면서 감정을 통해 경험한다.

이렇게 다양한 감정을 받아들이고 표출함으로써 애도의 세 번째 단계인 좁은 의미의 애도 작업 단계로 들어선다. 나는 이 단계를 '찾기와 분리의 단계'라고 부른다.

이 단계는 보통 고인 외에는 아무런 생각도 들지 않는다는 고백으로 시작된다. 고인을 떠나보내는 사람은 이를 부적절하게 여기지만 실제로는 그렇지 않다. 고인과 함께했던 삶이 이제 고인을 떠나보내는 사람의 기억 속에서 '부활한다.' 이는 고인과 함께했던 삶에 관해 이야기하면서 자신이 고인에게 떠넘겼던 문제들이나 고인 덕분에 얻은 삶의 기회들을 (때로는 꿈의 도움을 받아) 깨닫는 형태로 이루어진다. 고인이 우리 안에서 일깨운 것은 우리의 소중한 자산이 된다. 비록 우리 안의 이런(좋기도 하고 나쁘기도 한) 면을 사랑했던 고인은 떠나갔지만 이런 면은 우리 안에서 영원히 간직될 것이다. 고인과 함께했기에 가능해진 삶의 기회들을 통해 고인은 우리와 함께, 우리를 통해 계속 살아 있을 것이다. 이렇게 이 단계에서는 투사와 위임의 철회가 이루어진다. 고인과의 관계가 우리 자신에게 미친 영향이 다른 어느 단계보다 더 생생하게 와닿는다.

고인에 대한 재접근의 일환으로 처음에는 주로 좋은 면들을 회상하고 좋은 기억들을 고이 간직하지만, 점차 이전과는 다른 각도에서도 고인을 바라보게 되면서 좋지 않았던 기억들도 깨어난다. 그래서 이른바 재접근의 위기가 찾아오는데, 이는 무엇보다도 우리 자신을 고인과 분리하는 계기가 될 수 있다. 그러면서 고인 없이도 계속 살아가야 한다는 점이 점점 더 분명해진다. 그리고 이로 인해 또다시 불안과 당혹감 그리고 많은 걱정이 생기는데, 이 단계가 끝날 즈음에는 결국 다시 이런저런 관계를 맺으면서 삶을 이어 나갈 용기를 내게 된다.

　　　　　　　　　　　　　　　4. 불안 장애

이제 '새로운 자아관과 세계관의 단계'에 이른다.

고인을 떠나보내는 사람은 이제 다시 안정된 정체성을 찾았다. 고인과 분리된 새로운 자신을 찾았으며 또한 이를 통해 좀 더 적극적으로 새롭게 세계에 관여할 수 있는 가능성이 열렸다.

이제 남은 과제는 고인과 결부된 괴로움을 내려놓는 일이다. 많은 사람은 삶을 다시 시작하면서 자신이 고인을 배신한 것 같은 느낌을 받는다. 그래서 떠나간 고인의 '대체물'로 괴로움을 간직한 채 살아가야 한다고 생각한다. 그리고 더 나아가 삶에 대해 새롭게 깨어난 관심도 포기해야 한다고 믿는다. 이렇게 시간이 흘러도 '고이 간직된' 괴로움은 삶의 발전을 가로막는 장애 요인으로 작용한다. 그러나 많은 꿈이 '고인에 대한 신의'에 가로막힐 때 우리가 내려야 할 결론은 분명하다. 즉 우리는 고인이 아니라 삶에 충실해야 한다. 그리고 이것이야말로 고인에게 가장 충실한 길이기도 하다.

애도 과정을 잘 치르며 고인을 떠나보낸 사람은 자기 자신을 새롭게 바라보면서 자신의 외상 후 정체성과 외상 전 정체성을 다시 결합할 수 있게 된다. (다만 이 과정은 이후에도 수차례, 예를 들어 몇 년이 지난 후 갑자기 고인을 잃은 슬픔에 다시 휩싸일 때, 점점 더 간략한 형태로 반복될 것이다.) 애도 과정의 첫 번째 단계에서 우리는 트라우마를 부정했다. 그러다 두 번째 단계에서는, 즉 사별이 트라우마로 경험되면서 불안, 극심한 공포, 악몽 등과 함께 다양한 감정을 느끼는 두 번째 단계에서는 다시 이런 감정들을 받아들이게 된다. 그리고 세 번째 단계에서는 사별 경험과 함께 외상 전 삶을 회상하면서 다시 어느 정도 안정된 정체성을 경험하게 된다. 또한 관계 속의 자기Beziehungsselbst에서 개별적 자기individuelles Selbst로 돌아가는데, 이야말로 애도 과정의 특별한 기능이라 하겠다.* 개별적 자기를 중심으로 정체성이 재구성되는 과정은 고인을 떠나보낸 사람이 새로운 자기를 찾는 과정이기도 하다. 고인을 떠나보낸 사람은 애도 과정이 감정적으로 매우 힘들지만 이 과정을 통해 삶이 끝나는 것이 아니라 새롭게 시작된다는 것을 깨닫는다.

이런 깨달음은 조금 더 자신 있게 삶을 재개할 수 있도록 힘이 되어 준다. 애도의 감정이 고인에 대한 애착의 대가임을 깨달으면 애도 과정이 아무리 고통스러워도 이를 이겨 내고 고인을 놓아줄 수 있다. 다만 또다시 사별의 순간이 닥치면 그동안 이겨 낸 모든 사별 경험이 되살아나면서 큰 충격에 휩싸일 수도 있다.

---

* 저자가 즐겨 사용하는 '관계 속의 자기'란 긴밀한 관계를 맺고 있는 두 사람의 역동적 관계 속에서 경험된 자기 또는 자신의 정체성을 가리킨다.

어쨌든 이런 트라우마나 중요한 생활 사건을 극복하고 자신과 세계를 다시 어느 정도 안정되게 바라볼 수 있게 되는 경험은 심리적으로 큰 자산이 된다. 이런 사람은 위기 상황에 직면해도 이전과는 다르게 반응할 것이며, 삶에서 무엇이 중요하고 무엇이 중요하지 않은지도 가늠할 수 있을 것이다.

참고로 덧붙이자면 어떤 사람에게는 심각한 트라우마가 될 수 있는 것이 다른 사람에게는 트라우마가 아니라 아무리 힘들어도 극복 가능한 중요한 생활 사건critical life event에 머물 수 있다. 사별 경험을 예로 들자면 예측 가능하고 따라서 준비 가능한 사별보다 갑작스럽고 예상치 못한 사별이 트라우마가 될 확률이 더 높다. 따라서 충격적인 애도 상황에서도 누구는 트라우마를 극복하지만 누구는 그러지 못한다. 고인의 조언대로만 살지 않고 자신만의 정체성을 더 뚜렷이 발전시켰던 사람은 애도 과정을 통해 사별 경험을 더 쉽게 극복하는 듯하다.

사별이 누구에게는 트라우마로 경험되지만 항상 그렇지는 않다. 사랑하는 사람이 치명적인 질병을 진단받은 경우에도 마찬가지다. 누구에게는 트라우마가 되는 것이 누구에게는 삶의 위기가 될 수 있다. 또한 모든 트라우마의 파급 효과가 같은 것도 아니다. 아동기의 성 학대와 고문은 모두 의심의 여지 없이 트라우마가 될 수 있지만 그 결과는 다를 것이다. 트라우마의 다양성을 이해할 필요가 있으며, 예를 들어 트라우마와 삶의 위기를 구분하는 것도 중요하다. 오늘날에는 삶의 온갖 어려움을 '트라우마'라는 이름으로 덮어 버리는 경향이 있다. 이런 시각은 일면적이긴 하지만 다른 한편으로는 우리가 스스로 초래하지 않은 상황, 말하자면 '더 잘' 처신했어도 피하지 못했을 지극히 힘든 상황에 처할 수 있다는 점을 분명하게 드러내는 장점이 있다. 이런 시각은 우리가 외부 세계로 인해 지극히 괴로운 상황에 처할 수 있으며, 이런 상황에서 당사자는 스트레스를 이겨 낼 도리가 없다는 점을 강조한다. 치료 상황에서 이런 시각은 '피해자'가 해당 상황에 원인을 제공했는지 성급하게 묻는 대신에 피해자에게 무슨 일이 일어났는지를 면밀히 살피도록 이끈다. 그러나 온갖 위기 상황을 무분별하게 트라우마의 관점에서 바라볼 경우 진정한 의미의 트라우마를 간과할 수 있다. 이 경우 당사자는 자신을 이런저런 외부 환경의 피해자로만 인식해서 스스로 상황을 바꿀 수도 있다는 점을 깨닫지 못할 것이다.

충격적인 경험을 한 피해자에게 무슨 일이 일어났는지를 아주 구체적으로 관찰하고 서술하는 것이 중요하다. 나아가 감당하기 어려운 경험을 의식에서 몰아내기 위한 방어 기제인 불안의 해리解離, Dissoziation, 자신이 낯설게 느껴지는 이인증離人症, Depersonalisierung 경험, 환상의 세계에 몰입하는 행동 등과 같은 피해자의 직접적인 반응과, 공포성 성격 구조를 가진 사람의 회피 행동, 감정이 떨어져 나간 듯한 태도 등과 같은 피해자의 성격 변화로 인한 장기적인 결과를 구분할 필요가 있다.

트라우마를 극복하지 못할 때 생기는 외상 후 스트레스 장애

트라우마를 극복할 수 없거나, 성 학대가 수년간 지속되는 경우처럼 실제 상황에서 트라우마를 반복해서 경험할 수밖에 없는 경우 자아는 일반적으로 해리의 방어 기제를 사용해 끔찍한 경험을 자신으로부터 떼어 내려 한다. 때때로 이런 사람은 치욕을 겪은 자신의 신체를 벗어나 환상의 세계로 도피한다. 그러면 전혀 다르고 서로 모순되는 두 개의 자아 상태가 갈등을 일으키지 않은 채 나란히 존재하게 되는데, 예를 들어 성 학대를 당한 소녀들에게서 이런 경험이 관찰된다. 이런 현상은 트라우마 경험에서 자주 나타나는 이인증 과정이며, 이때는 정체성 경험의 토대가 되는 신체와 자기의 통일성이 해리되고 환상의 세계가 삶에 반드시 필요할 정도로 중요해진다. 그러나 이런 환상의 세계는 어느 누구와도 공유할 수 없으며, 이런 경우 정체성도 불확실해진다. 예를 들어 성폭행을 당한 소녀의 참모습은 무엇인가? 먼 산에서 자신을 보호하는 동물들과 난쟁이들에 둘러싸여 위로받는 환상 속의 소녀인가? 아니면 아무 일도 없었다는 듯이 학교에 가는 소녀인가? 아니면 밤에 발소리가 들릴 때마다 공포에 떠는 소녀인가? 끔찍한 경험을 떼어 내 부정하고 환상 속으로 도피해 트라우마를 '극복'한 소녀는 일단 삶을 이어 갈 수 있으며 때로는 자신에게 그렇게 몹쓸 짓을 한 사람과 계속 함께 살 수 있을 것이다. 그러나 이 경우 삶의 '좋은 면'과 '나쁜 면'이 분열되어 명확한 정체감과 진정한 자기를 찾을 수 없을 뿐만 아니라, 삶의 많은 가능성을 놓쳐 버리고 불안 및 공격성·활력 상실의 큰 대가를 치러야만 한다.

충격적인 상황이 지나갔다고 해서 트라우마도 함께 지나가는 것은 아니다. 이 점은 홀로코스트 피해자나 베트남 참전 군인에게서 이미 확인되었을 뿐만 아니라 성 학대 피해자에게서도 관찰된다. 트라우마를 극복하지 못하면 외상 후 스트레스 장애Post-Traumatic Stress Disorder, PTSD가 나타난다. 이 경우 외상 경험 직후에 불안한 흥분, 불안, 분노, 마비, 외상 경험으로 돌아가 공황 발작을 일으키는 증상 등이 나타난다. 또한 악몽에도 자주 시달린다. 그러다

시간이 어느 정도 지나면 체념하고 공포증 환자처럼 회피하는 태도를 보인다. 외상 후 스트레스 장애 환자는 우울하고 약간 둔감한 인상을 풍기며 매사에 흥미가 없고 피곤하다고 말한다. 이런 사람은 막연한 불안감과 죄책감을 느끼며 감정이 무디고 마치 외상 경험의 영원한 피해자로 격리된 것처럼 모든 인간관계를 회피한다.[14] 또한 마치 공격자를 내면화해서 영원히 피해자로 남을 수밖에 없으며 삶의 많은 가능성을 박탈당한 채 앞으로도 계속 그렇게 살아가도록 저주받은 것처럼 보인다. 이런 사람은 극심한 스트레스로 인해 성격이 변했을 뿐만 아니라, 불안과 극심한 공포 및 이에 대한 방어가 반복됨에 따라 뇌 구조에도 변화가 생겼을 것이다. 이에 대해 슈트리안은 다음과 같이 말한다.

"외상 후 스트레스 장애의 경우 예외적인 경험(위험 지각)으로 인해 측두엽 내기저부 자체의 활동이 비정상적일 때 나타나는 증상과 유사하거나 동일한 증상이 나타난다. 이런 임상 증거에 비추어 볼 때 외상 후 스트레스 장애의 경우 불안과 기억에 중요한 뇌 구조의 '인코딩'에 실제로 변화가 일어난 것이 틀림없다."[15]

외상성 불안은 우리가 아는 다른 모든 불안보다 훨씬 심각해 보인다. 현재 여러 곳에서 트라우마 피해자에게 효과적인 치료법을 개발하기 위한 연구가 진행 중이다.[16]

공황 장애 치료

치료사와 불안 환자의 관계에서 특수한 점은 무엇인가? 이때 전이와 역전이는 어떻게 전개되는가?

지금까지의 논의를 통해 짐작할 수 있듯이 치료사는 환자에게 내면의 동반자처럼 작용하기 쉽다. 이럴 경우 치료사는 불안한 마음으로 아이의 응석을 받아 주고 소원을 들어주면서 아이를 과잉보호하는 양육자의 역할에 빠지기 쉽다. 이때 치료사는 보통 환자의 어머니와 동일시되거나 경우에 따라서는 유아기의 부정적 어머니 콤플렉스를 가진 환자의 아버지와 동일시된다.[17] 예를 들어 공황 장애 환자는 치료사의 관심을 끌려고 일부러 서툴게 행동할 수 있다. 한 사례 보고서에서는 내담자가 문고리를 제대로 돌리지 못해서 어쩔 수 없이 치료사가 문을 열어 주었다는 서술을 찾아볼 수 있다. 또는 내담자가 외투 벗는 것을 무심결에 도와준 치료사가 평소와 다른 자신의 행동에 스스로 놀랐다는 보고도 찾아볼 수 있다. 이런 환자는 정말로 일상적인 일도 제대로 하지 못하는 것일까? 아니면 그저 세상일이 너무 귀찮아진 것일까? 아니면 혹시 지나친 친절을 베풀도록 치료사를 부추기고 있는 것은 아닐까? 공황 장애 환자를 접한 치료사들의 한결같은 보고에 따르면 약간의 당혹감, 은근한 불쾌감, 짜증 등을 느끼

4. 불안 장애

지만 일단 겉으로는 이를 표현하지 않는다고 한다. 치료사가 과잉보호하는 불안한 어머니의 역할을 계속하면 치료가 성공을 거둘 수 없다. 이 경우 치료사는 조금 괜찮은 동반자일 뿐인데, 왜냐하면 공황 장애 환자에게는 사실상 24시간 내내 동반자가 필요하기 때문이다. 치료사가 과잉보호하는 불안한 어머니의 역할을 계속하면 치료가 몇 년간 질질 이어지다가 어느 날 내담자로부터 아쉽지만 진전이 없다는 공손하면서도 떨떠름한 말을 듣게 될 것이다. 그랬다가도 내담자는 당연히 치료사가 문제가 아니라 자신이나 자신의 장애가 문제라고 황급히 다시 주워 담을 것이다. 덧붙이자면 공황 장애 환자는 치료 과정에서 처음에는 자신의 공포증이나 일반화된 불안을 숨기곤 한다. 그러다가 나중에는 거미 공포증 같다는 식으로 말하기도 하지만 더 심각한 공포증에 관해서는 함구한다. 자신의 불안을 억압하는 환자는 대개 부모를 이상화된 모습으로 지각하고 묘사한다. 이때 부모의 행동에 대한 묘사가 환자의 실제 경험과 꽤 일치할 수도 있지만, 환자는 부모의 이런 행동이 자신을 통제하는 기능을 하고 있다는 점을 깨닫지 못한다.

예를 들어 불안 증상이 뚜렷했던 한 남성은 자신의 어머니가 얼마나 좋은 분인지에 관해 이야기했다. 그는 여덟 살부터 열다섯 살 무렵까지 어머니와 함께 매일 두 시간 이상씩 학교 생활에 관해 이야기를 나눴다고 한다. 두 사람은 학교에서 있었던 일을 함께 말 그대로 "잘근잘근 씹어서 소화했다"고 한다. 그의 말투는 "제 어머니가 얼마나 훌륭한지 보세요. 그런데도 저는 지금 이런 불안에 떨고 있어요."라고 말하는 듯했다. 이때 그는 자신이 '자체 소화 기관'도 없이 사춘기에 들어서까지 어머니와 함께 소화했다는 사실을 전혀 이상하게 생각지 않았다. 그 시간에 차라리 축구를 하고 싶은 마음은 없었냐고 내가 묻자 그는 눈을 크게 뜨고 나를 바라보면서 내 질문이 전혀 이해되지 않는다는 표정을 지었다.

이렇게 이상화된 부모상은 대개 치료사에게 전이된다. 어린 시절의 발달 공격성에 뿌리를 둔 분리 공격성이 오랫동안 억압된 채 환자의 마음속에 잠재해 있는 것을 느낄 수 있는데, 예를 들어 장황하게 끊임없이 이어지는 수다, 길고 복잡한 설명, 불안감이 배어나는 추가 질문, 그 밖의 온갖 장황하고 세세하게 따지는 행동 등을 통해 이런 공격적 요소가 은밀하게 드러난다. 또한 치료사는 종종 역전이를 통해 이런 은밀한 분노를 느낄 수 있다. 불안 환자는 치료사에게 좋은 어머니의 역할과 좋은 아버지의 역할을 모두 기대한다. 그러나 불안 환자가 상상하는 좋은 어머니나 좋은 아버지란 특히 불안이 심할 때 며칠을 환자 곁에서 함께 버텨 주면서 어떤 결정을 내려야 하는지,

195

어디로 가야 하는지 등을 알려 줄 수 있는 사람을 의미한다. 언젠가 나는 불안 환자에게 다음과 같은 말을 들은 적이 있다. "만약 선생님이 좋은 어머니라면 매일 저녁 제게 전화해서 오늘 어떻게 지냈는지 물어보면서 제 걱정을 하셨겠지요. 또 제게 이런저런 조언을 해 주면서 외부에서 제 삶을 통제하셨겠지요. 아마도 그랬으면 제 상태가 꽤 나아졌을 거예요." 이런 바람은 공황 장애의 심리 과정을 반영한다. 이것은 아이를 걱정하는 마음으로 응석을 받아 주면서도 모든 것을 통제하고 과잉보호하는 어머니를 바라는 환상이다. 그리고 불안 환자가 너무 서툴고 어색하게 행동할 때면 치료사도 이런 역할을 하고 싶은 유혹에 빠지곤 한다. 때때로 이런 반응은 순수하게 도와주려는 마음의 발동이라기보다 환자에게 빨리 조언을 제공해야 한다는 조바심의 발로다. 이런 식으로 환자는 '어린아이와 어머니의 놀이'를 함께하자고 치료사를 유혹한다. 그러나 치료사가 이런 유혹에 넘어가면 치료사 자신의 활동 여지가 점점 더 위축될 수밖에 없다. 물론 치료사가 적절한 통제 기능을 수행하는 방식으로 내담자의 삶에 개입하는 것이 가장 이상적일 것이다. 즉 분리-개별화 단계의 유아에게 이상적인 양육자의 역할처럼, 과잉보호도 배척도 하지 않으면서 내담자를 지지해 주고 내담자 스스로 받침대를 찾도록 도와주어야 할 것이다.

다른 치료 상황에서도 마찬가지겠지만, 이 경우 훨씬 더 절실하게 요구되는 것은 스스로 서도록 돕는 것이다. 치료사는 환자가 치료사에 대한 신뢰를 바탕으로 단계적으로 회피 행동을 그만두고 불안을 마주하면서 위협적인 것에 맞서도록 도와야 한다. 치료사는 환자에게 조력을 제공하면서 신뢰를 쌓을 수 있지만, 환자에게 없어서는 안 될 절대적 조력자로 격하되지 않도록 주의해야 한다. 만약 없어서는 안 될 조력자가 되었다는 느낌이 들거나 심지어 환자로부터 버림받을까 봐 또는 자신이 환자를 버릴까 봐 두려운 마음까지 든다면 치료사는 그저 좋은 어머니로 격하되기 쉬운 상황에 처한 셈이다. 공황 장애 환자를 상대하는 사람은 쉽게 이상화의 대상이 된다. 그러나 이런 이상화의 배후에는 공황 장애 환자가 억압한 분리 공격성이 숨어 있는 경우가 많다. 이런 경우 무언가 거짓된 느낌, 무언가 신뢰할 수 없고 인위적인 듯한 느낌이 든다.

공황 장애 환자는 종종 특이한 언어 행동을 보인다. 이런 사람은 대개 말을 매우 많이 하며, 마침표와 쉼표를 잘 사용하지 않는 식으로 문장 구조가 빈약한 편이다. 공격적인 말을 마구 쏟아붓지는 않지만, 그래도 말이 매우 많으며 쓸데없는 수다와 잡담도 많이 한다. 이야기가 장황하고 종종 혼란스러우며 무엇보다 매우 복잡하다. 때로는

4. 불안 장애

3~4분 정도 이야기를 들어야 비로소 무슨 이야기를 하려는지 분명해진다. 나는 이런 의사소통 방식을 통해 유아기의 상황이 반복되는 면이 있다고 생각한다. 즉 양육자는 아이의 말을 조금이라도 이해하기 위해 많은 주의를 기울여야 하지만, 동시에 아이는 매우 독특한 방식으로 양육자와 거리를 유지한다. 장황하고 이해하기 어려운 아이의 이야기는 제약하는 어머니로부터 거리를 두는 동시에 어머니가 긴장의 끈을 놓지 못하도록 만드는 효과가 있다. 이렇게 집착과 분리가 동시에 경험된다. 게다가 어머니와의 연결이 끊길 위험도 없다. 이런 이야기 방식을 통해 아이는 조금씩 분리를 연습한다. 이 상황에서 양육자는 정상적인 대화를 할 수 없으며 정상적인 관계가 중지된다. 그러나 아이는 양육자를 잃지는 않는다. 이는 자기만의 영역을 최대한 확보하면서도 보호받는 환경을 잃지 않으려는 타협의 결과라 하겠다. 이제 치료사를 상대로 이런 행동이 문 앞에서 재현될 수 있다. 내담자에게 심각한 불안 문제가 있는 경우 상담을 정시에 마치기가 매우 어렵다. 어쩌다 상담을 정시에 마쳐도 문 앞에서 다시 복잡한 이야기를 꺼낸다. 그러고는 다시 나중에 전화가 걸려 올 수도 있다.

이런 사람과 대화를 하다 보면 또 다른 특이점들이 눈에 띈다. 공황 장애 환자는 문장을 끝맺지 않을 때가 많으며, 이럴 때면 치료사가 문장을 마무리하곤 한다. 또는 애매하고 무언가를 암시하는 듯한 이야기를 계속 늘어놓아 결국에는 이런저런 가정을 하게 된 치료사로 하여금 "이렇다는 말씀인가요, 아니면 저렇다는 말씀인가요?" 하고 묻게 만든다. 때로는 연관 관계를 도무지 알 수 없는 꿈 이야기를 한참 동안 늘어놓는다. 그러면 결국 마무리 작업은 치료사의 몫이 된다. (환자도 그렇게 해 달라고 노골적으로 말하기까지 한다.) 이런 사람은 다른 사람에게 많은 책임을 떠넘기는데, 이런 책임을 기꺼이 떠안는 사람은 큰 난관에 봉착할 수 있다. 왜냐하면 이제 온갖 것을 설명하고 정리하고 길을 제시해야 하는 역할을 떠안은 셈이기 때문이다.

그러나 치료사의 진정한 역할은 스스로 설명하고 스스로 길을 찾도록 돕고 안내하는 것이다. 그러려면 특이한 언어 행동에 적절히 대응할 필요가 있다. 언어의 사용 자체가 일종의 분리 과정이다. 아이는 말을 함으로써 양육자와 조금 거리를 두게 되며 언어를 통해 다시 양육자와 새로운 관계를 맺을 수 있다. 이제는 말을 하지 않으면 소통이 어려워진다. 그렇기에 무언가를 말하고 설명해야만 한다. 그러나 말은 갈등의 씨앗이 되기도 한다. 예를 들어 공황 장애 환자가 문장을 끝맺지 않는 것은 구체적인 것을 피하려는 행동이다. 이런 사람은 갈등이 생기는 것을 두려워하기 때문이다. 치료사가 이 놀이를 함께하면서 선선히 문장을 완성해 주면 나쁜 일은 일어나지 않지만 좋은 일도 일어나지 않는다.

공황 장애 환자의 특이한 언어 행동을 통해 드러나는 집착으로 인해 치료사는 종종 짜증 섞인 역전이 반응을 보이곤 한다. 이런 경우 치료사에게 내담자는 성가시고 귀찮고 피곤하게 만드는 존재로 느껴진다. 이런 역전이는 내담자에게 '좋은 어머니'가 되고 싶은 치료사의 마음, 즉 때로는 내담자의 소원도 들어주고 응석도 받아 주면서 내담자가 세상 밖으로 나가 자기 자신을 찾도록 격려하고자 하는 마음과는 전혀 어울리지 않는다. 환자를 건강한 삶으로 이끌려는 치료사의 의식 아래에서 짜증과 조바심이 꿈틀댄다. 이런 상황에서 치료사에게 요구되는 것은 자기 자신에 대해 적절한 대상 항상성을 유지하는 것이다. 즉 치료사 자신이 좋기도 하고 나쁘기도 한 존재라는 점을 받아들일 수 있어야 한다. 치료사는 역전이를 통해 표출되는 자신의 분리 공격성도 환자를 위하는 따뜻한 마음의 일부라는 점을 깨달아야 한다.

역전이의 요점은 바로 이것이다. 치료사는 환자가 견디기 힘든 불안에 잘 대처하도록 돕고 싶은 마음뿐만 아니라 환자를 상대하면서 느끼는 거부감과 짜증도 자연스러운 감정으로 받아들일 수 있어야 한다. 치료사는 역전이를 통해 이 두 가지를 결합하기가 얼마나 어려운지 경험하게 된다. 그리고 이것은 공황 장애 환자가 풀어야 하는 과제와도 다르지 않다. 불안 환자를 상대하다 보면 점잖게 처신해야 할 것 같은 압박감을 느끼기도 한다. 언젠가 한 내담자는 눈을 크게 뜨면서 내게 말했다. "선생님도 짜증 날 때가 있나 보죠?" 나는 똑같이 큰 눈으로 그녀를 바라보면서 말했다. "당연하죠. 모르셨어요?" 전형적인 역전이 상황에서는 특정 환자에게 더 많은 도움이 필요하다는 생각에 평소 치료 때보다 또는 실제 마음보다 더 적극적으로 환자를 도우려 한다. 그러나 다른 한편으로는 치료를 위해 그렇게 많은 에너지를 쏟아부었으니 이제는 제발 환자 스스로 알아서 했으면 좋겠다는 조바심과 짜증이 은밀하게 일어난다. 이럴 때 필요한 것은 따뜻한 분리 공격성이다. 다시 말해 따뜻한 감정과 놓아주고 싶은 마음 또는 밀쳐 내고 싶은 마음을 하나로 결합할 수 있어야 한다.

발달 단계에 너무 일찍 방치된 내담자는 다른 반응을 보인다. 이런 사람은 도움을 받지 않으려 하고, 모든 것을 스스로 하려 하며, 절대로 다른 사람에게 의존하지 않으려 한다. 어찌 보면 치료사도 필요 없는 셈이다. 이런 사람은 모든 것을 스스로 통제하지만 그런데도 어려움에 처해 있다. 이런 경우 역전이 상황에서 치료사는 할 일이 없기 때문에 흥미를 잃게 되고, 졸음이 오거나 매우 짜증이 날 수 있다.[18]

치료사가 그저 좋은 어머니의 투사에 굴복하면 치료를 통해 거의 아무 일도 일어나지 않는다. 게다가 이런 투사는 결코 충족될 수 없는데, 환자는 점점 더 좋은 어머니를 요구하기 때문이다. 이렇게 내담자는 치료사에게 의존하게 되고 치료는 별 효과도 없이 시간만 잡아먹을 것이다. 이런 경우 치료사는 어떤 변화도 일으키지 못한 채 진전 없는 환자에게 계속 필요한 이행기 대상처럼 작용할 것이다.[19] 오히려 이때 필요한 것은 신뢰를 바탕으로 천천히 배려심 있게 환자의 기대를 저버리는 것이다. 이런 과정은 결코 간단치 않은데, 이 시점에 필요한 것은 브루노 루티스하우저Bruno Rutishauser가 말하는 '건설적 좌절konstruktive Frustration'이기 때문이다.[20] 좌절의 파급 효과가 건설적인지 아니면 파괴적인지는 결국 당사자 간에 형성되는 관계의 질에 따라 좌우된다. 건설적 좌절은 성장과 성숙을 위해 반드시 필요하다. 좌절이 건설적으로 작용하기 위해 충족해야 하는 기준이 있는데, 그 기초가 되는 것은 역시 이미 언급한 바 있는 신뢰 관계다. 건설적 좌절의 경우에는 신뢰 관계가 명확하고 흔들리지 않는다. 그리고 막연한 암시나 애매한 메시지 대신에 무엇을 극복해야 하는지가 명확히 제시된다. 그러면 이것은 당연히 신뢰 관계에도 좋은 영향을 미친다. 좌절을 유발하는 사람은 상대방의 부탁을 거절하면서 추가 조건을 붙이지 말아야 한다. 예를 들어 "앞으로는 네게 전화하지 않을 거야. 그래도 너무 슬퍼할 필요는 없어."라는 식으로 말하지 말아야 한다. 즉 거절 의사를 명확히 표시하되 이런 거절에 어떻게 대처해야 하는지를 알려 주지 말아야 한다.

이때 목표는 좌절 자체가 아니라 이를 통해 연령대에 맞는 자율성에 도달하는 것이다. 이 상위 목표에 도달하기 위해 좌절은 반드시 필요한 과정이다. 건설적 좌절을 유발하는 사람은 보통 무엇을 포기함으로써 상대방에게 능동적인 기여를 한다. 반면에 파괴적 좌절을 유발하는 사람은 보통 자신의 행동을 통해 은밀하게 이익을 얻는다. 건설적 좌절의 경우 선의가 전달되는 동시에 그 자체로는 나쁘게 경험되는 행동도 겪게 된다. 이를 통해 내담자는 치료사가 자신에게 선의를 가지고 있으며 기꺼이 어머니처럼 행동하고 싶지만, 현재 필요한 발전을 위해 바람직하지 않은 특정 행동을 자제할 수밖에 없다는 점을 알게 된다. 치료사가 내담자의 마음에 상처를 주지 않으면서 이를 표현하기란 무척 어렵다. 그러나 어쨌든 이 과정이 성공하면 내담자는 이를 통해 대상 항상성을 발전시킬 수 있다. 따라서 공황 장애 환자를 대하는 치료사에게 중요한 것은 양면적 태도를 견지하는 것이다. 즉 한편으로는 환자에게 어머니의 따뜻한 안정감과 어느 정도의 통제가 필요하다는 점을 감지해야 한다. 그리고 다른 한편으로는 환자를 자율의 영역으로 적절히 밀어 넣어야 한다.

분석 과정에서 치료사는 이런 양면성을 표현해야 한다. 즉 치료사가 환자에게 호감을 갖고 있지만 어떤 점은 짜증 나거나 너무 부담되며, 환자가 지금보다 더 나아질 수 있다고 생각한다는 사실을 분명히 해야 한다. 나아가 치료사가 거리를 두고 분리 행동을 하더라도 두 사람의 관계가 위태로워지지는 않는다는 점을 분명히 해야 한다. 다만 이럴 경우 공황 장애 환자는 버려진 느낌을 받기 쉽다. 또한 치료사는 좋은 어머니가 되고 싶은 마음에 짜증을 너무 오랫동안 억누르다가 너무 갑자기 또는 너무 서툴게 거리를 두는 경우가 있는데, 이런 사정들 때문에 거리 두기는 결코 쉬운 일이 아니다. 이럴 때 치료사는 환자가 치료 과정에 대해 행사하는 통제력과 불안의 힘을 감지한다.

환자의 특정 증상이 환자와 치료사 모두에게 통제 기능을 할 경우 지나치게 거리를 두려는 행동이 나타나곤 한다. 이럴 경우 치료사가 내담자의 증상에 더 이상 관심을 기울이지 않거나 내담자가 자신의 증상에 관해 주치의와만 상의하려는 일이 벌어질 수 있다.

불안의 경계선에서 힘껏 버티면서 불안을 마주할 용기를 잃지 않는 것이 중요하다. 이 경우 행동 치료나 행동 치료 기법도 유용할 수 있다. 이것은 긴장 완화를 통해 포근한 안정감이 들도록 상황을 조성하거나 불안을 유발하는 상황에 적응하도록 연습하는 데 도움이 될 수 있다.

내가 보기에는 치료 과정에서 내면의 동반자를 구축하는 것이 특히 중요하다. 물론 이것도 환자와 치료사의 관계를 통해서만, 즉 전이와 역전이의 역동적 관계를 통해서만 가능하다.

공황 장애 환자의 내면화된 심상을 활성화하려면 특별한 기술이 필요하다. 공황 장애 환자는 내면의 동반자를 쉽게 자각하지 못하므로 아주 구체적이고 실제적인 계기를 통해 내면의 동반자가 깨어날 때까지 기다려야 한다. 신뢰를 바탕으로 건설적 좌절과 공격성의 역동적 관계를 통해 대상 항상성이 구축될 때 비로소 내면화된 동반자의 심상이 서서히 활성화될 수 있다. 이런 심상이 활성화되면 꿈에서도 자주 나타나지만 처음에는 주로 치료사에게 전이된 형태로만 나타난다. 이는 치료사가 이제 적절한 동반자가 되었다는 신호다. 이런 투사를 너무 빨리 돌려보내는 것은 치료를 위해 바람직하지 않다. 예를 들어 내담자의 꿈에 아름다운 천사가 나타나 무슨 조언을 하거나 불안한 상황에서 내담자의 손을 잡아 주어 매우 포근한 감정을 느꼈을 경우 내담자는 치료 시간에 꿈에 관해 이야기하면서 "그 천사는 선생님이었어요."라고 말할 가능성이 매우 높다. 이런 경우 또다시 이상화가 작동한 셈인데, 이런 상황에서 불안한 환자에게 그 천사는 환자의 마음속에 내면화된 심상일 뿐이며, 힘든 상황에 처했을 때 이런 심상이나 동력에 의지할 수 있다고 말하는 것은 결코 간단한 일이 아니다. 이런 내면의 동반자는 꿈에서 일상생활 속의 인물로 나타날 수도 있고, 인류의 역사와 여러 문화권에서 묘사된 천사와 같은 고전적인 조력자의 모습으로 나타날 수도 있다.

내면의 동반자는 치료 초기에도 꿈에 나타날 수 있다. 그리고 이런 내면의 동반자는 좋은 아버지나 좋은 어머니의 측면, 즉 내담자가 처한 상황에 따라 필요한 측면을 상징하는 내면의 심상으로 점점 더 구체화될 수 있다. 또한 이것은 불안 상황에서 확장과 후퇴를 적절히 조절하도록 돕는 조력자의 역할을 할 수 있다.

어느 불안 환자가 치료를 끝마칠 무렵에 내게 들려준 꿈 이야기는 많은 것을 시사한다. 내가 보기에 이 꿈은 불안 환자에게 매우 전형적인 꿈이며, 불안 극복을 위해 중요한 것이 무엇인지 잘 보여 준다.

"저는 치료를 받고 있었는데, 선생님의 모습이 평소와 달랐어요. 매우 화난 얼굴로 저를 거부하는 듯했어요." 이 꿈은 이렇게 끝났고 새로운 장면이 펼쳐졌다. "저는 선생님의 집 근처에 있는 나무 아래에 앉아 있었어요. 나무 아래에 탁자가 있었는데, 거기에는 예쁜 사과와 벌레 먹은 사과가 뒤섞여 있었어요. 사과 한 개를 먹었는데 거기서 벌레가 나왔어요. 저는 벌레를 피해서 사과를 먹었어요. 어느 할아버지가 제게 말하길 여기가 실내보다 훨씬 좋다고 했어요. 저는 할아버지를 쳐다보았는데, 할아버지 말을 그대로 믿을 수는 없었어요."

이 불안 환자는 실내에 있을 때 더 보호받을 수 있다고 생각했기 때문에 꿈속에서 할아버지의 말을 믿을 수 없었다고 했다. 나무도 피난처가 될 수 있지만 실내만큼 좋은 피난처는 아니라고 했다. 그녀의 마음에 든 것은 사과였다. 벌레는 피해서 먹으면 되므로 그렇게 나쁘다는 생각은 들지 않았다. 내게는 이것이 세계의 경험과 자기 자신의 경험에서 좋은 것과 나쁜 것이 어떻게 결합될 수 있는지를 보여 주는 신호와도 같았다. 사과에 벌레가 있어도 사과를 버릴 필요는 없다는 생각은 어느 정도 대상 항상성에 도달했음을 보여 준다. 또한 이 대목에서 우리는 좋은 대상과 나쁜 대상의 결합이 어떻게 가능한지를 구체적으로 확인할 수 있다. 그녀의 꿈에 반복해서 나타난 할아버지는 일종의 교사였다. 무언가를 아는 이 할아버지는 명백하게 그녀의 내면화된 동반자로 발전했다. 내면의 동반자가 점점 더 중요해지는 것은 불안과 분리 상황에서 매우 전형적인 현상이다. 그녀의 꿈에서 내가 매우 화난 얼굴로 그녀를 거부하는 듯했다는 것은 그녀가 이제 떠나려 하기 때문에 내가 화를 내는 장면을 시사한다. 그녀의 분리 공격성이 내게 투사된 상황인 것이다.

아이가 어머니의 '나쁜 면'도 볼 수 있게 되었다면, 이제 어머니는 아이 곁을 떠나도 된다. 이 환자의 내면화된 동반자는 상담실 밖이 근본적으로 더 좋은 곳이라고 말했다. 밖에는 살아 있는 푸른 나무도 있다. 다만 이 나무는 아직 치료사의 집 근처에 있다. 즉 그녀는 단계적으로 내게서 멀어진다. 나무는 피난처이자 사과도 제공한다. 좀 더 상징적으로 해석하자면 화난 얼굴을 한 나는 이제 치료하는 어머니의 역할을 다한 셈이다. 저기 바깥의 삶에는 말하자면 자연이라는 어머니, 어머니의 원형이 있다. 이것은 아래에 있는 사람을 보호하고 사과를 주는 나무와도 같다. 어찌 보면 사과는 사랑의 신 에로스를 연상시키기도 한다. 또 낙원에는 사과나무와 뱀이 있었는데, 뱀은 일종의 벌레라 하겠다. 어찌 보면 치료를 통해 어머니의 원형이 떠올랐을지 모른다. 이것은 좋기도 하고 나쁘기도 한 어머니에 대한 경험을 넘어 모든 사람에게 잠재한 원형적 경험이 삶의 과정을 통해 깨어날 수 있음을 의미한다.[21] 그녀의 꿈에서 내면의 동반자인 할아버지는 가치관의 전환을 시도했다. 이것도 당연히 불안에 대처하는 방법이 될 수 있다. 이것은 안전을 선택할지 아니면 더 많은 활동 공간과 개방의 기회가 열리는 자유를 선택할지의 문제다.

이 환자는 단계적으로 나와 멀어졌지만, 항상 이렇게 전개되지는 않는다. 공황 장애 환자는 어느 정도 자율성을 획득하면 매우 신의 없게 행동하곤 한다. 이런 경우 오랫동안 치료하면서 보살폈던 사람으로부터 다음과 같은 말을 들을 수 있다. "선생님은 늘 자율성을 강조하셨죠. 이제 저는 선생님이 필요하지 않은 것 같아요. 다음 시간부터는 오지 않을 거예요." 이러면 치료 작업을 함께 돌아보면서 마무리할 시간도 갖지 못하게 된다. 이렇게 자율성은 경우에 따라 매우 갑작스럽게 들이닥친다. 그동안 쏟아부은 노력을 인정받지 못했다는 느낌이 들면 상당한 분노가 치밀어 오를 수 있다. "내가 이렇게 고생했는데, 고맙다는 말 한마디도 없나? 완전히 버림받은 셈이네?" 만약 정말로 이렇게 말하거나 느끼는 치료사가 있다면, 마찬가지로 아이를 위해 너무 많은 에너지를 쏟아부은 탓에 아이에게 필요한 분리 단계를 너무 억제하는 부모처럼 되지 않기를 바랄 뿐이다.

5

관계 불안

상실 불안과 그 배후의 가치

인간관계는 불안에 대처하는 데 도움이 된다. 불안을 함께하면 불안이 반감된다. 대개 둘이 있거나 집단을 이루고 있으면 혼자일 때보다 더 용감해지고, 무력감에서 벗어날 방법도 더 많이 생각난다. 그러나 인간관계는 많은 불안을 유발하기도 하는데, 그중 몇 가지를 자세히 살펴보기로 하자. 인간관계가 불안을 유발한다면, 인간관계와 그 안에서 경험되는 어떤 것은 절대로 잃으면 안 되는 중요한 가치라는 의미다. 다양한 형태의 상실 불안이 이런 관계 불안에 해당한다. 분리 불안, 자율에 대한 불안, 친밀함에 대한 불안, 인간관계에서 자기 자신을 주장하는 것에 대한 불안 등이 상실 불안의 예다. 그 밖에도 인간관계에서 자존감에 상처를 입는 것에 대한 불안과 애정의 상실에 대한 불안이 있다.

분리 불안은 버림받을지 모른다는 불안, 이미 버림받은 것에 대한 불안, 또는 자신이 상대방을 버릴지 모른다는 불안이다. 이렇듯 분리 불안에는 항상 능동적 요소와 수동적 요소가 있다. 분리 불안 상태에서는 혼자 있는 것이 두렵고, 가슴 아픈 상실을 겪을까 봐 두렵다.

이런 불안감을 통해 위태롭게 여겨지는 관계 속의 가치는 지속의 가치다. 즉 관계는 단절되지 말고 지속되어야 한다는 것이다. 관계는 우리가 이를 진심으로 받아들이고 의지할 수 있을 만큼 지속적인 안전과 신뢰의 토대가 되어야 한다. 인간관계가 지속적일 때 비로소 우리는 서로의 욕구를 충족할 뿐만 아니라 이런 관계를 바탕으로 제3의 무언가를 함께 설계하고 완성할 수 있다. 우리는 관계 속에서 함께 성장하길 원한다. 이런 과정이 중단되면 상실을 경험하며, 때로는 충격적인 상실 경험이 트라우마로 굳어질 수도 있다.[1]

친밀함에 대한 불안, 자율적 존재가 되는 것에 대한 불안, 애착 불안 등은 언뜻 보기에 분리 불안과 매우 다른 듯하지만, 실제로는 모두 같은 종류의 불안이다. 이것은 모두 자기 자신이 신의 없는 사람이 되는 것에 대한 불안이다. 다시 말해 다른 사람을 저버릴지 모른다는 불안이 아니라 자기 자신을 저버릴지 모른다는 불안이다. 이와 관련해 우리는 잡아먹힐지 모른다는 불안뿐만 아니라 내가 상대방을 잡아먹을지 모른다는 불안도 경험하며, 무시당할지 모른다는 불안과 함께 내가 다른 사람을 무시하고 지나칠지 모른다는 불안도 경험한다. 이때 잡아먹힐지 모른다는 불안은 특히 성관계에서 '녹아 없어질지' 모른다는 불안으로 나타나기도 한다. 누구에게 홀딱 빠져서 너무 가까워지고 성적으로 하나가 되면 결국에는 더 이상 예전의 나로 돌아갈 수 없을지 모른다는 불안감이 든다. 그러면 자기 자신을 완전히 잃어버리고 자신의 삶을 포기한 채 노예가 될까 봐 불안해진다. 이런 자기 상실의 문제는 대개 다른 사람에게 성적으로 몰입하거나 성적으로 종속된다는 측면에서 논의되는데, 이런 불안은 사랑에 빠져서 모든 관계가 끊기고 삶이 파괴될지 모른다는 격렬하고도 실존적인 불안이다. 이 경우 위험에 처해 있고 이런 불안감을 통해 가시화되는 관계 속의 가치는, 두 사람이 서로 사랑하면서 경계를 허물고 친밀한 관계를 맺더라도 자기 자신을 잃거나 포기해서는 안 된다는 것이다. 적절한 친밀함과 거리의 문제도 이런 불안과 관련해 논의될 수 있다.

이런 불안 외에 자존감에 상처를 입는 것에 대한 불안

도 인간관계에서 매우 중요하다. 이것은 무시당하거나 무시하는 나에 대한 불안이다. 우리는 사랑하는 사람의 참모습을 모른다는 불안감, 그 사람 자체를 사랑하는 것이 아니라는 불안감, 그 사람의 좋은 면을 충분히 인정하지 않는다는 불안감, 또는 거꾸로 상대방이 나 자체를 사랑하는 것이 아니라는 불안감, 나의 좋은 면이 충분히 인정받지 못한다는 불안감, 상대방을 위해 더 훌륭한 사람이 돼야 한다는 불안감 등을 경험한다. 이럴 때 우리는 자신의 '깊은 구렁'을 마주하면서 자신의 본질적인 일부인 온갖 모난 면까지도 정말로 사랑받을 수 있는지 자문한다. 자신에 대한 나쁜 평가가 사랑하는 사람을 통해 확인될지 모른다는 불안감이 들 때가 매우 많다. 그러면서도 사랑하는 사람은 나의 온갖 심연을 보더라도 나를 사랑해 줄 것이라는 희망의 끈을 놓지 않는다. 이런 불안의 배후에 있는 관계 속의 가치는 '그래도 너는 나를 볼 수 있을 것'이라는 희망, 나의 존재와 정체성이 우리의 관계를 통해 더 분명해질 것이라는 희망, 사랑의 관계를 통해 내가 너에게 더 투명하고 사랑스러운 존재가 될 수 있을 것이라는 희망이다. 서로를 '알아본다erkennen'는 성경 구절도 이와 관련이 있다.* 알아본다는 것은 성교를 했다는 의미일

---

* 「창세기」4장 1절의 "아담이 자기 아내 하와와 동침하니"에서 '동침하니'

뿐만 아니라 말 그대로 상대방의 고유한 특성을 알게 되어 그 사람이 진정으로 누구인지 느끼게 되는 것을 의미한다. 그러려면 좋은 면뿐만 아니라 어둡고 모난 면도 볼 수 있어야 한다. 물론 나의 빛나는 면과 어두운 면을 모두 보고도 나를 버리지 않길 바라는 것은 결국 바람일 수밖에 없다. 이를 완전히 실현하기는 불가능하기 때문이다. 그래도 서로를 알아본다는 것은 여전히 우리에게 소중한 가치다. 결국 자존감에 상처를 입는 것에 대한 불안은 서로를 알아보고 존중하는 것, 그래서 관계를 통해 우리의 정체성을 깨닫고 소중히 여기는 것과 관련된 불안이다.

애정의 상실에 대한 불안은 서로에게 무관심해지는 것에 대한 불안감, 한때 사랑했던 사람과 함께 살지만 다른 누구와 살아도 마찬가지일 것이라는 회의감, 정서적으로나 성적으로 더 이상 매력과 흥분을 느끼지 못하고 그런 느낌을 다시 가질 수도 없을 것이라는 절망감 등으로 나타난다. 매력과 흥분을 느끼는 것은 다른 모든 감정과 마찬가지로 왔다가 가는 감정이다. 그리고 이런 느낌이 다시 한번 찾아오길 바라고 또다시 사라지지 않길 바라는 마음도 마찬가지다. 이런 바람의 배후에 있는 관계 속의 가치는 서로에 대한 흥분과 관심이 지속되길 바라는 마

의 히브리어 'jadah'는 기본적으로 '알게 되다'를 뜻한다.

5. 관계 불안

음, 낭만적 사랑에 대한 갈망이 충족되길 바라는 마음, 성적이고 감정적인 매력과 흥분이 최대한 강렬하게 오래 지속되길 바라는 마음이다. 부부 치료 관점에서 접근하는 치료사들은 이런 낭만적 사랑에 대한 갈망 또는 사랑의 이상을 포기해야만 일상의 문제를 더 잘 해결하고 더 현실적인 삶이 가능하다고 주장한다. 물론 낭만적인 사랑의 이상으로 인해 인간관계에 과도한 부담이 생기는 것은 사실이다. 그러나 현실만 직시하고 모든 이상화를 포기하는 것도 진정한 해결책은 아니다. 사랑에는 늘 현실과 이상이 공존하기 마련이며, 현실만 고집하는 사랑은 그리 매력적이지 않기 때문이다.

분리 불안과 그 배후의 공격성

분리 불안은 버림받는 것에 대한 불안이다. 우리는 실제로 버림받아서 홀로 남거나, 동반자와 사별하거나, 관계의 특정 국면에서 버림받아서 관계를 유지하면서도 외로움을 느낄 수 있다. 또는 그동안 함께했다고 생각했던 사람이 더 이상 함께하지 않는다는 것을 깨달을 때도 있다. 동반자가 더 빨리 가거나 느리게 가는 경우, 다른 일이나 사람에게 관심을 쏟는 경우에 그럴 수 있다. 이럴 때도 우리는 버림받은 느낌이 든다.

분리 불안은 현실적인 문제다. 사랑뿐만 아니라 죽음도 현실이기 때문이다. 게다가 누구를 실제로 잃지 않더라도 분리의 문제는 인간관계에서 늘 생기기 마련이다.

분리-개별화 단계에서 불안을 유발하는 각인 상황과 관련해 언급한 것처럼 우리는 늘 서로 매우 가까워져서 애착이나 공생 관계를 형성하곤 한다. 그러다 너무 가까워지면 개별화를 원하는 내면의 소리가 들리기 시작하고, 그러면 서로 거리를 두는 분리가 일어난다. 이럴 때는 서로에 대한 관심이 식거나 훨씬 더 극적인 경우에는 다른 사람에게 관심을 두기 시작한다. 이처럼 분리 불안은 공생과 개별화 사이를 주기적으로 오가는 상황 속에서 전개된다. 다르게 표현하자면 우리는 '함께하는 나'를 위해 노력하면서 함께 관계를 발전시키는 동시에 '개별적인 나'도 돌보고자 한다.[2] 이런 심리적 중심 이동과 조율의 중요성은, 구체적인 상실 경험과 이와 관련된 애도 과정에 대해 사람들이 어떻게 반응하는지를 비교해 보면 분명하게 드러난다.[3] 애도 과정이 진행되다 보면 누가 이미 이런 중심 이동을 경험한 적이 있는지가 자연스럽게 드러난다. 함께하는 자기만을 보살펴 온 사람은 자신을 고인과 분리해 개별적 자기를 중심으로 자신을 재구성하는 데 매우 큰 어려움을 겪는다. 반면에 애도 과정의 주요 기능이라

5. 관계 불안

할 이런 재구성 작업을, 즉 관계 속의 자기와 개별적 자기 사이의 중심 이동을[4](그리고 이를 통해 종종 형성되는 '좀 더 까다로운 관계'를, 더 많은 불안을 유발할 수 있는 좀 더 격동적인 관계를) 살면서 이미 겪어 본 사람은 애도 과정을 비교적 쉽게 치른다.

보통은 분리에 대한 불안이 너무 크기 때문에 개별화를 원하는 소리, 즉 자기 자신이 되고자 하는, 독립적인 인간으로 성장하고자 하는 외침은 그대로 묻히기 쉽다. 물론 당사자는 이렇게 말하지 않는다. 겉으로는 오히려 모든 문제를 혼자서 해결할 수 없기 때문에, 무기력하게 홀로 방치된 느낌 때문에 상대방이 꼭 필요하다는 식으로 말한다. 이럴 때 상대방에 대한 집착은 꽤 공격적인 색채를 띤다. 동반자는 어린아이의 어머니처럼 없어서는 안 될 존재로 간주된다. 그러나 이런 '어린아이의 어머니'와도 같은 동반자에게 집착할수록 불안과 불확실성은 점점 더 커진다. 그러면 개별화를 원하는 분리 공격성이 동반자를 향하게 되는데, 이것은 보통 노골적으로가 아니라 빈정대는 말투를 쓰는 식으로 은밀하게 표출된다. 그리고 가끔은 이런 공격성이 자기 자신을 향하기도 한다.

사례

남편에게 구타당한 38세 여성이 상담사를 찾아왔다. 남편은 아이들도 때렸다. 그녀는 더 이상 버틸 수 없다고 말했고, 주치의도 그녀에게 상담을 받아 보라고 권했다. 상담사는 그녀에게 당분간 여성 쉼터에서 지낼 것을 제안했다. 그러자 그녀는 갑자기 극심한 공포에 사로잡힌 듯한 반응을 보이면서 그때까지 한 말을 모두 취소했다. 이제 그녀는 자신의 모든 이야기가 사실이 아니라면서 남편은 아주 좋은 사람이고 눈에 멍이 든 것은 넘어졌기 때문이며, 자신은 알코올 중독자이므로 자신의 말을 믿을 필요가 없다고 했다. 이렇게 그녀는 공황 상태에서 남편을 이상화하고 자기 자신을 깎아내렸다. 그러나 그녀는 알코올 중독자가 아니었다. 왜 그녀는 자신을 깎아내렸을까? 잠시 떨어져 있으라는 제안이 그녀에게 극심한 공포를 유발했다. 심지어 그녀는 "헤어지는 건 절대로 안 돼요. 헤어지느니 차라리 죽을 거예요."라고 했다. 그녀는 여성 쉼터로 가기를 거부했고 더 이상의 상담도 원치 않았으며, 그저 남편이 더 이상 때리지 않도록 누가 도와주기만을 바랐다. 그러나 그녀는 자세히 말하려 하지 않았다. 또한 자신이 도움을 요청한 사실을 남편이 알게 되는 것도 원치 않았다. 아주 이상하게 꼬여 버린 이 상황은 감당할 수 없을 만큼 커져 버린 분리 불안의 표현이었다. 그 후의 대화에서 이 여성은 감히 남편과 다른 의견을 표시한 적이 한 번도 없었다고 밝혀졌다. 그녀는 남편의 의견에 결코 반대하지 않았다. 적어도 구두로는 그랬다. 그러나 행동은 달랐는데, 예를 들어 그녀는 잠자리를 거부했고 남편이 좋아하는 음식을 만들어 주지도 않았다. 구두로 거절하지 않기는 남편도 마찬가지였다. 그는 다른 방법이 보이지 않으면 아내를 때렸고 아이들까지 때렸다. 이것이 그의 거절 방식이었다.

이 극단적인 사례는 두 사람이 분리 공격성을 건설적으로 소화하지 못할 때 무슨 일이 벌어지는지를 분명히 보여 준다. 이 두 사람은 서로가 필요했다. 둘 다 버려진 아이처럼 포근한 집을 원했고, 상대방이 자신을 버리지 않을 것이라는 안정감이 필요했다. 그러나 분리 공격성을 너무 외면하면 매우 위험한 상황이 찾아올 수 있다.

친밀함에 대한 불안 — 심리적 메커니즘과 탈출구

분리 불안의 반대는 친밀함에 대한 불안이다.[5] 이에 관해 또 다른 사례를 살펴보자.

사례

24세의 한 남성은 자신이 여자 친구를 사귀는 데 아주 서툴지만 그래도 여자 친구를 사귀고 싶은 마음이 매우 크다고 말했다. 그는 '정상'으로 보이고 싶은 욕구가 성욕보다 훨씬 크다고 했다. 또한 자신을 이해하고 자신과 함께하며 자신의 편을 들어 줄 사람이 있으면 좋겠다고 했다. 그는 다른 사람과 함께하는 삶을 원했고, 이런 갈망을 스스로도 잘 알고 있었다. 그러나 그에게는 이런 일이 너무 어려웠다. 처음에는 여자에게 어떻게 말을 걸어야 하는지도 몰랐는데, 교제 훈련 코스를 통해 방법을 어느 정도 배웠다고 했다. 젊은 여성들의 반응도 그렇게 나쁘지 않았다. 여성들은 그를 스스로 생각하는 것처럼 '역겨운' 사람으로 보지 않았다. (그에게는 마법에 걸려 개구리로 변한 개구리 왕자의 환상 같은 것이 있었던 듯하다.) 그런데 두세 번은 데이트가 이어졌지만, 더 이상은 어려웠다. 그는 미리 세워 둔 데이트 프로그램에 따라 일단 좀 더 부드럽고 친밀하게 여성에게 다가가려고 노력했다. 그러나 어느 정도 가까워지면 갑자기 상대 여성에 대한 관심이 사라졌다. 그는 속으로 상대 여성을 비판하기 시작했다. 누구는 치마가 너무 길었고, 누구는 너무 짧았다. 누구는 머리가 너무 길었고, 누구는 염색한 머리색이, 누구는 염색을 하지 않은 것이 마음에 들지 않았다. 그는 말로 표현하기 어려운 불쾌한 기분이 들었는데, 이것이 괜한 트집 잡기로 나타난 셈이었다. 이렇게 비판하다 메스꺼운 느낌까지 들었고, 당장 토할 것만 같았다. 그는 이런 여성들에게 신체적 매력을 전혀 느끼지 못했으며, 그래서 자연스럽게 물러나곤 했다. 그러나 대개는 그가 먼저 물러날 필요도 없었다. 상대 여성들은 그가 속으로 자신을 흉보고 있으며 자신에게 관심이 없을 뿐만 아니라 어쩌면 적대감까지 품고 있다는 것을 직감할 수 있었기 때문이다. 그래서 여성들이 먼저 떨어져 나가거나 거리를 두곤 했다. 이렇게 관계가 진행되다 보면 어느 시점에는 매우 큰 불안이 그를 엄습하곤 했던 것으로 보이는데, 그는 이것을 불안으로 인식하지 못했다. 그는 그저 상대에 대한 관심이 식었고 자신이 공격적으로 변하면서 메스꺼움으로까지 이어진 신체적 불쾌감과 거부감을 느꼈다고만 말했다. 여자들이 떨어져 나가면 그는 또다시 자신이 원하는 이상적인 여성상에 대한 공상에 빠지곤 했다. 공상 속의 여성은 그가 실제로 만났던 여성들과 아주 달랐다. 그가 한때 사귀었던 여성들은 성모 마리아처럼 고리타분하거나 때로는 집시처럼 지저분해 보였다. 이럴 때마다 그는 새로운 여성을 찾아 나섰지만, 여성과의 관계는 늘 비슷하게 흘러갔다. 그는 이로 인해 무척 괴로웠지만, 도대체 자신에게 무슨 일이 일어나고 있는지 스스로도 이해할 수 없었다. 분명한 것은 가까워지려 할 때마다, 가까이 지내는 것에 관해 이야기가 나올 때마다 막연한 불안감이 그를 덮쳤다는 점이다. 그는 자신의 정체성이 위태롭다는 느낌을 받았을 것이다. 그리고 실제로 그는 투사 작용을 통해 상대방에게서 자신을 집어삼킬 듯한 모습을 발견했다. 상대 여성과 가까워지면 도대체 무엇이 위험해지냐고 묻자 그는 자유 시간이, 자유가 없어질 것이라고 했다. 그 여자가 자신의 피를 빨아먹고 돈과 정력을 빼앗아 갈지 모른다고 했다. 물론 그가 이렇게 구구절절 이야기한 것은 아니지만, 나와 오랜 기간 나눈 대화의 요지는 바로 이랬다. 잡아먹힐지 모른다는 불안이 상대방을 만족시키지 못할지 모른다는 불안과 결합되어 그는 자신의 모든 정체성과 활력이 사라지고 자율성까지 잃는 상황을 걱정하게 되었다. 상대방과 가까워지면서 정력이 솟구쳐야 할 바로 그 시점에 그는 정력 상실의 환상에 사로잡혔다. 이런 정력 상실의 환상에 빠진 이유는 친밀함을 경험함으로써 무의식 속에서 자신을 집어삼키는 괴물의 이미지가 활성화되었기 때문일 것이다. 중요한 것은 이런 이미지를 실제 인물에 투사하는 대신에 자신의 불안과 연관 지어 이해하는 것이다.[6] 이 청년은 실제로 그의 돈과 피와 정력을 노리는 여자들을 만났던 것이 아니라, 넓은 의미에서 자신의 정력을 잃을지 모른다는 깊은 불안감이 재활성화되어 상대 여성에게 투사된 것으로 보아야 한다. 이 남성이 자신을 집어삼킬 듯한 어머니의 모습을 또다시 상대 여성에게 투사했다는 설명도 너무 구체적인 인물과 결부된 것이다. 무언가에 잡아먹히는 심상은 어린 시절의 부모나 현재 만나는 여성의 실제 모습이 반영되지 않은 불안의 심상일 뿐이다. 이것은 대개 아이들의 불안과 공격성이 낳는 망령이다. 실제 어머니들은 결코 그렇지 않았으며, 그런 모습이 그들에게 투사될 뿐이다. 왜냐하면 아이들은 개별화가 가로막힐까 봐 불안을 가지고 있기 때문이다. 이는 실제 어머니와의 개인적인 경험도 약간은 관련될 수 있지만 대부분은 어머니의 원형적 이미지와 관련된다. 오히려 모든 사람에게 잠재하는 독립을 향한 충동 및 독립에 대한 불안과 관련된다.

우리를 집어삼킬 듯한 형상은 최근의 '신화'를 포함한 신화나 동화에서도 다양한 모습으로 나타난다. 즉 우리의 환상을 구성하는 이런 요소는 오래전부터 있었고 오늘날에도 여전히 존재한다. 예를 들어 SF 소설에서는 우리를 집어삼킬 듯한 우주선, 우리를 빨아들여 과거로 돌아가게 만드는 블랙홀 같은 것이 등장한다. 이런 모티브는 개인이 삶의 특정 국면에 경험하는 것을 훨씬 뛰어넘는다. 따라서 내가 보기에 이것은 단순히 개인에게 투사되는 특성 같은 것이 아니라, 독립을 추구하는 과정에서 정체성이 위협받을 때마다 상당히 규칙적으로 나타나는 심상이라 하겠다.

이런 심상을 그림으로 그리거나 말로 묘사해 보라고 하

면 신기하게도 사람 전체가 아니라 입과 이빨 등만 그리거나 묘사하는 경우가 많다. 이처럼 이런 심상은 사람 전체 또는 사람 전체에 대한 경험이 아니라 사람의 특정 부분과 관련된 것이다. 그러므로 우리를 집어삼킬 듯한 형상은 어머니 전체와 동일시될 수 없으며, 군이 동일시하자면 오히려 어린 시절의 양육자가 수행했던 특정 기능과 동일시될 수 있다. 즉 이것은 양육자를 통해 더 이상 구강기의 욕구를 충족할 수 없게 된 상황, 양육자가 먹을 것을 주는 대신에 상처를 주었던 경험 등을 가리키는 심상이라 하겠다.

친밀함에 대한 불안을 경험하게 되는 이유는 발달 과정에서 충분히 자기 자신이 되지 못해서, 개별화가 너무 미미하게 이루어져서 상대방과 가까워질수록 그동안 이룩한 약간의 독립, 미미한 자기 자신마저 다시 잃을지 모를 위험이 가시화되기 때문일 것이다. 이렇게 무언가에 잡아먹힐지 모른다는 끔찍한 심상이 이제 상대 여성에게 투사되는 것이다. 실제로 애인이 없는 사람도 어째서 자신이 친밀한 관계를 원치 않는지를 설명하기란 어렵지 않다. 즉 이런 사람은 누가 다가오면 자신이 파괴되거나 잡아먹힐 위험이 있다고 말할 것이다. 이런 사람은 종종 무의식적으로 사람들이 얼마나 끔찍한 일을 범할 수 있는지 상상하곤 한다.

이런 이미지에는 늘 대응하는 이미지가 있게 마련이다. 한쪽에는 우리를 집어삼키는, 우리를 뭉개고 말살하는 파괴적인 형상이 있고, 다른 한쪽에는 피해자가 있다. 이런 이미지의 표상은 대개 명확한 편이지만, 이에 관해 이야기하기 시작하면 모든 구체성과 확실성이 사라져 버린다. 나는 친밀함에 대한 불안을 가진 이 청년에게 관계가 '멈출' 때 여자 친구의 이미지를 떠올려 보라고 하면서 그럴 때 자신의 모습도 보이냐고 물었다. 그러자 그는 그런 순간에는 거의 항상 환영 같은 것을 본다고 말했다. 그럴 때는 여자 친구의 얼굴이 평소보다 훨씬 더 하얘지고 머리카락은 보통 더 검어진다고 했다. 또 여자 친구의 매우 뾰족한 송곳니가 눈에 띄고 눈은 움푹 들어간 것처럼 보인다고 했다. 이런 환영 말고 여자 친구의 실제 얼굴도 보이냐고 묻자, 그는 약간 노력하면 보인다고 답했다. 그러면서 자신이 아주 작아지고 마법에 사로잡힌 듯하며, 문지방 위에 서서 들어갈지 나갈지 결정을 못 할 때처럼 마비된 느낌이 든다고 했다. 그는 바로 이렇게 망설이는 순간이 특히 위험하다고 느꼈다. 그러면 이어서 역겨움과 토할 것 같은 느낌이 들었고, 어쩔 수 없이 밖으로 뛰쳐나가야 했다. 이런 이미지들은 친밀함에 대한 불안을 느끼는 그에게 무슨 일이 일어났는지를 잘 보여 준다. 여자 친구가 갑자기 왜곡된 형태로, 그것도 얼굴만 왜곡된 형태로 지각되었다. 즉 그 모습은 창백한 안색에 뾰족한 송곳니와 움푹 들어간 눈을 가진 흡혈귀의 얼굴이었으며, 매우 분명하게 죽음을 연상시켰다. 이 청년의 이야기는 아이의 분리 상황을 떠올리게 한다. 특히 문지방의 이미지는 어린 시절의 분리 과정에 대한 이야기에서 매우 자주 등장하며, 어린아이가 직면하는 많은 문제는 문지방 위에서 벌어진다. 문지방은 안에서 밖으로 나가는 과도기를 가리키는 매우 상징적인 공간이다. 나는 이 청년에게 말했다. "여자 친구가 마치 오랫동안 피를 빨아 먹지 못해서 안달 난 흡혈귀라도 되는 것처럼 반응하셨네요. 그런데 여자 친구의 진짜 얼굴도 봐야 하지 않겠어요?" 청년의 개인사를 들먹이면서 어린 시절에 어머니가 어땠다거나 분리-개별화 단계에서 이런저런 것들이 제대로 진행되지 않았다는 식으로 해석하는 것은 별 의미가 없어 보였다. 중요한 것은 불안한 사람의 마음속 이미지가 구체적인 지각을 방해하고, 이런 환영과 어린 시절의 불안 환상으로 인해 지각이 왜곡된다는 점을 깨닫게 하는 것이다. 당사자가 상대방의 진짜 얼굴을 볼 수 있다면 이런 불안 환상에서 벗어나는 것도 가능하기 때문이다. 이런 어린 시절의 환영은 매우 흔한 현상이다. 때로는 이런 환영이 말로 표현되기도 한다. 이럴 때는 갑자기 상대 여성이 마녀 같다거나 식인종이나 신화 속의 용처럼 보인다고 말한다. 동화

속의 동물 왕자나 동물 공주는 이런 형상을 매우 잘 보여
준다. 그러나 사람들은 자신을 집어삼킬 듯한 괴물의 이
런 공포스러운 이미지를 남자든 여자든 주로 자신의 연인
에게 투사한다. 그래서 이런 이미지는 종종 연인 간 다툼
의 원인이 되기도 한다. 어쨌든 이것은 결국 우리의 자율
성 욕구가 억눌려서 생긴 것일 뿐이다. 자신의 개별화가
가로막혔을 때나 감히 이것을 주장하지 못할 때 이런 이
미지에 사로잡히기 쉽다.

분리 불안은 애착 불안이기도 하고, 애착 불안은 분리
불안이기도 하다. 개별화에 필요한 분리 조치를 감행하
지 못하면 친밀함에 대한 불안이 너무 커져서 어린 시절
의 불안 환상을 상대방에게 투사하게 된다. 동화 속의 주
인공은 이런 괴물의 형상을 두려워하면서도 이 괴물이 밤
에는, 어떨 때는 낮에도 매우 멋진 왕자나 공주라는 것을
안다. 동화 속의 주인공은 이런 괴물 왕자나 돼지가죽을
뒤집어쓴 공주와 함께 산다. 그러나 함께 사는 두 사람 모
두 이것이 온전한 진실이 아니며 뭔가 다른 것이 뒤에 숨
어 있다는 것을 안다.[7] 때로는 밤에 멋진 왕자와 마주치기
도 하고 때로는 돼지가죽 뒤에 아름다운 공주가 숨어 있
다는 것을 직감한다. 이런 양면적 이미지는 친밀함에 대
한 불안을 치료할 때도 도움이 될 수 있는데, 치료 상황에

서는 환자가 이렇게 왜곡된 지각만 하는지 아니면 연인의 진짜 얼굴도 볼 수 있는지 확인할 필요가 있다. 실제로 흡혈귀의 환영이 아주 또렷이 보인다고 말하는 경우는 드물다. 대개는 훨씬 덜 극적인 형태로 친밀함에 대한 불안이 나타난다. 이럴 때 예를 들어 잔뜩 들뜬 기분으로 데이트를 나간 남성은 갑자기 다음과 같은 경험을 하게 된다. "저녁이 되자 갑자기 그녀가 전혀 매력적이지 않고 아주 못생겨 보였어요. 전에는 그래도 뭔가 빛이 났는데, 이제는 갑자기 우중충해졌어요." 물론 반대의 경우도 마찬가지다. 예를 들어 여자들은 갑자기 상대 남성의 체취가 역겹게 느껴지거나 상대의 허풍 떠는 모습이 지긋지긋해진다. 물론 실제로 그럴 수도 있으며 이것이 항상 친밀함에 대한 불안의 표시인 것은 아니다. 그러나 이런 변화가 갑자기 생겼다면, 전에는 매우 좋았던 점이 갑자기 싫게 느껴지고 매력적이었던 점이 갑자기 혐오스럽게 느껴진다면 친밀함에 대한 불안이 작용했을 수 있다.

이런 끔찍한 이미지와 불안 환상, 어린 시절의 환영을 '나의 것', 우리 자신의 일부로 볼 수 있어야 한다. 이런 주체적 관점은 우리가 다른 사람에게 투사하는 모든 이미지는 우리 자신의 마음속에 있는 이미지이기도 하다는 융의 이론에 기초한다.[8] 이미지는 언제나 우리 자신의 감정, 행동 방식, 형상화 능력과도 관련이 있다. 연인을 대할 때 자꾸 환영이 떠오른다면, 어째서 자신이 불안을 느끼는지를 깨닫고 나아가 자신이 독립성을 다시 잃을까 봐 불안해한다는 점을 깨닫는 계기가 될 수 있다. 그러나 친밀함에 대한 불안, 즉 잡아먹힐지 모른다는 불안에 떠는 사람 자신도 많은 경우에 남을 잡아먹으려 한다는 점을 깨닫기 위해서는 주체적 관점이 필요하다. 앞에서 나는 여자 친구를 사귀고 싶어 하는 청년의 마음을 너무 평이하게 서술했을지 모른다. 실제로 여자 친구를 원하는 그의 욕망은 거의 탐욕에 가까웠다. 이제는 정말 여자 친구가 있어야 한다는 생각이 그를 사로잡고 있었다. 친구들은 스물네 살쯤 되면 연인이 있거나 이미 결혼해서 애를 낳기도 했는데, 자신만 아직 변변한 여자 친구도 없다는 생각이 강했다. 그래서 반드시 여자 친구를 사귀겠다는 마음이 세상 무엇보다 중요했다.

환영으로 나타나는 것은 당사자 자신의 어떤 측면이기도 하다. 그리고 이런 측면은 마음속에서도 왜곡되어 나타난다. 이런 환영은 단순히 이것을 경험하는 사람의 성격을 그대로 반영하는 것이 아니다. 앞에서 살펴본 청년의 예를 들자면 그가 흡혈귀의 환영을 본 까닭은 그가 정말로 흡혈귀 같은 인간이기 때문이 아니라 어떤 면에서는 흡혈귀처럼 탐욕스러웠기 때문이라 하겠다. 자신의 이런 측면에 적절히 대처하기 위해서는 이런 왜곡된 지각을 주체적 관점에서도 바로잡아야 한다. 이렇게 보면 청년이 보았다는 창백한 안색에 눈이 움푹 들어가고 뾰족한 송곳니를 가진 흡혈귀는 청년 자신의 이미지이기도 할 것이다. 그 청년도 흡혈귀처럼 다른 사람에게 접근해 그 사람의 '피를 빨아 먹을' 수 있을 것이다. 따라서 그가 두려워하는 것은 그 자신의 모습일 수도 있다. 이렇게 보면 친밀함에 대한 불안에는 또 다른 깊은 의미가 있다. 왜냐하면 친밀함에 대한 불안 덕분에 그는 자신이 흡혈귀처럼 탐욕스럽게 피를 빨아 먹는 지경에 이르지 않을 수 있었기 때문이다.

따라서 친밀함에 대한 불안은 자신의 자아 콤플렉스, 자신의 정체성이 다른 사람에게 흡수되어 사라질지 모른다는 불안일 뿐만 아니라, 자신이 다른 사람을 '잡아먹고 집어삼키는' 것, 다른 사람을 지배하고 침범하는 것에 대한 불안이기도 하다.

가학증도 이런 환영과 자신의 동일시라는 측면에서 고찰할 수 있다. 가학증은 다른 사람과 가까우면서도 정말로 합쳐지지는 않을 수 있는 한 가지 방법이다. 어찌 보면 가학증이야말로 매우 친밀하면서도 서로의 경계를 유지할 수 있는 방법이다.[9] 우리 내면의 위험한 측면 또는 부분적인 형상과 자신을 동일시할 때, 개별화의 동력이 되는 분리 공격성은 지배 공격성으로 변모한다. 우리의 경계를 강화하기 위해 필요한 것이 이제 침범으로 변질된다. 인간관계에서 지배와 피지배의 권력관계가 매우 큰 역할을 하는 이유도 바로 이 때문일 것이다. 이렇게 볼 때 지배와 피지배의 관계에 있는 양쪽 모두는 가까워지는 것을 매우 두려워한다. 이렇게 친밀함에 대한 불안이 존재하는 까닭은 아마도 서로 분리되어도 되는지, 아니면 결국 분리될 수밖에 없는지 불분명하기 때문일 것이다.

이런 친밀함에 대한 불안에서 벗어날 방법은 무엇인가? 핵심은 왜곡된 지각을 바로잡는 것이다. 즉 우리가 다른 사람에게 투사하는 잡아먹을 듯한 이미지, 불길한 예감, 편견 등을 바로 볼 수 있어야 할 뿐만 아니라 서로의 신뢰에 기초한 측면도 볼 수 있어야 한다. 이것은 자신에 대한 시각을 바로잡는 일이기도 하다. 즉 자기 자신과 다른 사람에게 존재하는 지배의 측면뿐만 아니라 사랑하는 관계의 측면도 볼 수 있어야 한다. 탐욕스럽기만 한 사람은 없으며 누구에게나 다른 면도 있다는 것을 깨달아야 한다. 자신이 형편없이 무너져 지나치게 집착하고 남을 침범하는 것처럼 느껴질 때도 적어도 이전에는 그렇지 않았다는 것을 떠올릴 수 있어야 한다. 또는 상대방을 침범하는 것이 아니라 사랑했던 시절을 기억할 수 있어야 한다. 이런 바로잡기는 자존감을 잃지 않도록 도와주는 역할을 할 것이다. 이때 놓치지 말아야 할 또 다른 핵심이 있다. 이렇게 다른 사람을 지배하고 침범하려는 욕구, 다른 사람을 가학적으로까지 조종하려는 욕구는 자신을 희생하고 자신을 잃을지 모른다는 불안, 어쩌면 이런 상실을 통해 자신이 사라지고 아주 다른 사람이 될지 모른다는 적나라한 불안일 뿐이라는 것이다.

다양한 형태의 왜곡된 지각을 바로잡는 일 외에도 이런 과정을 제대로 이해할 필요가 있다. 또한 발달의 관점에서 중요한 것은 연령대에 맞게 개별화의 요건을 충족하고 자율을 받아들여 부모 콤플렉스에서 연령대에 맞게 벗어나는 것이다.[10] 인지적 관점에서 중요한 것은 가깝거나 먼 관계가 영원히 고정된 것이 아니라 상호 작용 속에서 늘 수정되는 관계라는 점을 깨닫는 것이다. 따라서 가까운 관계가 바로 이 시점에 우리에게 적합한지 끊임없이 물을 필요가 있다. 이런 물음에는 보통 지성으로가 아니라 느낌과 직관으로 답할 수 있다. 때로는 우리 몸이 답하는 데 도움을 주기도 한다. 예를 들어 다른 사람의 곁에 있는 것이 싫을 때, 나의 공간이 비좁게 느껴질 때, 숨이 막힐 때가 그런 경우다. 이럴 때 우리는 거리를 두기 위해 산책하러 나가는 식으로 아주 구체적인 대책을 강구한다. 만약 부정적으로 왜곡된 동반자의 이미지가 떠오른다면, 둘의 관계가 너무 가깝거나 자신의 개성을 너무 많이 포기했을 가능성이 크다.

친밀감과 거리감은 함께 대화를 통해 끊임없이 재조정할 필요가 있다. 한쪽이 거리를 두면 다른 쪽이 분리 불안을 느낄 수 있기 때문이다. 친밀감과 거리감의 재조정이 필요하다는 점에 관해 함께 대화하면 훨씬 더 잘 대응할 수 있다. 둘이 해결하기 어려울 때는 분리나 이별 단계의 심리적 처리를 돕는 심리 치료가 필요할 수도 있다.

친밀함에 대한 불안과 거리 두기에 대한 불안은 매우 유사하다. 누가 너무 멀어져서 아주 사라져 버릴지 모른다는 불안은 왜곡된 이미지, 즉 부정적인 생각과 감정에 대한 두려움과도 결부되어 있다. 이런 현상은 일상생활에서 흔히 찾아볼 수 있다. 누가 만남을 피하고 늘 다른 일을 핑계로 초대를 거절해서 더 이상 보이지 않게 되면 갑자기 그 사람의 나쁜 면들이 보이기 시작한다. 친구들이 모이면 갑자기 그가 변했다는 이야기가 돌기 시작한다. 이럴 때면 그의 뱃살이 불룩해졌다는 둥 볼살이 축 처졌다는 둥 주로 부정적인 면들이 언급된다. 그러다 이런 비방은 신체적인 면에서 심리적인 면과 사회적인 면으로 쉽게 옮아간다. 없는 사람은 우리의 공격성 투사를 부추긴다. 배우자가 자신의 일에 몰두하느라 평소보다 보이지 않을 때도 마찬가지다. 아이의 각인 상황을 생각해 보면 자신에게 중요한 사람이 보이지 않을 때 나쁜 생각이 드는 것은 자연스러운 일이다. 양육자가 곁에 없으면 아이는 위험한 세계와 나쁜 환상에 그대로 노출되므로 이런 양육자는 나쁜 사람이다. 이렇게 '사라졌던' 사람이 다시 나타나면 우리는 그 사람이 뜻밖에 좋은 사람이었다는 것을 깨달으면서 깜짝 놀라곤 한다. 이런 현상은 없는 사람으로 인해 우리의 공격적 심상이 되살아났음을 보여 줄 뿐만 아니라, 그 사람이 우리를 피하려 했기 때문에 아니면 적어도 우리가 그렇게 생각했기 때문에 우리의 자존감에 상처가 난 사실과도 관련이 있다. 그러나 관계의 양면성은 아주 정상적인 현상이다. 우리 모두가 아는 것처럼 사랑이 막 싹틀 때는 커다란 이상화의 단계가 시작된다. 정말로 멋진 사람을 만났다는 확신이 들고, 그런 나 자신도 정말로 멋져 보인다. 이것은 투사가 아닐 수도 있다. 사랑이 싹트면 사랑을 통해서만 깨어날 수 있는 상대방의 여러 면이 깨어난다. 이렇게 깨어난 면들을 통해 둘은 최선의 모습으로 서로를 마주하게 된다.[11] 그러나 아쉽게도 이런 상태가 계속되지는 않는다. 쾌청하기만 했던 날들에 구름이 끼기 시작하는데, 때로는 다른 사람의 시각이 발단이 되기도 한다. 나의 이상적인 상대를 가족 등에게 너무 일찍 보여 주면 "그 사람의 이런 면도 알고 있어?", "그것도 몰랐어?" 같은 반응에 직면하기 쉽다. 나의 이상적인 상대를 부모나 자식의 기대에 찬 눈으로 한 번만 바라보아도 갑자기 그 사람의 온갖 그림자가 보이기 시작한다. 이제 그 사람의 완벽하지 않은 온갖 면이 눈에 들어온다. 그리고 이럴 때 도피하지 않으면(이럴 때 많은 사람은 자신이 사람을 잘못 봤다면서 도피한다) 최초의 매력이 다시 나타나는 경험을 할 때가 많다. 그리고 시간이 흐르면 둘 다 맞다는 것을 깨닫게 된다. 즉 정말로 멋진 사람을 만난 것이 맞으며, 다만 그 사람에게도 상당한 그림자가 있을 뿐이다. 그 사람에게는 이상적인 면도 있고 좀 더 어두운 면도 있다. 인간관계에서는 상대방의 찬란한 면이 두드러질 때도 있고 어두운 면이 두드러질 때도 있다. 이런 양면성은 대개 매우 불쾌하게 느껴지는데, 이 점이 상실의 위험을 상기시키기 때문이다. 상대방이 멋지게만 보인다면 이별을 생각하는 사람은 한 명도 없을 것이다. 그러나 우리에게는 어두운 면도 있기 때문에 늘 이별의 환영이 주위를 배회한다. 이런 관계의 양면성은 우리가 살고 있는 현실의 일부이며 깊은 의미가 있다. 즉 한편으로 우리는 인간관계를 통해 잡아먹히지 않고, 인간관계 속에서도 자기 자신을 보존한다. 그러나 다른 한편으로 우리는 인간관계 속에서 사라질 수도 있으며, 우리의 경계를 허물고 헌신할 수도 있다. 관계의 양면성은 무엇보다도 헌신과 개별화의 양면성인 것이다. 이런 양면성을 억누르면, 따라서 또한 우리의 분리 공격성을 억누르면 관계는 우리에게 훨씬 더 위험하게 작용할 것이다. 또한 관계 자체가 훨씬 더 위태로워질 것이다. 그래서 각자의 독립성이 사라진 공생 관계에 빠지거나, 이런 친밀감과 거리감의 끊임없는 수정이 없으면 어느 날 갑자기 이별의 위험에 직면할 것이다. 이런 친밀감과 거리감의 양면성은 인간관계에서 경험하는 모든 상실 불안의 토대를 이룬다.

자기 상실에 대한 불안

자존감의 상실을 두려워하는 것은 전형적인 상실 불안이다.

사례

부부 치료를 받는 여성이 남편에게 말한다. "당신은 나를 몰라. 나를 똑바로 보지도 않고 내 말을 듣지도 않지. 내가 아무것도 아닌 것 같은 기분이 들어서 이대로 계속 살 수는 없어."

그녀는 남편이 자신을 알지도 못하고 듣지도 보지도 않는다고 느낀다. 그녀는 자신이 인정받지 못하고 있고, 아무것도 아니라고 느낀다. 그녀는 자존감에 상처를 입었고 이렇게 소멸될지 모른다는 적나라한 불안을 느낀다. 남편이 그녀를 제대로 알아보지 못하면 그녀도 자신을 무가치한 존재로 보게 되는 셈이다.

또 다른 사례를 살펴보자. 남편이 아내에게 말한다. "나는 당신을 사랑하지. 우리 애들의 엄마잖아……." 중간에 몇 마디를 더 한 뒤에 이어서 "물론 예전처럼 그렇게 뜨겁지는 않지만, 어쨌든 당신과 같이 있으면 편안해."

남편의 이야기를 들으면서 얼굴이 점점 더 창백해진 아내는 말한다. "계속 그런 식으로 말하면 내가 죽든 당신을 죽이든 끝장을 낼 거야."

그녀는 매우 공격적으로 변했으며 자신이 사랑받지 못한다고 느꼈다. 그는 애당초 그녀에게 사랑이 듬뿍 담긴 말을 하려 했지만, 그녀가 들은 것은 애들의 엄마이기 때문에 사랑한다는 말과 그녀가 그를 편안하게 해 준다는, 즉 그를 잘 부양하고 있다는 말이 전부였다. 그녀는 인간으로서가 아니라 편안함을 제공하는 살림꾼으로서 사랑받는다는 느낌을 받았다. 이로 인해 자존감이 위기에 처했고 공격성이 폭발했다. 그녀는 자존감이 완전히 무너지기 전에 스스로 목숨을 끊거나[12] 그를 죽여야만 할 것 같았다.

또 다른 사례를 살펴보자. 남편이 아내를 바라보며 말한다. "내가 훨씬 더 노력해야 한다는 걸 나도 잘 알아.

당신은 훨씬 더 훌륭한 남편을 만날 자격이 있지."

그러더니 매우 풀 죽은 얼굴로 말을 잇는다. "내가 당신에게 부족하다는 걸 나도 잘 알아. 하지만 당신이 나를 버리면 나는 완전히 쓰레기가 되고 말 거야."

이 사례는 자신이 전혀 훌륭한 사람이 아니라는 부정적 느낌에 더해, 자신의 노력이 부족해서 아내가 떠나가면 완전히 무너져 버릴 것이라는 우울한 전망까지 갖게 된 경우를 보여 준다.

이 사례들은 서로 다르면서도 모두 자존감과 관련되어 있다. 그리고 모두 인간관계에서 자신의 가치를 인정받는 것이 얼마나 중요한지를 잘 보여 준다. 이때 사랑의 1차 역할은 서로의 삶을 더욱 강렬하게 만드는 데 있다기보다 서로를 사랑받을 가치가 있는 사람으로 인정함으로써 서로의 자존감을 보증하는 데 있다. 이것은 나의 참모습을 볼 줄 아는, 나와 공감하고 연대하는 '당신'을 통한 나의 존재 확인이다. 그래서 나를 온전히 바라보고 내 말을 온전히 들으면서 나를 온전히 이해할 수 있는 사람을 만나고 싶은 갈망이 있다. 이런 갈망은 결국 자신을 온전한 사람으로 받아들이고 싶은 갈망이며, 이것이 혼자서는 불가능하므로 적어도 나를 사랑하는 '당신'의 온전한 응답을 갈망하는 것이다.

그러려면 '당신'이 공감할 수 있어야 한다. 그리고 '당신'이 듣고 볼 수 있어야 하며, 특히 내가 은밀하게 전달하고 보여 주고자 하는 것을 듣고 볼 수 있어야 한다. 또한 무엇보다 나의 좋은 면과 나쁜 면을 볼 수 있어야 한다. 그러나 상대가 나를 온전히 보지 못한다고 느끼면 버림받은 느낌이 들며, 이렇게 버림받은 느낌은 무가치함, 쓸모없는 존재, 아무것도 아닌 존재라는 느낌과 결부된다. 사랑하는 '당신'의 눈에 내가 비치길 바라는 마음은 당연히 사랑의 경험에서 비롯한다. 사랑에 빠진 사람은 사랑하는 사람에게 관심을 가지고 주의를 기울이기 때문이다. 누가 내게 관심을 갖기 시작하면, 이를 통해 내게 의미가 부여된다. 즉 이 사랑의 관심을 통해 나는 다른 모든 사람과 구별되는, 의미 있는 사람이 된다. 그 때문에 어째서 바로 이 사람이 내게 우연찮게 관심을 갖게 되었을지 늘 궁금하기도 하다. 이런 관심을 통해 나는 특별한 사람이 된다. 여기에 이상화 경향까지 추가되면, 즉 누가 내게 관심을 가질 뿐만 아니라 나의 가장 찬란한 면을 가장 찬란한 거울로 비추기 시작하면, 나의 자존감은 한껏 고무되고 나의 존재를 확인받는 느낌이 든다. 이렇게 나는 '당신'을 통해 의미 있고 중요한 존재로 보증된다. 이런 일은 모든 연애 관계에서 일어난다. 그러나 유난히 이런 자존감의 고양 또는 자존감의 보증에 매달리는 사람들이 있다. 자존감의 자기 조절과 자기 항상성이 어느 정도 균형 잡힌 사람, 자신을 어느 정도 믿고 의지할 수 있는 사람, 모욕을 당해도 무너지지 않는 사람, 나아가 자신이 변할 수 있음을 아는 사람, 다른 사람과 거리를 둘 줄 알면서도 때에 따라서는 적극적으로 나설 줄 아는 사람은 외부의 인정도 물론 중요하게 여기지만 인정을 받지 못하더라도 크게 상심하지 않는다. 이런 사람은 스스로 자존감을 부여하거나 상상이나 활동을 통해 이를 복구하기도 한다. 반면에 자신을 믿지 못하고 자존심이 크게 흔들리는 사람은 다른 사람의 인정에 매우 의존한다. 이런 사람은 다른 사람을 통해 자존감을 보증받고 평소의 불안에서 벗어나고자 한다. 따라서 외부의 통제에 쉽게 휘둘린다. 이런 사람은 연애 관계에서 더 이상 큰 관심을 받지 못하고 덜 주목받으면 자존감이 매우 불안정해질 수밖에 없다. 그러면 우리의 자존감 주변을 늘 맴돌던 불안이 더욱 커져서 자신이 무가치한 존재라는 느낌으로까지 발전할 것이다. 또한 기본적으로 불안이 생기는 성향도 더욱 강해질 것이다.

많은 사람은 이런 무가치감이 들면 우울해진다. 자신을 보호해 주던 사람을 잃으면 공황 장애가 나타나는 반면에, 자존감을 보증해 주던 사람을 잃거나 잃을 것이라는 환상에 빠지면 우울증이 나타난다. 또한 관계를 통해 한껏 고무되었던 자존감에 대한 믿음이 순식간에 허물어진다. 이런 자신감은 외부에서 부추긴 것일 뿐이며 아직 위기를 통해 자신의 것이 되지 않았다. 그래서 더 이상 자신의 가치를 외부에서 확인받지 못하면 자신이 아주 흉하게 느껴진다. 이런 사람은 이제 자신의 어두운 면을 마주해야 할 뿐만 아니라 자신이 완전히 어두운 존재, 무가치하고 완전히 형편없는 존재로 느껴진다. 인간관계를 통해 무엇보다도 자존감을 인정받고 지지받고자 하는 사람은 불안정한 자존감 체계를 갖고 있어서 외부의 영향을 크게 받는다. 또한 이런 사람은 자존감을 보증해 주길 기대하는 사람의 모욕적인 언행에 특히 취약할 수밖에 없다. 그러나 인간관계에서 모욕적인 언행은 거의 불가피하다. 우리는 전혀 그럴 의도가 없을 때도 상대방의 마음을 상하게 하곤 한다.

동반자에게 관심을 덜 보이거나 심지어 무관심해지는 것은 상대방의 마음을 상하게 하는 대표적인 예다. 친숙함은 서로에 대한 관심이 줄어드는 한 가지 요인이다. 서로를 더 많이 알게 됨에 따라, 또 매번 색다른 이야기만 할 수는 없으므로 자연스럽게 서로에 대한 관심이 줄어들면 불안정한 자존감 체계를 가진 사람은 이를 자신에 대한 중대한 거부로 느낄 수 있다. 게다가 일상생활에서는 새로운 긴장감을 선사할 만한 흥미로운 소재가 그리 많지 않은 편인데, 이럴 때 모든 거리 두기는 자신과 자신의 자존감에 대한 공격으로 경험될 수 있다. 예를 들어 배우자가 당장 끝내야 할 일이 있어서 지금은 시간을 낼 수 없다고 말하는 상황을 상상해 보라. 자존감이 불안정한 사람은 이런 말을 곧이곧대로 받아들이는 대신에 배우자가다른 무언가에 관심을 기울인다는 사실 자체를 자신에 대한 거부로 해석해서, 자신은 흥미를 끌지 못하는 무가치한 존재라고 여기기 쉽다.

자존감 상실에 대한 불안과 관련된 각인 상황은 매우이른 시기까지 거슬러 올라갈 수 있다. 생후 6개월 동안젖먹이가 편안함을 느끼고 제대로 발달하려면 아기에게공감과 관심이 필요하다고 한다. 양육자가 아기를 너무적게 바라보고 아기의 소리에 너무 적게 귀를 기울여 아기의 흥분과 동요를 적절히 진정시키지 못하는 일이 반복되면 안정된 자존감의 기초가 되는 기본적 신뢰감이 약화될 수 있다. 젖먹이가 이런 힘든 경험을 하는 데는 온갖 이유가 있을 수 있다. 예를 들어 부모가 다른 일로 바쁘거나 형제자매 때문일 수도 있으며, 아기와 양육자 간의 소통이 처음부터 원활하지 않거나 아기의 표현 능력이서툴 수도 있다. 또는 양육자의 생활 환경이 너무 고돼서양육자가 아기와 제대로 공감하지 못하거나 아기가 양육자의 존재 확인을 위한 수단으로, 즉 양육자의 자기 대상 self object*으로 이용되는 경우도 있을 수 있다. 따라서 생후 6개월의 시기에 아기가 필요한 만큼 공감받지 못하고 자신이 사랑받을 가치가 있는 존재라는 것을 충분히 경험하지 못하면, 기본적인 불안정성이 형성되어 신뢰를 바탕으로 세계를 탐험하기가 어려워진다고 가정해야 할 것이다. 이때 기쁨의 표현도 중요한 역할을 한다. 양육자의 기쁨은 아기의 기쁨을 유발한다. 발달심리학자 캐럴 맬라테스타Carol Malatesta에 따르면 (충분히 안정된 자존감을 포함해) 안정된 애착 능력은 생후 첫해에 얼마나 기쁨을 주고받았는지에 따라 크게 좌우된다고 한다.[13]

혼란스러운 감정 상태를 극복하는 데도 기여하는 양육자의 관심, 기쁨, 애정을 제대로 경험하지 못한 아기들, 또는 이런 경험이 너무 부족하거나 제대로 공감하지 못한 아기들은 이렇게 결여된 관계 패턴을 찾으려는 성향이 발달할 것이다. 그러나 또한 이렇게 성장한 사람은 인간관계를 좀처럼 신뢰하지 않을 것이며, 상대방을 쉽게 다

---

* 정신분석가 하인즈 코헛Heinz Kohut이 사용한 개념인 '자기 대상'이란, 자기의 일부로 경험되어 자존감 형성에 기여하는 대상 또는 대상 표상을 가리킨다. 코헛은 무엇보다도 양육자가 아기의 자기 대상이 된다고 주장했는데, 본문에서는 거꾸로 아기가 양육자의 자기 대상이 되는 경우를 언급하고 있다.

시 잃을까 봐 불안해할 것이다. 안정된 애정이 결여된 이런 각인 상황은 우울한 성격 구조가 발달하기 좋은 토양이 된다. 이런 각인 상황에서 부모의 명령과 금지를 지키는 것은 부모의 사랑이나 관심을 받기 위한 조건처럼 느껴지는데, 실제로 사랑과 관심은 아기에게 무조건 필요하다. 이렇게 성장한 사람은 상대방이 내게 무엇을 원하는지, 내가 상대방의 관심을 받으려면 무엇을 해야 하는지 끊임없이 자문할 것이다. 그러다 상대방의 관심을 받는 데 실패하면 더욱 까다로운 요건을 스스로 상상하게 되는데, 이는 매우 엄격하고 까다로운 초자아가 형성되는 계기가 될 수 있다. 이런 사람은 다음과 같이 생각할 것이다. '내가 잘했으면 충분히 사랑받았을 텐데. 내가 사랑받지 못하는 건 내가 형편없는 인간이기 때문이지.' 여기서 우리는 유아기의 부정적 어머니 콤플렉스의 뚜렷한 흔적을 볼 수 있다.[14] 이런 심리적 메커니즘을 토대로 과잉 성취 전략이 생긴다. 즉 우울한 성격 구조를 가진 사람은 매우 커다란 성과를 이룬 다음에 이제 드디어 사랑받을 수 있겠다고 기대한다. 그러나 커다란 성과를 거두면 인정은 받겠지만 사랑까지 자동으로 받는 것은 아니다. 인간관계의 관리도 마찬가지다. 인간관계의 관리는 관계를 풍성하게 하는 데 도움이 되겠지만, 진정한 사랑이 따라오는 것은 아니다. 왜냐하면 사랑은 자발적인 감정이기 때문이다. 이런 사람은 인간 발달의 일부인 분리 공격성을 용납하지 않는다. 이런 사람은 자신이 나쁘다고 생각하며 자신을 폄하하고 죄책감을 느끼는 식으로 분리 공격성을 자신에 대한 공격으로 돌린다. 그러면 앞에서 친밀감과 거리감의 문제와 관련해 설명했던 어린 시절의 끔찍한 이미지를 자신에게 덮어씌우고 자신을 이런 이미지와 동일시하기 쉽다. 이 때문에 이런 사람은 자존감에 대한 외부의 확인을 받지 못하면 '어두운 존재'가 된다. 그래서 자신이 아주 끔찍한 괴물처럼 느껴진다. 이런 끔찍한 이미지는 매우 강한 공격성과 결부되어 있다. 이런 개인사를 가진 사람이 연애해서 사랑받게 되면 처음에는 큰 안도의 한숨을 쉴 수 있다. 마침내 나를 온전히 바라보고 이해하는 사람이 생겼고, 그로 인해 나도 사람이 되었기 때문이다. 이는 엄청난 힘이 되고 커다란 변화의 계기가 될 수 있다. 일단 이렇게 자존감을 보증받으면 자기 자신에 대한 관심이 비가역적으로, 즉 상대방의 관심이 식어도 튼튼하게 자리 잡을 수 있다. 그러나 이는 최선의 경우다. 이 새로운 관계에서도 가끔은 상대방이 자신을 보지 않거나 자신의 말에 귀를 기울이지 않는, 또는 그렇게 느껴지는 상황이 있게 마련이다. 그러면 유아기의 상황이 반복된다. 그리고 이런 상황은 그저 불안이 아니라 극심한 공포를 유발한다. 그러면 오래된 방어 기제가 활성화되고, 존재 확인을 받지 못하는 데 대한 근본적인 불안을 떨쳐 내기 위해 인간관계의 관리 등을 시도할 수 있다. 이런 인간관계의 관리는 예를 들어 욕을 해도 시원찮을 동반자의 주목과 사랑과 평가를 받기 위해 동반자가 좋아할 것들을 하는 식으로 나타날 수 있다. 그러나 이런 사람은 속으로는 또는 나중에는 자신이 이용당했다고 생각하는데, 이럴 때는 대개 자신이나 자신의 노력이 부족했다는 자기 비난이 뒤따른다. 그러면 죄책감이 들고 자신이 어두운 존재, 나쁜 사람이라는 느낌에 사로잡힌다. 그러다 대개 후퇴 반응이 나타나거나 드물게는 자기 비난이 더욱 거세진다. 관계를 통해 자존감을 보증받는 사람의 분리 불안은 자신이 다시 무가치하게 느껴지는 것에 대한 불안, 자신이 어두운 존재이기 때문에 부모나 조부모의 명령과 금지를 어겨 벌을 받았을 때처럼 또다시 벌을 받을지 모른다는 불안이다. 또한 이런 사람은 자신의 분리 공격성을 용납하지 않는다. 그래서 지배와 피지배의 악순환 또는 가해자와 피해자의 공모 관계로 이어지기 쉽다. 처음에는 두 사람이 서로의 자존감을 보증해 주는 자기애성 공모 관계 narzisstische Kollusion가 된다.[15] 이런 관계에 있는 두 사람은 서로에게 이렇게 말할 것이다. "나는 네가 훌륭하다고 생각해. 그러므로 너는 훌륭한 사람이야. 그리고 내가 너를 훌륭하게 생각하므로 나도 훌륭한 사람이야. 또 네가 나를

훌륭하게 생각하므로 너도 훌륭한 사람이야." 이런 자기
애성 공모 관계는 어느새 은밀하게 권력관계로, 더 정확
히 말하자면 지배와 피지배의 관계로 변한다. 또는 이렇
게 진행되지 않는다면 관계 자체가 공허해지고 사랑은 무
관심으로 바뀔 것이다. 다만 그래도 '해방'은 좀처럼 이루
어지지 않을 것이다.

분리 공격성과 노골적인 공격

아내는 남편보다 여덟 살 어렸다. 둘이 처음 만났을 때
아내는 26세였다. 그녀는 그때를 다음과 같이 묘사했다.
"마침내 누가 저를 바라봐 주었어요. 저는 원래 아무도
거들떠보지 않는 여자였어요. 우리 둘이 처음으로 서로의
눈을 바라보았을 때 모든 게 분명해졌어요." 그녀에게는
첫눈에 반한 사랑이었다. 그녀는 말을 이어 갔다. "그는
제 핵심을 꿰뚫어 보았어요……. 정말로 황홀한 기분이었
어요. 수많은 여자가 원했던 이 매력적인 남자가 하필이
면 저를, 아무도 거들떠보지 않았던 못생긴 저를 선택했
어요."

이것이 그녀의 첫 느낌이었다.

그런가 하면 남편은 다음과 같이 말했다. "마침내 누가

저를 온전히 바라봐 주었어요……. 여러 여자와 성적인 흥분을 일깨우는 관계를 원하는 제 마음까지도요. 그녀는 저의 이런 면을 두려워하지 않았어요."

두 사람 모두 둘의 사랑을 낭만적인 사랑으로 묘사했으며, 다시 태어난 것 같은 느낌을 받았다. 이 두 사람 사이에는 암묵적인 약속이 있었다. 그녀의 입장은 대략 다음과 같았다. "나를 바라봐 주기만 한다면 무엇이든 마음대로 해도 돼." 그의 입장은 다음과 같았다. "외도와 여자 관계까지 포함해 나를 있는 그대로 받아들여 준다면 너도 바라봐 줄게."

그는 외부 관계를 굳이 숨기지 않았지만, 처음에는 이런 일들이 그녀의 눈에 들어오지 않았다. 그러다 시간이 흐르며 더 이상 모른 체할 수 없었던 그녀는 화를 내면서 그를 비난하기 시작했다. 그러면 그는 거부 반응을 보이면서 오히려 약속을 어긴 사람은 그녀라고 주장했다. 왜냐하면 그녀는 그에게 성적인 흥분을 일깨우는 또 다른 관계가 필요하다는 것을 알면서도 사랑을 시작했기 때문이라는 것이다. 그래서 그는 그녀를 벌할 마음으로 그녀를 거들떠보지도 않았다. 자신의 비난이 헛수고임을 직감한 그녀는 그의 외도를 받아들이기로 했다. 그러면서 어쨌든 그가 집을 아주 나간 것은 아니며 적어도 자신이 그에게 가장 중요한 사람이라고, 어쨌든 둘은 결혼한 사이라고 스스로를 타일렀다. 그녀는 자신에게서 분노와 실망감을 몰아냈다. 그의 입장에서 말하자면 그녀는 처음에 약속을 어겼지만, 이제는 마음을 바꾸어 다시 그의 비위를 맞춰 주고 그를 존경하면서 그가 밖에서 입은 상처를 핥아 주었다. 그녀의 입장에서 말하자면 그녀는 자신의 분리 공격성을 몰아냈다. 그녀는 이런 분열 상태를 유지하기 위해 어쨌든 자신이 가장 중요한 사람이라는 식으로 현재 상황을 이상화했다. 그러나 이런 상태를 장기간 유지하기는 쉽지 않았다. 무엇보다 질투심을 억제할 수 없었으며, 그래서 다분히 우울한 성격 구조를 가진 그녀는 마음속에서 몰아냈던 비난과 분노를 일단 자신에게 돌렸다. 그래서 자신은 어차피 제대로 된 여자가 아니며 어차피 망친 인생이고 자신에게 모든 잘못이 있다고 생각했다. 이렇게 그녀는 우울증에 시달리다가 42세에 치료사를 찾게 되었다. "어차피 망친 인생"이라는 말에서 짐작할 수 있듯이 그녀는 자기 자신이 될 기회를 놓쳤다고 느끼는 듯했다. 제대로 된 여자가 아니라는 말에는 내가 뭐라고 대꾸할 수 없었다. 분명한 것은 그녀가 자신의 여성성도 포함해 자신에게 만족하지 못했다는 점이다. 그녀는 남편을 통해 스스로를 제한했고, 나아가 자신의 분노, 자신의 정당한 주장과 질투심을 몰아내 스스로 가식적인 존재가 되었다.[16] 이렇게 의식에서 축출된 분노는 이제 전면적인 거부로 나타났다. 이 우울한 여성은 침울하면서도 단호함이 묻어나는 목소리로 말했다. "이제는 당신에게 아무것도 주지 않을 거야. 결코 어떤 것도 주지 않을 거야. 하지만 당신을 놓아주지도 않을 거야." 그녀가 오랫동안 자기 자신을 비판했던 까닭은 남편을 섣불리 비판하면 남편이 자신을 버릴지도 모른다고 생각했기 때문이다. 그러나 그녀가 자신에게 비판의 화살을 돌릴수록 남편은 더욱더 멀어졌다. 자기 자신에 대한 이런 비판은 오히려 역효과를 낳았다. 끊임없이 자기 자신을 비난하는 사람과 기꺼이 함께할 사람은 드물기 때문이다. 이런 자기 비난의 원인이 남편에게 있다는 것은 말 안 해도 명백했지만, 그렇다고 달라질 것은 없었다. 아내는 그를 더 이상 비난하지 않았고 속으로만 괴로워했지만, 그는 점점 더 집을 비웠고 계속해서 일시적인 불장난을 통해 자존감을 확인했다. 게다가 그는 점점 더 조급하고 필사적으로 새로운 관계를, '봄날의 꿈틀대는 흥분'을 찾아 헤매는 것처럼 보였는데, 그가 이제 50세가 되었다는 사실도 이런 상황과 관련 있었을 것이다. 그래도 그는 이별에 대한 생각은 전혀 하지 않았으며, 아내가 더 이상 아무것도 해 주지 않을 것이며 그를 놓아주지도 않을 것이라고 말하자 매우 놀랐다.

그녀는 자신이 어리석게 이용당한 피해자이자 이런 운

명의 공범자라고 느꼈다. 그녀는 자신이 무언가를 잘못했다고 느꼈다. 반면에 그는 아내에게 속았다고 느꼈으며, 실제로는 제대로 이야기 나눈 적도 없는 최초의 약속이 여전히 유효하다고 주장했다. 그러면서 그녀가 자신의 어두운 면까지 받아들이기로 했다는 주장을 되풀이했다.

이 부부의 이야기는 처음의 자기애성 공모 관계가 어떻게 가해자와 피해자의 공모 관계로 변질되는지를 잘 보여 준다. 처음에 아내는 자존감을 확인받지 못할까 봐 두려운 마음에 자신의 분노를 몰아냈다. 그러다 공격성이 자기 자신을 향하게 되었고, 자신에 대한 회의감과 우울증이 뒤를 이었다. 동반자가 가해자라는 비난은 속으로만 했다. 이 여성은 자신의 그림자를, 무엇보다 질투심과 분노와 자기주장을 포기했다. 그러나 이로 인해 집에 온 남편을 맞이하는 그녀의 눈빛은 점점 더 가식적으로 변했고, 그러면 남편은 거부 반응을 보이며 화를 냈다. 그의 거부 반응을 보면서 그녀는 자신에 대한 남편의 관심이 사라진 것을 확인할 수 있었다. 그녀는 점점 더 남편의 확인을 받을 수 없었고, 이로 인해 자신의 존재가 부정되는 불안을 느꼈다. 그래서 이제 그녀의 분리 공격성이 표출되기 시작했다. 그녀는 이제 남편에게 아무것도 주지 않고 그를 놓아주지도 않기로 마음먹었다. 그녀는 복수를 결심했다. 적절한 시점에 표현되지 못한 분리 공격성은 노골적인 공격으로 변모하곤 한다. 분리 공격성이 관계 속에서 적절히 소화되지 못하면 언젠가는 '너와 나'가 아니라 '너 아니면 나'의 형태로 표출될 것이다. 이 두 사람은 개별화 과정을 소홀히 했다. 그 후에 이 두 사람은 개별적으로 심층 심리 치료를 받았고 이별은 하지 않았다.

분리 공격성과 무관심

동반자의 행동으로 인해 자존감을 잃을지 모른다는 불안에 대한 또 다른 형태의 반응은 무관심이다. 무관심의 경우에도 피해자와 가해자가 존재한다. 사랑은 본질적으로 서로에 대한 관심이 살아 있을 때 가능하다는 가정에서 다시 한번 출발해 보자. 관심은 상대방과 대화를 통해 상호 작용하기를 원하고, 상대방뿐만 아니라 만남을 통해 일어나는 일이 내게도 중요해지는 것을 의미한다. 그러나 모든 관심이 사랑은 아니다. 주위 사람들에게 유난히 관심을 많이 보이는 사람들도 있다. 사랑의 일종인 깊은 실존적 관심은 관계에서 또는 관계를 통해 제3의 어떤 것이 생기지 않으면 사라진다. 관계에서 새로운 무언가가 생겨나야 한다는 것인데, 서로에게 흥미를 느끼는 것만으로는 부족하며 무언가 흥미로운 것을 함께할 수 있어야 한다. 생물학적으로 자연스럽게 생기는 자식도 반드시 함께할 수 있는 어떤 것은 아니다. 그러나 제3의 어떤 것인 자식은 공동의 자식으로, 즉 공동의 기쁨이자 공동의 책임으로 경험될 수 있다. 공동의 관심사도 이런 제3의 것이 될 수 있다. 특히 자식이 독립하면 이런 것이 더욱 중요해질 수 있다.

그렇다면 무관심은 무엇인가? 무관심은 관심의 반대다. 내가 관심을 갖지 않는 사람은 어찌 되든 나와 상관없다. 그 사람이 무엇을 하든 내게는 중요하지 않다. 내가 관심을 갖지 않는 사람에게는 화낼 필요도 없고 기대하지도 않는다. 그 사람이 있든 없든, 무엇을 하든 하지 않든 내게는 아무런 차이가 없다. 무관심은 죽은 것과 다름없다. 무관심은 누구를 무시하는 것 이상이다. 누구를 무시하려면 그 사람을 능동적으로 '차단'하기 위해 어느 정도 노력을 해야 한다. 반면에 무관심은 어떤 식으로든 나와는 상관없으며, 그 사람에게 다가갈 이유도 없고 그 사람이 내게 다가올 이유도 없음을 의미한다. 이렇게 보면 무관심은 무관심한 사람뿐만 아니라 그의 동반자까지 깊은 고립 상태로 몰아넣는 갑옷과도 같다. 이를 통해 무관심한 대상은 나를 건드릴 수도 없고, 내게 영향을 미칠 수도 없으며 나를 공격할 수도 없는 사람이 된다. 내가 무관심하면 나는 더 이상 영향 받지 않는다. 무관심한 대상은 내게 해를 입히거나 내 마음을 상하게 하지 않는다. 그 사람은 내게 무가치하며 어떤 불안도 유발하지 않는다. 다만 좋지 않은 점은 우리가 때로는 무관심을 선언해야 하는 상황에 처한다는 것이다. 예를 들어 "살아남으려면 이렇게 갑옷을 둘러 입을 수밖에 없지."라고 말할 때가 그렇다. 이는 살아남기 위해 살아 있는 죽은 자가 되는 것과도 같은, 매우 부조리한 상황이다.

그렇다면 어째서 우리는 그렇게 무관심해질까? 무관심은 우리가 인정받고 싶어 하는 사람이 우리의 자존감에 상처를 입힐 때 생긴다. 이럴 때 우리는 공격성, 분리공격성, 상대방에 대한 관심을 철회하고 무관심의 갑옷을 입는다. 이런 형태의 무관심은 일종의 우울한 후퇴. 말없이, 때로는 눈에 띄지도 않게 후퇴하는 것은 굳이 떠들지 않고도 상대방의 가치를 크게 깎아내리는 일이다. 그러나 동시에 우리 자신의 가치도 깎아내린다. 상대방의 가치를 깎아내리는 이유는 그 사람이 더 이상 관심을 불러일으킬 수 없기 때문이고, 우리 자신의 가치를 깎아내리는 이유는 그 사람에게 우리는 더 이상 살아 있는 사람이 아니기 때문이다. 너는 더 이상 '네'가 아니고, 나도 더이상 '나'가 아니다. '나'는 '너'와 관계할 때 비로소 '나'이며, 홀로 있는 나는 공허한 나일 뿐이다. 이것은 말하자면 자폐증으로 후퇴하는 것과도 같다. 진정한 관계, 진정한 상호 작용은 더 이상 없다. 상대방이 다가올 수 없게 만드는 무관심은 가학적이기도 하다. 앞에서 살펴본 것처럼 우울증의 문제는 개별적 자기가 뚜렷하면 사랑받지 못할 것이라는 잘못된 걱정 때문에 자기 자신이 될 기회를 놓치는 데 있다. 이렇게 보면 무관심은 자기 자신이 되려는 전도된 형태의 시도다. 무관심은 자기 자신이 되는 것을 강제한다. 그러나 자기 자신이 되는 것에는 보통 외부 세계와의 교류도 포함된다. 이에 반해 무관심을 통해 경계를 긋고 보호하려는 것은 속이 빈 껍데기일 뿐이다. 그 이유는 관계의 상실이 가시화되는 것에 대한 극도의 불안과 궁극적인 자존감 상실에 대한 극도의 불안에서 찾을 수 있다. 이 때문에 처음부터 모든 것을 포기하고 껍데기라도 유지하려 한다. 내가 보기에 가학 피학성 부부*와 다른 점은 무관심한 사람이 더 절박하고 자기 무가치감이 더 크며 상처를 더 많이 입었다는 것이다.

무관심은 애당초 자존감의 확인이 무엇보다 중요했던 관계에서 나타날 수 있는 가장 강력하고 절대적인 복수다. 둘 중 한쪽만 무관심하면 다른 쪽은 화를 내면서 초창기의 기억과 감정을 되살리려고 노력한다. 그러나 특히

---

* 즉 가해자와 피해자의 공모 관계에 있는 부부

무관심 앞에서 이런 노력은 효과가 없다. 무관심한 사람에게는 기대도, 기억도 남아 있지 않다. 동물 왕자나 동물 신랑을 다룬 동화가 여럿 있는데,[17] 이런 동화에서는 왕자가 급기야 마녀의 손아귀에 놓이곤 한다. 왕자와 함께 살던 여자는 자신의 신랑을 찾아 나서는데, 마녀에게 잡힌 신랑은 이제 마녀의 딸과 결혼하려 한다. 여자는 신랑을 찾아 헤매다가 얻은 물건을 뇌물로 주고 그와 하룻밤을 보낸다. 그러나 잠들게 만드는 술을 마신 신랑은 아무 말도 듣지 못한다. 여자는 울면서 필사적으로 그를 흔들어 깨우려 한다. 여자는 자신이 겪은 일을 이야기하면서 외친다. "제발 내 얘기를 들어요, 제발!" 그러나 그는 흔들어도 꿈쩍하지 않고 계속 잠을 잔다. 이 동화는 깊은 잠에 빠진 연인의 무관심에 절망하는 여인에 관한 이야기다. 이런 동화에서 문제의 해결은 잠자던 왕자가 마침내 무언가 이상한 낌새를 눈치채야만 가능해진다. 대개는 왕자의 무관심하지만은 않은 다른 면을 상징하는 하인이 그에게 무언가 잘못되었음을 알려 주는 식으로 이야기가 전개된다. 이렇게 연인에 대한 기억과 감정을 되찾은 왕자는 이제 다시 건드릴 수 있고 영향을 미칠 수도 있는 존재가 된다. 이렇게 무관심이 해소되어야 다시 관계가 생길 수 있다.

이 동화는 한쪽만 무관심해진 관계에서 관심과 애정의

회복이 어떻게 가능한지 보여 준다. 그러나 관계의 회복은 결코 쉬운 일이 아닌데, 처음 만났을 때 얼마나 행복했는지 서로에게 말하는 것 이상의 문제이기 때문이다. 중요한 것은 서로에게 얼마나 큰 상처를 안겼는지, 그리고 반복해서 상처를 입을 때 얼마나 아픈지 깨닫는 것이다. 두 사람이 모두 무관심한 경우라면 도대체 왜 계속 같이 사는지 의아해지기도 한다. 여기에는 몇 가지 이유가 있다. 하나는 이별하면 당연히 마음의 상처가 하나 더 생기고 이제 본격적으로 사람들 앞에서 체면을 잃게 되기 때문이다. 그러면 자존감에 또다시 흠집이 생길 것이다. 또 다른 이유는 무관심의 본질 자체와 관련된다. 즉 이미 무관심하다면 어차피 살림은 대충 돌아가므로 상대방이 무엇을 하든 상관없기 때문이다.

무관심은 상처 입은 자존감의 매우 깊고 때로는 위험한 형태라 하겠다. 더 이상 자극도 감동도 없는 상황에서 그래도 계속 살아가야 하지 않냐고 사람들은 생각한다. 문제는 이것이 정말로 사는 것인가 하는 점이다. 인간관계는 무관심의 단계에 이르기 전에 종종 다툼의 단계를 거친다. 이런 다툼의 단계에서는 상대방의 절망에 귀 기울이는 대신에 자신이 억압받고 있다는 일방의 주장을 반복해서 그저 지켜볼 뿐이다. 이런 다툼 뒤에 있는 외침, '나를 제대로 봐야지! 나를 똑바로 보라고!'라는 외침은 들리지 않는다.

우울증 및 우울한 성격 구조의 관건은 자기 자신이 되는 것이다. 관계와 포근함이 아무리 좋아도 자기 자신을 포기하지 않는 것, 자신의 모든 그림자와 함께 자기 자신을 받아들이는 것이 필요하다. 이렇게 볼 때 무관심은 자기 자신이 되는 것의 전도된 형태다. 무관심할 때 우리는 자기 자신 앞에 방벽을 세우고 관계를 회피하면서 대개는 일체의 감정과 느낌도 거부한다.

처음에는 사랑이 관계를 통해 자존감을 확인하도록 자극한다. 그러나 사랑에는 본질적으로 위험이 따른다. 상대방을 많이 알수록, 미지의 영역이 줄어들수록 그 사람에 대한 관심은 줄어들 수밖에 없기 때문이다. 대개는 이런 관심 대신에 신뢰, 안정감, 함께 만들 수 있는 것, 끊임없이 새로운 영역을 탐험하는 공동의 경험 등과 같은 제3의 것이 나타난다. 생물학적 의미의 자식뿐만 아니라 공동의 정신적 자식도 이런 제3의 것이 될 수 있다. 이렇게 관계를 통해 창조되는 것은 초기의 관심을 대신해 둘의 관계에 매우 흥미로운 것들을 가져다줄 수 있다. 그러면 상대방에 대한 감탄 외에도 무엇을 함께 계획하고 시도하면서 함께 경험하는 기쁨을 누릴 수 있으며, 혼자보다는 둘이서 더 많은 것을 경험할 수 있음을 분명히 깨닫게 될 것이다. 관계가 지속되면서 뜨거운 관심의 강도는 줄어들겠지만, 그 대신에 서로 더 친숙해질 뿐만 아니라 관계의 암초가 어디쯤 있는지도 알게 된다. 그러면 이를 더 잘 피해 갈 수 있고, 때로는 그 위에 정박할 수도 있을 것이다. 그러나 언제나 신뢰가 쌓이고 관계가 점점 더 친밀해지기만 하는 것은 아니다. 자존감을 너무 내세우고 자존감의 안정에 관계의 초점이 맞춰질 경우 오히려 불신이 은밀하게 자라날 수 있다. 동반자가 둘에게 필요한 것을 제공하지 않으면, 둘의 과거에 생긴 구멍을 메우고 함께 살면서 입은 상처를 꿰매지 않으면 씁쓸한 실망감이 찾아올 수 있다. 나를 이해하고 지지해 주며 지금까지 내게 없던 모든 것을 줄 수 있는 사람을 마침내 찾았다는 첫 느낌은 이제 실망감으로 바뀌고, 이 사람의 한계와 관계 회복의 본질적인 한계가 눈에 들어온다. 이 멋진 사람은 하필이면 꼭 필요할 때 나를 바라보지도, 내 말에 귀 기울이지도 않는다. 관계에 안주하지 말고, 인생의 주요 문제를 동반자에게 맡기는 대신에 스스로 책임지라는 요구는 귀에 들어오지도 않는다. 그 결과, 실망만 남는다.

실망의 일상적 원인

관계에서 경험하는 실망은 불안을 유발한다. 실망하면

'혹시 내가 잘못 보았나, 만약 그렇다면 이제 어떻게 해야 할까'라는 물음이 떠오른다. 그런데 실망 중에는 동반자의 성격과 관련된 실망뿐만 아니라 일반적인 우리 삶의 일부이면서 관계를 위협하는 실망도 있다.

관계는 진공 속에서 전개되는 것이 아니다. 우리의 삶은 지켜야 할 온갖 요구 사항들로 가득하다. 우리는 사랑에 빠져도 대개 직장에 나가야 하며 다양한 관계에 필요한 요구 사항도 충족해야 한다. 그래서 우리가 실제로 원하는 것과 다르게 행동할 때도 많다. 그러나 이런 사실은 우리가 연인에게 실망감을 안기는 원인이 될 수도 있음을 의미한다. 다른 사람이 우리의 행복을 책임지지는 않는다. 다른 사람이 우리의 행복과 불행에 큰 영향을 미칠 수는 있어도 우리의 행복과 불행을 책임지지는 않는다. 그러나 관계를 통해 자존감의 안정을 꾀하는 사람은 다른 사람이 자신의 행복을 책임진다는 확신에 차 있다. 그리고 이 때문에 커다란 실망을 경험할 수도 있다. 이런 경험은 혹시 살면서 자신이 해야 할 것을 다른 사람에게 떠넘기지는 않았는지 되돌아볼 기회이기도 하다. 이런 실망은 보통 표현되지 않으며, '살다 보면 그럴 수도 있지.'라고 생각하면서 아예 실망으로 지각하지 않는 경우도 많다. 실망으로 지각해도 이를 문제 삼지 않는데, 관계가 위태로워질 수 있는 위험한 짓이라고 생각하기 때문이다.

5. 관계 불안

그러나 자기 자신에게로 도피하는 것도 불가능하다. 그곳에는 커다란 공허함이 기다리고 있기 때문이다.

이렇게 실망과 실망에 기초한 환상과 분노의 환상이 억압된다. 그리고 이것은 근본적인 불신의 토양이 된다. 이런 근본적인 불신은 이 관계에서 상상할 수 있는 온갖 '나쁜 것들'에 대한 의심으로 점점 더 표출될 것이다. 때로는 동반자에 대한 분노와 불신이 가족에게 전이되기도 한다. 그러면 어머니, 시어머니, 아버지, 시아버지, 형제, 자매 등이 어떤 식으로든 의심의 대상이 된다. 이런 전이가 일어나는 까닭은, 이러면 원래의 관계가 덜 위태로워지고 실망을 직시해야 하거나 관계에 대한 불안에 시달릴 필요가 없기 때문이다.

억압된 불안과 이때 유발된 분리 공격성은 동반자에게서 또는 전이가 일어난 경우 다른 사람에게서 '악마'를 보게 되는 정신역학적 결과를 초래할 수 있다. 이 경우 때로는 역전 현상이 일어난다. 즉 예를 들어 지금까지 아주 이상적으로 보였던 동반자가 갑자기 음흉하고 믿을 수 없게 느껴진다. 이런 반응은 대상 항상성이 불안정함을 보여준다. 즉 실망으로 인해 근본적으로 좋은 동반자라는 믿음이 흔들리게 된다. 많은 인간관계에 통용되는 불문율은 다음과 같다. '너는 나를 있는 그대로 또는 내가 원하는 대로 볼 줄 알아야 한다. 그렇지 않으면 너도 내게 다른

사람과 마찬가지로, 어쩌면 오히려 더 위험한 사람이다.'
이제 신뢰 대신에 점점 더 많은 불신이 쌓인다. 그러나 우울한 성격 구조와 불안정한 자존감을 가진 사람은 버림받을지 모른다는 극심한 두려움 때문에 감히 이런 불신이나 이와 결부된 불안을 표현하지 못한다. 그래서 이런 걱정에 관해 함께 이야기하고 경우에 따라서는 둘의 관계에서 가능한 것과 불가능한 것을 알아낼 기회를 놓치게 된다. 그리고 이로 인해 관계는 점점 더 위태로워지고 우울한 기분도 점점 더 심해질 것이다. 서로를 향해 마음을 여는 대신에 마음의 문이 닫힌다. 불신하는 관계에서는 서로를 향한 마음의 문이 닫힐 수밖에 없으며, 관계를 통한 자존감의 확인도 더 이상 이루어지지 않을 것이다.

상대방이 나를 제대로 보지 않는다는 실망감은 두 사람의 부부 관계와 생활 실상을 더 현실적으로 새롭게 바라보는 계기가 될 수도 있다. 그러나 대개는 이를 회피한다. 이별에 대한 불안이 뒤에 숨어 있기 때문이다. 이별에 대한 불안, 마음에 상처를 입는 것에 대한 불안, 사랑의 상실에 대한 불안, 자존감의 상실에 대한 불안은 홀로 있는 것과 외로움에 대한 불안에 뿌리를 두고 있다. 홀로 있는 것에 대한 불안보다는 외로움에 대한 불안이 더 크다. 홀로 있는 것과 외로움은 같지 않다. 외로움은 일종의 결핍 현상이다. 외로움은 관계를 맺는 경험과 대조되는 결핍으로 경험된다. 반면에 홀로 있는 것에는 이런 결핍의 측면이 없다. 또한 홀로 있는 것에는 자기 자신과 하나가 된다는 측면도 강하게 내포되어 있다. 즉 홀로 있는다는 것은 바로 이 순간에 다른 사람과 대화하거나 함께 있을 필요 없이 자기 자신에게로 돌아갈 수 있는 가능성을 가리킨다. 외로움에 대한 불안에는 종종 거부당한 느낌, 오해받은 느낌, 홀로 방치된 느낌 등이 섞여 있다. 이런 느낌은 신체적·성적 매력까지 포함해 내 모습 그대로를 인정받고 사랑받고 싶은 소망과 정반대되는 것이다.

우리 대부분은 거부당하거나 오해받은 경험이 있다. 이런 경험을 반드시 유아기의 각인 상황과 연관 지을 필요는 없다. 사람들에게 언제 외로움을 많이 느꼈냐고 물으면 거의 모두가 학창 시절의 경험을 얘기한다. 예를 들어 당시에 다른 애들은 이미 빨간색이나 파란색 가방을 메고 있었는데 자신만 아직도 소가죽 가방을 메고 있었다는 것이다. 실제로는 이 가방이 더 멋졌지만, 어쨌든 '잘못된 책가방'이었다. 이렇게 따돌림당하는 일은 매우 자주 일어나며 '옳지 않다'는 생각이 따라온다. 이런 느낌이 절망을 낳고, '거기에 속하려면 도대체 어떻게 해야 하나'라는 절망적인 물음으로 이어진다. 이럴 때 좋은 방어 전략이 없으면 완전히 홀로 된 듯한 불쾌한 기분이 들 것이다. 그리고 대개는 활동도 줄어들게 된다. 우리가 잘 아는 것처럼 어린아이가 양육자에게 버림받으면 곧바로 활력이 떨어지고, 탐색·놀이 활동이 줄어들며 기분이 가라앉고 소리쳐 울면서 소극적으로 변한다. 이런 젖먹이의 기분은 성인도 종종 경험한다. 예를 들어 버림받은 느낌이 들어서 활동과 세상에 대한 관심이 줄어들 때 그렇다. 이럴 때는 놀고 싶은 마음이 들지 않는다. 만사에 관심이 사라지고 기분이 가라앉는다. 할 수 있는 일은 울면서 공허함을 달래는 것뿐이다. 아이는 양육자가 보통 돌아오므로 그렇게 분리를 두려워할 필요가 없다는 것을 차츰 깨닫는다. 그러나 때로는 아주 돌아오지 않을 때도 있다. 우리가 외로움을 두려워하는 까닭은 그저 몇 시간이나 며칠을 혼자 있어야 하기 때문이 아니라, 더 이상 절박하게 화내지도 않으면서 그저 수동적인 절망 상태에, 공허하고 지루하며 무감각한 상태에 빠질지 모르기 때문이다. 이럴 때는 우리가 성인이라는 사실도 잊어버린다. 유아기의 방치 콤플렉스가 거의 여과되지 않은 채 재활성화되어 현재 상황으로 전이된다. 이럴 때의 감정적 반응은 부적절한 '과잉 반응'으로 느껴지는데, 이는 아주 '정상적인' 실망감이다. 우리는 여전히 동반자에게 새로운 경험을 선사하고 싶지만 '오래된 콤플렉스'가 이를 방해한다. 또한 이런 방치 콤플렉스 상황에서는 우리가 다른 사람에게 다가갈 수도 있다는 사실을, 세상에는 다른 사람도 많으며 더 흥미롭고 만족스러운 사람을 만날 기회도 여전히 있다는 사실을 잊기 쉽다. 이렇게 방치된 상황에서도 충분히 긍정적인 점을 끄집어낼 수 있지만, 대개는 이런 상황에서 무력감에 빠진다.

이런 분리 불안에서 우리가 두려워하는 것은 결국 공허함과 지루함이다. 상상력을 발휘해 무언가 새로운 것을 시작하는 법을 배우지 못했기 때문에 이런 상황에 처하면 불안감에 휩싸인다. 또는 존재가 부정되고 무가치해지는 것에 대한 커다란 불안과 절망감이 꿈틀댄다.

이럴 땐 외로움에 대한 불안이 도피로 변질되지 않도록 버티면서 불안에 맞서야 한다. 그러면 외로움이 홀로 있는 것으로, 우리 자신과 우리의 잠재력을 잃지 않은 상태로 바뀔 수 있을 것이다. 그리고 '고요함, 마음의 평정, 자기 발견, 자기 확신'과 같은 긍정적인 경험도 할 수 있을 것이다. 여기서 우리는 다시 실존철학의 접근법을 접하게 된다. 즉 불안을 마주하면 그 뒤에 있는 본래적 존재가 모습을 드러낸다. 이 점은 특히 외로운 상황에 맞는 이야기다. 왜냐하면 외로움을 피하지 않고 견뎌 낼 때 비로소 우리 자신 안에 무엇이 있는지 깨닫게 되기 때문이다. 그리고 이것은 그저 공허함이 아니다. 내가 보기에 공허함은 오히려 외로움에 대한 불안을 외면할 때 경험한다. 반면에 자기 자신 안에 무엇이 있는지를 깨달으면 자신이 그저 다른 사람에게 휘둘리는, 다른 사람의 호의나 불쾌에 따라 운명이 좌우되는 존재가 아니라는 느낌이 점차 자라난다. 그리고 자신이 독립적인 존재라는 느낌이 점차 뚜렷해진다.

또한 관계 속에서 느끼는 커다란 불안은 곁에 있는 사람이 선사하는 안정감의 한계를 보여 준다. 물론 아쉬운 일이긴 하다. 우리는 사랑의 관계가 선사하는 안정감 속에서 불안도 없는 낙원을 발견하길 원한다. 우리는 관계를 통해 모든 것을 얻고자 한다. 그러나 이런 바람은 현실적이지 않다. 곁에 있는 사람이 선사하는 안정감의 한계를 깨닫는다고 해서 이런 안정감의 가치가 떨어지는 것은 아니다. 곁에 있는 사람이 선사하는 안정감은 우리를 강화하고 우리에게 매우 많은 것을 줄 수 있다. 그러나 이런 측면도 우리 삶의 일부일 뿐이다. 인간의 삶은 처음부터 모순적인 성격을 띤다. 우리는 관계 속에서 완전한 하나가 되길 원하지만 동시에 우리 자신이 되어야 한다. 중요한 것은 우리가 홀로 있을 때는 어떻고 함께 있을 때는 어떤지를 깨닫는 것이다. 삶에서 이 두 측면의 한계를 볼 수 있어야 한다. 외로움의 문제는 단순히 좋은 관계를 맺고 살아가느냐의 문제로 환원되지 않는다. 외로움은 삶의 근본적인 일부이며, 홀로 있는 것도 마찬가지로 우리 삶

5. 관계 불안

의 근본적인 차원이다. 이는 우리 자신과의 관계를 가꾸는 개별화의 측면이며, 결코 결핍된 것이 아니다. 따라서 분리 공격성의 신호를 알아채고 이를 받아들이는 것이 중요하다. 분리 공격성은 종종 동반자에 대한 비난으로 포장된다. 동반자가 내게 너무 많은 것을 요구하지만, 이제는 정말로 홀로 있고 혼자서 무언가를 해야겠다고 생각한다. 물론 이런 생각도 틀린 것은 아니다. 그러나 이것은 단순히 나만의 공간과 시간을 갖는 문제가 아니다. 더 중요한 것은 무엇보다 나 자신을 느끼고 나와 공감하는 것이다. 그리고 아마도 가장 넓은 의미에서 나를 받아들이고 내게 안정감을 주는 공간을 찾는 일일 것이다.

성 — 안정감과 불안 사이

신체적 매력은 인간관계에서 중요한 역할을 하며 관계의 지속성과 활력을 보장하기도 한다. 그러나 '성'이라는 주제는* 현대 사회에서 매우 예민한 주제이자 환상과 현

---

* 이 절에서 '성Sexualität, sexuality'이란 성별의 생물학적, 심리·사회·문화적 차원과 성욕, 성규범, 성생활 등을 모두 포괄하는 의미로 이해해야 할 것이다.

실의 간극이 매우 큰 주제이기도 하다.

신문과 잡지 등을 보면 나만 빼고 거의 모든 사람이 늘 흥분과 만족감을 선사하는 성생활을 누리는 것 같은 인상을 받는다.[18] 그러다 보면 성생활이 삶에서 가장 중요할지 모른다는 생각까지 든다. 그러나 설문 조사를 보면 성적 무관심이 널리 퍼져 있음을 확인할 수 있다. 다시 말해 한편으로 성은 도처에 존재한다. 약간의 섹스가 가미되면 모든 것이 더 잘 팔리며, 성은 많은 환상의 원천이 되기도 한다. 그러나 다른 한편으로 현실의 성은 환상과 매우 다르게 경험된다. 따라서 미디어가 전달하는 허구의 성과 실제의 성적 경험을 구분할 필요가 있다. 그리고 이 둘 사이에는 커다란 간극이 있다. 우리는 이런 불일치를 어떻게 이해해야 할까?

성이 허구로서 그렇게 중요하다면 이는 성이 상징의 역할도 한다는 것을 의미한다. 그러나 이 상징은 더 이상 상징으로 이해되지 않고 실체로 오인되는 듯하다. 이 상징 뒤에 무엇이 숨어 있는지, 이것이 어떤 비밀을 표현하는지는 더 이상 중요하지 않다. 중요한 것은 오히려 이 이미지대로 행동하면 원하는 것을 얻을 수 있고, 그러면 미디어가 전달하는 삶의 느낌을 누릴 것이라는 확신이다. 이렇게 내면 세계가 외부 세계로 방출되고 공허만이 남게 된다. 상징의 관점에서 보면 성은 두 세계의 쾌락적이고도 자극적인 상호 침투, 자신과 상대방을 알아 가는 과정과 이를 통한 활력, 행복한 삶, 완전함, 정체성과 경계의 극복 및 궁극적으로는 자기를 초월하는 것과의 결합에 대한 경험과 갈망을 상징할 것이다. 미디어 세계에서 거의 전적으로 이성애의 의미로 이해되는(동성애나 자기 성애는 미디어에서 거의 취급되지 않지만 당연히 이런 성적 지향도 마땅한 대우를 받아야 할 것이다) 성의 허구가 정말로 그렇게 광범위하게 유지될 필요가 있다면 이런 허구에 그럴 만한 의미를 부여할 수 있어야 할 것이다. 만약 일상의 성생활이 성의 허구에 점점 더 가까워지고 있다면, 이런 허구를 실제 성생활의 지향점으로 간주할 수도 있을 것이다. 그러나 실제로 이 두 세계의 간극은 점점 더 벌어지고 있다. 환상과 현실의 간극이 크게 벌어지면 대개는 이를 다시 좁히려고 시도한다. 그리고 이런 시도가 성공하지 못할 경우 커다란 긴장과 고통이 따를 것이다. 아예 쪼개는 것도 문제를 푸는 한 방법이 될 수 있다. 이럴 경우 한쪽에는 어찌 보면 현실보다 더 현실적이면서도 뭐라고 말하기 어려운, 매우 황홀한 심신 상태에 도달하고 싶은 갈망을 계속 자극하는 허구가 있고, 다른 한쪽에는 결코 허구와 일치할 수 없는 일상의 성생활이 있다. 사회학자 니클라스 루만Niklas Luhmann은 성이 친밀한 소통에 대한 욕구를 더 이상 충족하지 못하는 듯하며, 두 세계의 이른바 상호 침투Interpenetration, 무아지경의 상태를 가리키는 상징으로서 더 이상 충분하지 않다고 말한다.[19] 루만에 따르면 성은 더 이상 상호 자기 확인, 자존감의 보증을 위해 충분하지 않으며, 이런 기능은 매우 비인격적인 소통이 이루어지는 현대 세계에서 친밀한 관계의 영역으로 옮아갔다고 한다.

『열정으로서의 사랑Liebe als Passion』에서 루만은 사회적으로 정의된 성과 개인적으로 경험했거나 경험할 성의 차이를 파고든다. 그의 명제에 따르면 사랑과 성의 느낌을 표현할 수 있는 코드는 사회를 통해 규정된다.

오늘날 미디어와 문학이 제시하는 집단적 환상을(즉 늘 갈망하는 남자와 그의 갈망을 위해 늘 준비된 반나체의 아름다운 여자로 이루어진 빛나는 한 쌍의 낭만적 사랑이라는 허구를) 코드로(즉 사랑과 성의 실천 방법을 제시하고 이에 따라 행동하면 어떤 결과가 예상되는지 알려 주는 코드로) 이해한다면 이것은 매우 공허한 코드일 수밖에 없다. 왜냐하면 연애소설에서도 확인할 수 있는 것처럼 사랑과 성애의 지침이 되어야 할 이런 코드는 일상의 현실과 거의 관련이 없기 때문이다. 이런 코드는 한편으로 아름다운 허상(연인은 젊고 아름다우며 상대를 간절히 원하고 많은 것을 약속할 수 있어야 한다)을 선전하고, 다른 한편으로는 섹스를 건강을 위한 운동이나 경쟁 스포츠처럼 포장한다. 쾌락의 문화와 사랑의 대화는 거의 취급되지 않는다. 즉 자세히 들여다보면 특히 불안을 유발하고 새로운 관계의 기술이 필요한 영역은 거의 다뤄지지 않는다.

게다가 여성과 남성의 성욕은 결코 같지 않다. 경제적으로 종속적 지위에 있는 여성의 경우 성적으로 순응하고 자신을 부정하는 경향이 더 강하다는 것은 경험적으로 증명된 사실이다.[20] 과연 여성은 성을 통해 간절히 얻고자 하는 것을, 즉 친밀감, 자존감, 안정감, 제집에 있는 느낌 같은 것을 이런 순응을 통해 얻을 수 있을까?[21]

사회학자 캐럴 하게만–화이트Carol Hagemann-White에 따르면 여성은 "사랑에 대한 갈망과 희생의 환상에 환멸을 느낄 때" 비로소 깨어난다.[22] 이는 현재 도처에서 확인되는 광범위한 욕구의 결여와 부합한다. 또한 결혼한 지 5년 이상 된 여성의 70퍼센트가(그리고 남성의 75퍼센트가) 혼외 성관계를 가진다는 사실과도 부합한다. 이런 여성의 76퍼센트는 남편과 소원해진 것을 이유로 꼽았고, 21퍼센트는 집에서 충분한 성관계를 갖지 못하거나 성관계가 불만족스러운 것을 이유로 꼽았다.[23] 이런 혼외 성관계의 이유가 여성이 부부 생활에서 정서적으로 방치되고 존중받지 못한다고 느껴서 자신을 더 존중하고 진지하게 받아들이며 자신이 매력적인 사람이라는 느낌을 갖게 하는 사람을 외부 관계에서 찾기 때문인지, 아니면 동반자에 대한 성적 순응을 넘어 자신의 성을 되찾으려 하기 때문인지는 단정하기 어렵다. 어쨌든 성은 이처럼 부부 관계에서 안정감을 주는 영역이라기보다 각종 불안을 유발할 수 있는 영역이라 하겠다.

강렬한 애정에 대한 불안

사람들은 이별에 대한 불안만 느끼는 것이 아니라 사랑과 열정에 대한 불안도 자주 느낀다. 어쩌면 우리가 누구에게 다정함을 표현할 때 매우 신중하거나 좋아한다는 말을 함부로 하지 않는 이유도 이 때문일지 모른다. 우리는 괜한 일이 일어나지 않도록 매우 조심한다. 어째서 우리는 사랑을 두려워할까? 이 현상을 상징의 관점에서 보면 사태가 분명해진다. 커다란 사랑은 언제나 불의 은유로 표현된다. 우리는 둘이 '불타오른다'거나 적어도 서로 '뜨겁다'고 말한다. 어느 독일 민요에서는 "어떤 불도, 어떤 석탄도 그렇게 뜨겁게 타지는 못하네."라고 노래한다. 불이 꺼져 가면 불을 다시 지필 수도 있고, 불이 꺼지지 않도록 주의할 수도 있다. 그러나 사랑을 불의 은유와 연관 지을 때는 불이 주위를 따뜻하게 하고 변화시키기도 하지만 파괴하기도 한다는 지식이 그 밑에 깔려 있다. 특히 제대로 번지기 시작한 불을 통제하기란 결코 쉽지 않다. 내가 보기에는 격렬한 애정에 대한 불안도 이와 비슷하다. 격렬한 사랑의 감정은 통제되지 않는다. 이런 감정에 자체 동력이 생기면 영원할 것 같던 질서도 한순간에 무너져 버린다. 삶이 쾌적하고 따스해질 뿐 뒤죽박죽되지는 않도록 사랑의 정도를 원하는 만큼만 선택할 수는 없는 노릇이다. 사랑 앞에서 우리는 종종 선택의 기로에 놓이곤 한다. 이럴 때 우리는 사랑을 선택하거나 멀리해야 한다. 적정량의 사랑을 처방받을 수는 없다. 사랑은 우리의 통제 욕구를 매우 교란한다. 왜냐하면 사랑은 우리가 어쩔 수 없이 빠지는 것 같은 느낌이 드는 과정이기 때문이다. 게다가 이제 이 강렬한 감정 없이는 살 수 없을 것 같은 느낌마저 든다. 다시 말해 이것에 의존하게 된다. 그러면 당연히 마음에 상처를 입기도 쉬워진다. 힌두교의 시바Siva와 샤크티Shakti 신화에서 사랑의 신 시바는 사랑의 화살이 꽂히기 쉬운 취약한 곳을 찾는다.[24] 상처 입지 않는 여신 샤크티는 결코 사랑으로 만족하지 않으며 사랑으로 정복되지도 않는다. 그러나 사랑의 신이 화살을 쏴서 사랑의 흥분을 일으키려면 취약한 곳이 있어야만 한다. 비록 이 인도 신화에서 화살은 꽃 화살에 불과하지만, 그래도 이런 화살의 은유에는 침해의 의미가 분명하게 담겨 있다. 무언가가 우리에게 '꽂혀야만' 한다. 그리스 신화에서 사랑의 신 에로스는 황금 화살을 가지고 있다. 여기서는 이 화살이 상대를 다치게 한다는 점이 더 뚜렷하게 나타난다. 그러나 이런 부상은 열정적인 갈망을 낳는다. 우리가 사랑에 빠질 때도 상처를 입는다. 사랑이 아무리 아름답고 바람직해도 다른 한편으로 우리에게 상처를 입힌다. 우리가 통제할 수 없는 강렬함 때문에 우리에게 상처를 입히고, 우리가 자율적인 존재가 아니라 의존하는 존재라는 느낌도 우리를 괴롭게 만든다.

사랑으로 인해 우리의 정체성 경험뿐만 아니라 정체성 자체가 변할 수 있다. 새롭게 깨어날 수도 있고 이전에는 몰랐던 자신의 어떤 측면이 살아날 수도 있으며, 때로는 이로 인해 우리가 파괴될 수도 있다. 이 때문에 이런 강렬함을 두려워하는 사람들도 있다. 그리고 이런 불안은 종종 성에 투사된다. 그러면 다양한 강도의 몰입 장애와 같은 성 장애가 유발될 수 있다. 이런 사람은 성적 몰입을 두려워하는데, 그러다 결국 자신이 사라지지 않을까, 자신이 아주 딴사람이 되지 않을까 두렵기 때문이다. 이럴 때 사람들은 흔히 이런 두려움을 바로 표현하는 대신에, 성생활에서도 최대한 통제력을 유지해야 하며 그렇지 않으면 큰일 난다는 식으로 말한다. 그러나 이러면 잘 알려진 것처럼 최고의 희열과 황홀경을 경험하기 어렵다. 이런 두려움의 배후에는 정체성 상실에 대한 불안, 더 이상 자신을 통제하지 못할지 모른다는 불안이 도사리고 있다. 이런 불안을 느끼는 사람은 종종 마치 사랑 때문에 다른 사람의 노예가 되어서 그 사람이 원하는 대로 성적 쾌락의 위험한 불장난 등을 함께해야 하는 처지에 놓인 것 같은 인상을 풍긴다. 이런 사람에게 강렬함에 대한 과도한 욕망은 사랑하는 사람에게 의존하는 것만큼이나 위험하다.

이렇게 통제하기 어려우며 자발적이고 창의적인 방식으로 우리 삶에 독특한 변화의 물결을 일으키는 사랑 앞에서 우리는 매우 모순적인 상황에 처하게 된다. 한편으로 우리는 사랑에 빠질 때 마치 사랑의 노리갯감이 되어 상대방의 모든 소망을 들어줘야 할 것 같은 느낌이 들 정도로 사랑의 노예가 되곤 한다. 그리고 이러면 당연히 강렬함에 대한 불안이 생긴다.

그러나 다른 한편으로 사랑은 우리에게 엄청난 자유를 선사할 수도 있다. 사랑을 통해 우리는 활력과 강렬한 삶의 느낌을 받을 수 있으며, 우리의 정체성이 크게 성장하는 기회를 얻을 수도 있다. 그리고 사랑이 선사하는 이런 강렬함을 경험하면 당연히 이런 강렬함을 다시 잃어버릴지 모른다는 새로운 불안이 생긴다. 이것은 어느 날 갑자기 회색빛 삶으로 돌아갈지 모른다는, 강렬했던 기억이 아직도 생생하지만 다시는 이런 강렬함을 경험하지 못할 것 같은 불안이다. 앞에서 살펴본 것처럼 사랑은 유아기에 양육자와의 관계에서 제대로 이루지 못했던 많은 것을 새롭게 경험할 기회이기도 하다. 따라서 사랑을 통해 자기 자신을 더 잘 이해하고 그동안 부족했던 몇몇 측면을 만회할 기회를 얻을 수 있다.

실제로 사랑은 우리 안의 동심을 일깨워 준다. 물론 사랑의 관계에서 늘 어린아이의 역할만 할 수는 없지만, 사랑은 다른 한편으로 새출발의 기회이기도 하다. 이런 새출발의 기회는 어린아이의 은유를 계속 사용하자면 '전능한 아이'의 원형과도 같다.

전능한 아이의 원형은 온갖 위험이 따르더라도 모든 것을 언제나 다시 새로 할 수 있으며, 발전의 기회가 여전히 있다는 희망에 기초한다. 사랑의 감정에는 자신이 바뀌어 새로워질 수 있다는 느낌, 낡은 껍데기를 깨부술 수 있다는 느낌이 포함되어 있다. 이런 느낌은 다른 사람이 우리를 새롭게 바라보거나 우리 자신이 이전에는 몰랐던 자신의 측면들을 발견하는 식으로 일어난다. '전능한 아이'의 이미지는 관계에서 생기는 창의적인 것과도 관련이 있다. 이것은 내가 앞에서 관계 속에 있는 제3의 것이라고 불렀던 것이기도 하다. 이 제3의 것은 매우 중요하다. 이것은 공동의 자식일 수도 있고, 공동의 관심사나 함께 헌신할 어떤 것일 수도 있다. 성생활이 매우 만족스럽고 갈등의 원인이 되지 않는다면 성생활도 제3의 것이 될 수 있다. 이런 제3의 것, 관계에서 생기는 창의적인 것의 의미는, 혼자서는 경험할 수 없고 오직 함께 만들거나 경험할 수 있는 어떤 것을 체험하는 데 있다.

이런 강렬한 사랑의 감정에 사로잡힌 사람은 이를 종종 상대방에게 투사하는데, 그러면 상대방에게 사로잡힌 것 같은 느낌이 든다. 그러면 빠르게 권력 갈등이 생기고, 이는 강렬한 사랑의 감정에 도움이 되지 않는다. 이럴 때는 강렬한 사랑의 감정과는 전혀 다른 종류의 강렬한 권력 갈등을 경험하게 된다. 이런 문제는 일상생활에서 이중 투사의 형태로 자주 나타난다. 예를 들어 약속을 하고 기다리는데 애인이 30분이나 늦게 도착하면 다음과 같은 상황이 벌어진다.

"너는 자꾸 나를 네 노예로 만들어. 내가 네 노리갯감이냐? 너는 내가 널 사랑하는 만큼 나를 사랑하지 않아." 애인은 늦은 이유를 설명하려 한다. 때로는 정말로 늦을 수밖에 없었던 이유가 있기도 하지만, 이런 설명은 별 효과가 없으며 상대방의 격한 반응은 좀처럼 누그러들지 않는다. 여기서 중요한 것은 단순히 30분이나 기다려야 했기 때문에 화가 난 사실이 아니라 이중 투사가 일어나고 있음을 깨닫는 것이다. 때로는 이것이 정확히 표현되기도 하는데, 그럴 때는 다음과 같은 식으로 말한다. "내가 널 너무 사랑한다는 것 때문에 화가 나. 내가 널 그렇게 사랑하지 않는다면 네가 30분 늦든 말든 상관없을 테니까." 이런 표현은 자신이 애인에게 종속되었을 뿐만 아니라, 이런 강렬한 감정의 노예이기도 하다는 사실을 분명하게 보여 준다.

강렬한 애정의 상실에 대한 불안

강렬한 애정이 지속되려면 어떻게 해야 할까? 모두가 잘 아는 것처럼 사랑은 임의로 처분 가능한 물건이 아니다. 강렬한 감정은 지속될 수 없으며, 만약 지속된다면 너무 힘든 일이 될 것이다. 감정은 왔다가 간다. 누구는 감정을 신에 비유하기도 하는데, 이것은 전혀 엉뚱한 비유가 아니다. 신은 신의 뜻대로 왔다가 간다. 신이 오면 우리는 신을 반기거나 두려워한다. 신이 떠나면 우리는 기껏해야 다시 와 달라고 기도할 수 있을 뿐이다. 그러나 현대 사회에서는 이런 사고방식이 일반적이지 않다. 이보다는 처분 가능성의 관점에서 생각한다.

강렬함을 되찾으려는 필사적인 시도는 감정을 통제하는 형태로 나타난다. 이럴 때는 애인의 행동뿐만 아니라 감정까지 통제 대상이 된다. 이제 애인은 자신이 느끼는 모든 것을 이야기해야 하며, 이왕이면 상대방이 공감할 수 있게 이야기해야 한다. 때때로 이런 경우는 다음과 같이 요구하는 상황으로까지 치닫는다. "네가 느끼는 모든 걸 빠짐없이 털어놔! 그래야만 우리 사이가 다시 좋아질 수 있으니까." 이런 요구를 하는 사람이 기대하는 것은 잃어버린 강렬한 감정을 되찾는 계기로 작용할 특정 강도의 매우 특정한 감정이다. 그러나 대개 이런 감정 통제는 원하는 사랑의 감정 대신에 강력한 방어 행동만 낳는다.

아니면 우리는 이런 강렬한 감정을 떠나보내지 않으면서 어떻게든 다시 불러내려 한다. 이런 감정이 현재 사라진 것이 확실하면 감정을 떠올리고 이야기하면서 되살아나기만을 바란다. 우리는 한때 우리에게 많은 의미와 커다란 감동을 선사했던 사랑의 이미지들을 붙잡으려고 노력한다. 그러나 일상생활에서 더 이상 확인될 수 없는 낡은 환상에 빠져 있으면 시간이 지나면서 비현실적인 느낌이 들기 시작할 것이다. 이렇게 현재의 관계를 놓치게 되면 살아 있는 생생한 이미지는 더 이상 존재하지 않을 것이다.

강렬한 사랑을 경험할 때는 마음속 깊이 잠재해 있던 아니무스Animus 또는 아니마Anima의* 형상이 두 연인의 마

---

* '아니무스와 아니마'는 융이 인간의 집단 무의식에 잠재해 있다고 가정한 원형Archetyp 중의 하나다. 아니무스는 여성의 잠재된 남성적 측면을, 아니마는 남성의 잠재된 여성적 측면을 가리킨다.

음속에서 깨어난다.[25] 아니마와 아니무스는 사랑을 통해 깨어나 우리와 우리의 깊은 내면 사이의 가교 역할을 하는 심상이다. 아니마 또는 아니무스의 가교를 통해 실제 연인의 특성이나 성별과 관계없이 사랑, 희망, 자기 곁에 있는 느낌Gefühl des Beisichseins,* 완전한 느낌 등이 생기는 듯하다. 이 때문에 '당신'을 향한 갈망, 신적인 것을 향한 갈망, 완전함을 향한 갈망 등은 거의 서로 분리되지 않는다. 몸과 마음과 영혼이 동시에 사로잡혀 홀린 듯한 느낌도 이와 비슷하다. 물론 우리 안의 이런 심상을 불러일으키는 것은 대개 어떤 특정한 사람이다. 어떤 사람이 우리 안의 이런 심상을 일깨우고 때로는 우리가 다른 사람 안의 이런 심상을 일깨운다. 이런 과정을 통해 공동의 자기 같은 것을 경험하게 되고, 두 사람의 사랑은 이런 경험의 표현이라 하겠다. 강렬한 사랑의 감정은 이런 식으로 설명될 수 있다. 이런 감정은 자연스럽게 서로에게 투사되고 때로는 영화나 문학 작품 속의 한 쌍에게 전이되기도 하는데, 그러면 이런 대상은 우리에게 매우 중요한 의미를 지니게 된다.

이렇게 우리 안에 깊이 잠들어 있던 신비하고 매혹적인

---

* 철학자 헤겔Hegel의 용어인 'Beisichsein'은 보통 '자기 곁에 있음' 또는 '자기 현존'으로 번역된다.

측면들이 깨어난다. 우리 안의 이런 측면들에 반응하는 연인을 통해 이런 측면들에 생명의 살이 붙기 시작한다. 좀 더 구체적으로 말하자면 누가 우리 안의 어떤 측면을, 예를 들어 우리 안에 있는 독립적인 여성의 측면을 사랑하면 우리는 시간이 지나면서 실제로 그렇게 되거나 적어도 그런 면이 더 커질 것이다. 그러면 연인이 더 이상 이런 측면을 끊임없이 자극하고 사랑할 필요도 없게 되는데, 왜냐하면 이제 이런 측면은 우리 자신의 확고한 일부가 되었기 때문이다. 이전에는 둘의 관계 속에 있었던 것이 어느새 나 자신의 일부, 나 자신의 삶이 된다. 이렇게 무게 중심이 관계에서 통합된 자기로 옮아간다. 이제 홀로 있는 것, 자기 자신에게 집중하는 것이 삶의 주요 주제로 등장한다. 어느새 우리는 새로운 정체성을 토대로 건강한 삶의 느낌을 받게 되며, 사랑의 관계를 통해 촉발되었던 특정 성격이 이제는 더 이상 연인의 지속적인 확인이 필요하지 않은 우리 자신의 가능성이 되었음을 감지한다. 아니마 또는 아니무스의 통합 과정은 이런 식으로 전개된다. 그리고 운이 더 좋으면 사랑의 관계를 통해 아니마 또는 아니무스의 새로운 가능성이 열리기도 한다.[26] 이런 통합 과정에서는 관계 속의 자기보다 개별적 자기에 더 초점이 맞춰진다. 이 시기에는 종종 성적 환상도 연인에게 알리거나 연인과 공유하고 싶지 않은, 매우 사적인 길로 접어들곤 한다. 이것은 이 단계의 한 가지 특징이다.

이 통합과 거리 두기의 단계에서는 더 이상 강렬한 사랑의 감정이 존재하지 않을 가능성이 매우 크다. 우리는 인간이 '작별하는 존재abschiedliche Existenz'라는 사실을 받아들여야 한다. 우리는 살기 위해 놓는 법을 배워야 한다. 자신이 이미 통합 단계에 있다는 것을 감지하면서도 여전히 초기 관계의 강렬함이 남아 있는 것처럼 행동하는 것은 진실하지 못하다. 작별하는 존재란 삶이 죽음을 포함하므로 늘 죽음을 받아들이는 자세로 살아가는 것을 의미한다. 죽음을 받아들이지 않으면 새로운 것은 태어나지 않는다. 실제로는 더 이상 남아 있지 않은 강렬함이 그대로 있는 것처럼 행동하면 갈망도 생겨나지 않고 새로운 것도 태어나지 않는다. 왜냐하면 갈망을 통해서만 새로운 강렬함이 자라나고 자신과 연인의 마음속에서 아니무스 또는 아니마의 새로운 형상이 되살아날 수 있기 때문이다. 더 많은 관계, 더 깊은 관계 또는 새로운 형태의 함께하기에 대한 갈망을 통해서만 다시 강렬한 갈망과 강렬한 느낌에 접근할 수 있다. 그러나 이를 위해서는 이런 느낌이 다시 불타오를 수 있는 바탕을 준비하기 위한 결단이 필요하다. 즉 관계를 위한 결단 또는 관계를 끝내기 위한 결단이 필요하다. 관계를 위한 결단이란 또한 그저 서로를 비난하는 대신에 자신의 갈망을 상대방에게 알리는 것, 서로에게 관여하는 동시에 서로를 놓아줄 수도 있는 것, 지나간 것을 과거로 받아들이고 기억하는 것 등도 의미한다.

'작별하는 존재'에는 애도 작업의 의미도 포함되어 있다. 우리는 강렬한 감정이 더 이상 남아 있지 않는 것을 슬퍼한다. 그러나 이런 애도 과정에는 첫날밤, 첫 선물, 처음으로 함께 들었던 음악 등에 대한 기억도 포함된다. 기억을 통해 이 모든 것이 다시 살아날 수 있다. 이를 통해 새로운 관계의 환상이 또다시 생겨난다. 늘 새롭게 조합된 아니마 또는 아니무스의 형상이 내적 과정의 이정표로 가시화되는 것은 성인기 발달심리학의 한 가지 특징인 듯하다. 한 가지 측면이 통합되면 무의식 속의 새로운 심상이 떠오른다. 이를 위해 우리가 특별히 해야 할 것은 없다. 그저 이것을 지각하기만 하면 된다. 새로운 환상은 종종 내부 관계가 투사된 외부 관계의 모습으로 나타나는데, 이런 환상을 지각하고 진지하게 받아들일 수 있어야 한다. 새로운 환상이 늘 기존 연인을 통해 촉발되는 것은 아니다. 물론 그러면 더할 나위 없겠지만, 그런 일이 자주 일어나지는 않는다. 또한 새로운 관계의 환상이 항상 외도를 의미하는 것은 아니다. 이것이 기존 관계를 새롭게 하는 원동력이 될 수도 있기 때문이다. 그러면 연인의 재

발견과 같은 일이 일어나고 강렬한 사랑의 감정이 되살아날 수도 있다.

위에서 설명한 온갖 형태의 불안에 영향을 미칠 수 있는 또 다른 관계 불안은 바로 미래의 운명에 대한 불안이다. 미래의 운명이 불안한 사람에게 새로운 환상은 금물이다. 그러나 새로운 환상은 사랑과 열정의 감정 및 살아 있는 느낌의 기초가 된다. 이 경우 충실 개념이 결정적인 역할을 할 수 있다. 왜냐하면 우리는 강렬함을 다시 경험하고자 하면서도 관계가 위태로워지는 것은 원치 않기 때문이다. 그래서 자신의 연인과 무관한 환상은 억압하게 된다. 그러나 바로 이 때문에 새로운 활력과 강렬한 감정의 부활이 어려워진다. 관건은 우리가 무엇에 충실하고자 하는가다. 우리는 활기찬 삶에 충실하고자 하는가 아니면 활기가 전혀 없더라도 특정한 사람에게 충실하고자 하는가?

우리가 불안을 떨치는 데 도움이 되리라고 기대하는 인간관계는 다른 한편으로 불안을 낳는 무한한 원천이기도 하다. 이 때문에도 우리에게 진정으로 필요한 것은 불안을 마주할 용기다. 불안에 굴복하고 불안을 회피하면 관계가 더 제한될 수밖에 없고, 그러면 더욱더 불안해진다.

어찌 보면 서로에게 원하는 것이 그리 많지 않은 관계가 삶의 불안에 대처하는 데 더 도움이 될 수도 있다.

미국의 사회학자 데버라 벨Deborah Belle의 대규모 연구[27]에 따르면 여성들은 친밀하고 신뢰하는 관계에 몰두할 뿐만 아니라 다른 여성과의 관계에서 삶의 과제에 대처하는데 유용한 도움을 많이 얻는다고 한다. 이에 따르면 여성들은 서로에게 이런 친밀함과 지원을 제공함으로써 상당한 만족을 얻는다. 벨이 증명해 보인 것처럼 일상생활에서 주위의 지원을 많이 받고, 자신의 감정을 표현할 기회를 누린 여성일수록 자존감과 자기 효능감이 높았다. 그리고 이런 감정이 뚜렷할수록 삶의 과제를 적절히 해결할수 있을 것이라는 확신이 컸으며, 우울증과 불안 증상은덜 나타났다. 그러나 벨은 여성들이 서로 정서적·실제적지원을 주고받는 이런 생활 네트워크의 대가를 지적하는것도 잊지 않았다. 즉 이런 환경 속의 여성들은 동성 친구의 감정 상태에 '전염'되는 일이 잦았다. 그래서 한 여성의 걱정은 다른 여성의 걱정이 되었고 한 여성의 사회적위기는 다른 여성의 사회적 위기가 되었다. 어쨌든 확실한 사실은 매우 가까운 동성 친구를 둔 여성일수록 스트레스 상황에서 홀로 있지 않았으며, 불안과 우울증을 덜보였고 더 높은 자존감과 자기 효능감을 가지고 있었다는점이다. 이렇게 볼 때 여성들의 경우 자신감은 일차적으로 독립성과 관련 있다기보다 필요할 때 누구를 믿고 의지할 수 있는지 아는 능력과 더 관련 있는 듯하다.[28]

6
불안의 상징

여기서는 불안의 문제를 무의식이나 꿈의 관점에서 좀 더 자세히 살펴보고자 한다. 대다수 사람은 악몽을 꾼 경험이 있을 것이다.

이런 악몽을 통해 우리가 배울 수 있는 것은 무엇인가? 불안의 상징이 우리에게 의미하는 것은 무엇인가?

불안을 유발하는 꿈

뱀의 상징 같은 몇몇 상징은 불안의 집단적 상징으로 간주할 만하다. 그러나 모든 사람에게 불안을 의미하는 상징이 있는 것은 아니다. 누구에겐 불안을 유발하는 것이 다른 사람에겐 약간의 불쾌감을 유발하기도 하고, 또 다른 사람에겐 쾌감을 유발할 수도 있다.

불안의 집단적 상징 외에 대다수 사람에게 불안을 의미하고 불안을 유발하는 꿈속의 상황도 있다. 그러나 꿈에 나타나는 불안의 상징은 일상 속의 무엇이 우리를 불안하게 만드는지, 그리고 이런 불안에 대처하려면 어떻게 해야 하는지에 대해서도 상당한 정보를 제공한다. 이때 우리는 위험한 상황뿐만 아니라 꿈속의 내가 이에 어떻게 반응하는지에도 주목할 필요가 있다.

꿈속의 위험 상황과 우리의 대처 능력

꿈에서 경험하는 위험 상황에서는 항상 위험에 대응하는 일정한 능력을 가진 '꿈속의 나', 상황에 따라 가변적인 자아 강도를 보이는 꿈속의 자아가 있다. 이런 능력을 어떻게 경험하는지에 따라 위험 상황이 큰 불안을 유발할 수도 있고 불안을 덜 유발할 수도 있다.

이는 전형적인 악몽에 대해 생각해 보면 쉽게 이해된다.

덩치가 엄청 큰 사람이 나를 따라오는데, 그 사람의 얼굴을 볼 수도 없고 지금 무슨 상황인지 짐작하기도 어렵다. 나는 힘껏 달려서 안전한 곳으로 피신한다. 그런데 어느 순간 내가 숨어 있던 오두막에 갇힌 것을 깨닫는다. 그러다 잠에서 깨어나 보니 나는 두려움으로 온몸이 땀에 푹 젖어 있었다.

이 꿈에서 꿈속의 나는 두려운 것에 대처하는 능력이 서툴다. 쫓아오는 사람을 제대로 보지도 못하고 그 사람이 얼마나 위험한지도 헤아리지 못한다. 꿈속의 나는 힘껏 도망치지만 결국에는 갇히고 만다. 이제 남은 유일한 탈출구는 두려움에 벌벌 떨면서 잠에서 깨어나는 것이다.

비슷한 꿈을 다르게 꿀 수도 있다.

덩치가 엄청 큰 사람이 나를 따라오는데, 그 사람의 얼굴을 볼 수도 없고 지금 무슨 상황인지 짐작하기도 어렵다. 나는 안전한 곳으로 피신하기 위해 달리기 시작한다. '뒤쫓아 오는 사람은 내가 날 수도 있다는 건 모르겠지?' 하고 생각하니 살짝 미소가 지어진다. 거리가 점점 좁혀지자 나는 비행을 결심한다. 나는 위로 날아오르면서 이제 그 사람을 똑바로 볼 수 있다…….

이 꿈에서 꿈속의 나는 위험한 인물에 대처하는 데 훨씬 능숙하다. 물론 두려움도 느끼지만 여유도 있으며, 상황이 급박해지자 곧바로 날아가는 방법을 생각해 낸다. 게다가 비행을 통해 이 인물을 똑바로 쳐다보면서 도대체 왜 나를 그렇게 급하게 쫓아오는지도 살필 수 있게 된다. 즉 올바른 상황 인식이 다시 가능해진다.

물론 누구는 꿈꾸는 이 사람이 비행이라는 방어 기제를 사용해 위험 상황을 너무 쉽게 벗어났다고 비판할 것이다. 그러나 많은 방어 기제를 갖추고 필요할 때 이를 사용할 줄 아는 것도 위험에 대처하는 능력이다. 꿈속의 나는 위험에 대처하는 능력이 클수록 불안감에 덜 시달릴 것이며, 그럴수록 불안 유발 요인을 똑바로 바라보면서 더 잘 대처하게 될 것이다.

따라서 무엇이 나를 위험에 빠뜨리는지도 알아야 하지만, 이런 위험에 내가 어떻게 대처할 수 있는지를 아는 것도 반드시 필요하다. 관건은 불안에 휩싸인 사람의 정체성이다. 이때 유의할 점은 위험의 종류에 따라 요구되는 정체성의 측면도 다르다는 점이다. 여기서는 많은 악몽 사례를 토대로 정리한 몇 가지 전형적인 불안 상황과 이에 따라 요구되는 능력을 요약해 소개하고자 한다.

비좁은 상황 — 공간 확보하기

엘리베이터, 방 안, 좁은 공간 등에 갇혀서 갑갑하고 비좁은 느낌이 드는 꿈을 꾸는 경우, 꿈속의 나에게 요구되는 능력은 자신을 둘러싼 공간을 넓힐 줄 아는 능력이다. 다시 말해 비좁은 생활 환경에서도 스스로 공간을 확보할 줄 알아야 한다. 상징적으로 말하자면 이것은 자기실현을 위한 적절한 공간을 확보하는 것이다. 이것은 이 세계에서 한 자리를 차지하면서 이 자리가 지나치게 좁아지는 것을 거부할 수 있는 우리의 권리다.

공격받는 상황 — 마주하고 소통하기

사람이나 동물의 공격뿐만 아니라 독약, 유독 가스, 병원균 같은 물질의 '공격' 등 우리를 파괴하려는 공격은 우리 생명이 위험에 처한 상황, 우리의 존재 전체가 위태로운 상황에 해당한다. 따라서 이런 상황에서는 정체성의 여러 측면이 요구된다. 즉 자아 기능, 창의성, 공격적인 자기방어, 포기하지 않고 스스로 일어서기, 자기 보존 욕구 일깨우기 등이 필요하다. 이때 유의할 점은 통제력을 잃을수록, 위험을 마주해 똑바로 바라보며 위험과 소통하는 데 서툴수록 불안이 더욱더 커진다는 점이다.

때로는 이런 불안 유발 요인이 꽤 구체적인 형태를 띠기도 한다. 그럴 때는 위험에 처한 정체성의 측면, 이런 불안을 극복하기 위해 요구되는 정체성의 측면도 좀 더 구체적으로 규정할 수 있을 것이다.

타율적 상황 — 스스로 결정하기

꿈에서 자신에게 일어나는 일을 통제할 수 없어 불안에 휩싸이는 경우가 있다. 예를 들어 자동차를 함께 타고 가는 운전자가 비포장도로에서 아주 사납게 운전한다. 운전대를 잡은 사람은 내가 할 줄 아는 언어를 전혀 이해하지 못하기 때문에 내가 뭐라고 할 수도 없다……. 또 다른 예를 들자면 이번에는 내가 직접 운전하고 있는데, 어느 순간부터 운전대가 말을 듣지 않고 은밀하게 '외부의 통제'를 받고 있다는 것을 알게 된다.

이런 상황은 우리에게 위협적으로 느껴지며, 더 이상 자신의 삶을 스스로 통제할 수 없다는 사실은 매우 낯설고 섬뜩하다. 이런 꿈은 자율성과 관련이 있다. 이런 상황에서는 외부의 압력에 굴복하지 않고 자신의 삶을 적어도 통제 가능한 범위에서는 스스로 통제할 수 있는 능력이 요구된다.

훤히 들여다보이는 상황 — 들여다볼 수 없게 하기

꿈에서 누가 나를 꿰뚫어 보면 불안해진다. 이렇게 훤히 들여다보이는 상황은 말을 통해서도 조성될 수 있다. 예를 들어 꿈에서 누가 나의 매우 중요한 비밀을 알고 있다고 말할 수 있다. 이럴 때 그 사람이 실제로 무엇을 알고 있는지 전혀 짐작할 수 없고 정말로 소중한 내 비밀이 자연스럽게 머릿속에 떠오르면 불안은 더욱더 커진다. 말이 아니라 이미지를 통해서도 이런 상황이 연출될 수 있다. 예를 들어 누가 매서운 눈초리로 꿈속의 나를 노려볼 수 있다. 이런 상황에서 꿈속의 나는, 그리고 나중에 깨어난 나는 나만의 비밀을 지키려면 어떻게 해야 하는지, 다른 사람이 나를 쉽게 들여다보고 내 영역을 침범해 나를 조종하지 못하도록 하려면 어떻게 해야 하는지 묻게 된다. 나아가 부당한 개입으로부터 나를 지키려면 어떻게 해야 하는지, 외부에 드러낼 것과 나만 간직할 것을 스스로 결정할 수 있으려면 어떻게 해야 하는지 묻게 된다. 이런 대응은 나의 온전한 정체성을 지키기 위해 중요하다.

수치스러운 상황 — 자아상 견지하기

우리는 어떤 요구를 충족하지 못할 때 수치심을 느끼곤 한다. 이런 상황에서는 체면을 잃을지 모른다는 불안감, 이제는 존경받지도 주목받지도 못할 것이라는 회의감이 든다. 때로는 이런 불안감이 끔찍한 재앙처럼 느껴지기도 한다. 이럴 때는 자기표현의 방식을 되돌아보고 경우에 따라서는 자기에 대한 이해를 수정해야 한다. 혹시 내가 나 자신을 실제보다 '더 멋있게' 표현하고 있지는 않은 지, 내가 나 자신의 한계를 잘 알고 있는지 또는 한 번쯤 나 자신의 한계까지 밀어붙이거나 나 자신의 한계를 시험 해 보면 어떨지 생각할 필요가 있다. 자신의 이상적 자아 상을 비판적으로 검토해 현재의 자아상이 좀 더 현실에 부합하도록 끊임없이 조정할 필요가 있다. 그리고 이렇게 형성된 자아상에 대해서는 외부의 비웃음에 흔들리지 말 고 책임질 줄 알아야 한다.

길을 잃은 상황 — 자신을 돌아보기

사막이나 우주 공간 등에서 길을 잃어 불안에 떠는 꿈 은 자아의 경계를 지각하고 자신의 피부를 통해 외부와 분리된 개체로 살아가는 느낌이 뚜렷해지는 꿈이라 하겠 다. 이런 경우에도 중요한 것은 자신에 대한 확신을 잃지 않으면서 자아의 경계를 넓히는 방법을 모색하는 것이다.

그림자에 대한 불안 — 그림자를 받아들이기

자신이 소중히 여기는 가치에 따라 행동하지 않아서, 예를 들어 자신은 정직하고 성실한 사람이라고 자부하면 서도 실제로는 영악하게 처신해서 불안감에 휩싸이는 꿈을 꾸면 자존감이 한순간에 무너지는 느낌이 든다. 이럴 때는 자존감, 자신의 행동에 대한 책임감, 자신이 추구하는 가치관 등의 문제가 전면으로 부각된다. 꿈에 자신의 그림자 같은 것이 나타나서 불안감에 휩싸이면 자신의 정체성에 대한 의문은 더욱 뚜렷해진다. 이런 그림자는 자신을 뒤쫓는 형상으로 나타나기도 하고, 그냥 자신 곁에 있는 아주 불쾌한 형상으로 나타나기도 한다. 그림자 같은 것이 나타난다는 것은, 우리가 받아들일 수 없고 우리의 자아상에서 추방하고 싶은 우리 자신의 측면을 마주하게 되는 것을 의미한다. 우리는 이런 것을 받아들이지 않으며, 실제로 이런 것은 우리에게 매우 낯설게 느껴지기도 한다. 이는 자신의 어두운 면에 대해서도 책임질 줄 아는 태도와 관련된 문제다. 그리고 무의식을 받아들일 수 있는지의 문제이기도 하다. 우리의 이른바 자유 의지의 한계는 어디인가? 우리의 자아상은 얼마나 유연해질 수 있는가? 우리는 때때로 우리 자신 때문에 놀랄 수 있다는 점을 받아들여야 한다. 다시 말해 이런 놀라움을 부정하는 대신에 '무의식'의 존재를 받아들여야 한다. 우리의 이상적 자아상을, 우리가 원하는 우리의 모습을 우리 삶에 더 적합하게 바꿀 줄 알아야 한다.

양심의 불안 — 책임감 갖기

양심과 관련된 불안, 말하자면 우리 자신이 소중히 여기는 가치에 어긋나게 행동했을 때 드는 불안은 우리가 스스로 잘못을 저질러 곤경에 빠졌다는, 그래서 결국에는 자신의 삶을 망쳤다는 느낌을 준다. 이런 상황에서 자신을 직시하는 용기란 이런 불안을 회피하는 대신에 우리가 때로는 자신의 생각과 다를 수 있다는 것을 받아들이면서 이에 대한 책임을 지려고 노력하는 것이다. 특히 양심의 불안은 우리가 무엇을 책임져야 하는지를 잘 보여 준다. 이것은 결국 내면의 억압된 것을 받아들이고 삶의 새로운 방향성과 새로운 안정감을 찾는 문제이기도 하다. 특히 자신의 모습이 자신의 생각이나 바람과 뚜렷이 다를 때 이런 과제가 전면으로 부각된다.

낯선 것 — 친숙한 것에 주목하기

꿈에서 낯선 것을 경험하면 불안감이 들기도 하지만 때로는 그것에 매혹되기도 한다. 낯선 것은 우리를 매혹하는 동시에 불안하게 만드는, 그래서 친숙해질 필요가 있는 낯선 사람이나 낯선 지역의 형태로 나타나곤 한다. 예를 들어 꿈속에서 한 번도 본 적 없는 풍경이 펼쳐지면서 마치 '다른 별에 온 것처럼' 아주 낯설고 비현실적인 분위기에 휩싸일 수 있다. 이런 경험의 초점은 방향감 상실이 아니라 '낯설다'는 느낌 자체에 있다. 이런 꿈은 우리가 우리 자신에게 여전히 낯선 존재라는 사실,[1] 우리가 미처 깨닫지 못한 뜻밖의 측면들이 우리 내면에 있다는 사실의 표현이다. 우리는 종종 이런 낯선 것을, 그리고 이와 결부된 불안과 매혹감을 별생각 없이 낯선 사람에게 투사한다. 그런 다음에 낯선 사람을 물리치려 하거나 낯선 사람의 매력에 빠지곤 한다. 낯선 것 때문에 불안해지는 꿈에서 우리는 친숙한 것, 우리가 여전히 '친숙한' 세계에 있다는 안정감을 주는 어떤 것을 찾으려 한다. 예를 들어 꿈속의 '낯선 별'에서도 우주선이 지켜야 하는 운항 일정 같은 것이 있는데, 이런 것은 꿈꾸는 사람이 의지할 수 있는 친숙한 것이다. 꿈속의 아주 비현실적이고 낯선 장소에서 상상하기조차 어려운 일이 닥칠 것을 두려워하다가도 자신이 매우 친숙한 '작업용 청바지'를 입은 것을 깨달으면 자신이 하게 될 '작업'도 평소처럼 해낼 수 있으리라는 자신감이 생긴다. 이처럼 낯선 것을 경험할 때는 친숙한 것에 주목해야 한다. 그러면 낯선 것에 훨씬 더 두려움 없이 다가갈 수 있으며, 투사할 필요도 없고 낯선 것의 매력도 한층 더 자연스럽게 와닿는다.

추방당한 상황 — 다시 관계 맺기

또 다른 불안은 버림받은 느낌 또는 다른 사람들로부터 배척당할지 모른다는 두려움과 관련 있다. 이것은 외로움에 대한 불안, 자신이 다른 사람에게 매력적이지 않을지 모른다는 불안이기도 하다. 함께 어울리지 못하고 사랑받지도 보호받지도 못하는 외톨이가 될지 모른다는 불안은 수치심과 죄책감을 불러온다. 이런 불안에 대처하기 위해 필요한 것은 다른 사람의 시선과 상관없이 자기 자신을 바라볼 줄 아는 능력, 그리고 이를 토대로 함께 어울리며 새로운 관계를 맺을 줄 아는 능력이다. 내가 무엇을 원하고 무엇이 내게 필요한지를 먼저 물어야 한다. 이런 불안을 받아들이고 제대로 이해하려면 자신의 관계 행동을 기꺼이 바꾸려는 자세가 필요하다.

방향 상실 — 방향 찾기

꿈속에서 출구 없는 상황에 처하면 대다수 사람은 큰 불안에 휩싸인다. 예를 들어 사람들은 미로에서 출구를 찾지 못하거나 아주 낯선 도시에서 또는 복잡하게 얽힌 지하철 통로에서 길을 잃는 꿈을 꾸곤 한다. 이런 상황에서 필요한 것은 올바른 방향이나 새로운 방향을 찾을 수 있는 능력이다. 나아가 더 포괄적인 틀에서, 어쩌면 혼돈 속에서도 안정감을 찾을 수 있는 능력이 필요하다.

죽음에 대한 불안 — 창의성 발휘하기

죽음을 마주할 때, 삶이 헛되고 부질없게 느껴질 때도 우리는 불안에 휩싸인다. 이런 불안은 운명을 마주한 자의 무력감으로 경험되며, 그저 느끼고 받아들이면서 이런 저런 이름을 붙여 말로 표현하거나 이러저러하게 형상화할 수 있을 뿐이다. 이런 의미에서 이런 불안에 대처하는 근본적인 방법은 '죽음을 마주한 자의 창의성'을 발휘하는 것이다.

불안은 우리가 위험에 처해 있음을 알려 줄 뿐만 아니라 우리가 경험하는 정체성의 어떤 측면이 이런 상황에 더 큰 책임을 져야 하는지, 책임의 한계는 어디인지, 또 무엇을 '운명적인' 것으로 받아들여야 하는지도 분명하게 알려 준다. 불안은 인간 정체성의 모든 영역과 관련될 수 있다. 불안은 궁극적으로 우리의 전체 정체성과 관련되지만, 대개는 정체성의 개별 측면과 관련된다. 불안은 변화를 촉구하는, 궁극적으로는 더욱 포괄적이고 진실한 정체성을 향한 변화를 촉구하는 감정이다.

불안을 강화하는 요인

꿈속에서 언제 불안 경험이 강화되는지 살펴보면 다음과 같은 점을 확인할 수 있다.

위험한 것의 누적

꿈에서 위험의 상징이 하나만 나타나는 것이 아니라, 꿈꾸는 사람에게 위험하게 느껴지는 여러 상황이 함께 나타날 수도 있다. 예를 들어 꿈꾸는 사람에게 사막이 불안의 상징으로 작용할 경우 이런 사람이 '치명적인' 열기 속에서 눈이 멀 것처럼 강렬한('공격적인') 햇볕이 내리쬐는 사막을 헤매다가 갑자기 독사와 마주치는 상황이 이에 해당한다. 이런 상황에서 꿈꾸는 사람은 깜짝 놀라서 비명을 지르며 깨어난다. 우리가 통제할 수 없거나 더 이상 통제할 수 없는 속도의 증가도 불안 유발 요인의 누적처럼 작용해 불안을 크게 강화할 것이다.

불안 유발 요인과의 소통이 불가능한 경우

위험 상황에서는 대개 소통이 어려우며, 특히 위험인물로 지각된 사람과 소통하기란 더더욱 어렵다. '고전적인'

악몽을 통해 소통의 실패와 성공의 차이를 살펴보자.

꿈 1: 내 앞에 한 남자가 서 있다. 그는 공격적인 사람처럼 보인다. 나는 그와 대화를 시도한다. 그가 무엇을 원하는지, 혹시 내가 도울 수 있는지 묻는다. 그러나 그는 나의 말이나 행동에 전혀 반응하지 않는다. 그는 그저 묵묵히 내게 점점 더 다가온다. 나는 공포에 질려 소리를 지르려 하지만, 소리가 나오질 않는다.

꿈 2: 사람들이 나를 에워싼다. 여러 명의 청소년이 내게 무언가를 하려 한다. 심장이 두근거린다. 나는 한 명에게 다가가 손을 흔들며 "우리 언제 본 적이 있지 않나?" 하고 말을 건넨다. 덕분에 긴장은 사라졌다. 하지만 그 후에 나는 그 불량배들을 집으로 초대해야 했다.

위험한 것과 소통이 불가능하면 불안한 긴장감이 커진다는 사실은 일상적인 불안에 대처할 때도 매우 중요한 의미를 지닌다. 우리는 우리를 불안하게 만드는 것과 소통할 필요가 있다. 이것이 가능하려면 불안 유발 요인을 직시하고 그것을 말로 표현할 수 있어야 한다. 즉 그것을 부정하지 말아야 한다. 이와 관련해 중요한 것은 상상 기법을 익히고 불안 극복에 이를 활용하는 것이다. 여기서 상상 기법이란 상상 속에서 불안 유발 요인과 상호 작용을 시도하는 것을 말한다.

동화책 작가들은 이를 잘 알고 있다. 예를 들어 동화 속에서는 침대 밑에 숨어 있는 악어처럼 처음에는 불안을 유발하던 동물이 나중에는 상호 작용이 일어나면서 외로움을 견디는 데 도움을 주는 친구가 되곤 한다. 덩치가 어마어마하게 큰 동물도 일단 그 동물과 대화를 시작하면 크기가 작아진다. 주인공이 위기에 처한 상황에서는 이미 어느 정도 친해진 호랑이 같은 동물에게 도움을 청하기도 한다.

소통이 불안을 감소시킨다는 원칙은 동화에 국한되지 않는다. 불안은 무엇보다 소통이 반복해서 끊기거나 거의 불가능한 관계에서 발생한다. 소통의 부재는 방향감 상실과 무력감을 유발하고, 이는 불안을 유발하는 최적의 조건이 된다. 이런 이유로 인해 불안은 주로 인간관계에서 발생한다. 그러나 소통이 가능하면 불안감이 생기더라도 훨씬 더 잘 대처할 수 있다. 이런 상황에서 소통이란 무엇보다 불안을 마주할 용기를 의미한다. 이는 무엇이 나를 불안하게 만드는지 이야기할 수 있는 용기, 불안에 휩싸인 나 자신을 마주할 수 있는 용기다. 대개 이것은 거부, 창피, 멸시, 배척 등을 당할지 모른다는 불안과 관련된다.

이 점에서 소통이란 무엇보다 행동 지상주의나 향락 지상 주의로 도피하는 것과 같은 불안의 방어 전략을 포기할 용기를 내는 것을 의미한다. 상대방에게 최대한 솔직하게 이야기하고 상대방의 이야기를 최대한 성실하게 편견 없 이 경청하는 것이 중요하다.

자아·신체 기능의 제한

꿈속에서 평소의 자아·신체 기능이 제한되는 상황에 놓이면 불안이 더욱 커진다. 예를 들어 더 이상 제대로 듣 거나 볼 수 없다는 느낌이 들 정도로 지각 능력이 제한되 면 불안이 더욱 커진다. 우리는 악몽 속에서 종종 발이 땅 에서 떨어지질 않거나, 몸이 말을 듣지 않거나, 도움을 요 청하려 해도 목소리가 나오지 않는 상황에 처하곤 한다.

'외부'의 도움을 받을 수 없는 상황

불안을 유발하는 상황에서는 종종 수호자가 등장하곤 한다. 꿈속에서 수호자는 '외부의 손길'로 경험되지만, 실 제로 이것은 내면의 도움, 자신이 이미 알고 있거나 잘 알 지 못하는 내면의 형상이 내미는 손길이다. 이런 형상은 매우 중요하다. 악몽을 꿀 때면 '언제나' 이런 형상이 나타나 자신을 돕거나 진정시키거나 상황을 정리해 준다는 것을 알면 훨씬 덜 불안하기 때문이다.

42세의 한 여성은 다음과 같은 꿈을 꿨다.

내 앞에 세 남자가 서 있는데, 인상이 그리 좋지는 않다. 그들은 무언가 나쁜 의도를 가진 듯하다. 나는 이미 벽을 등지고 있기 때문에 더 이상 달아날 데도 없다. 그들은 내 말에 아무 대꾸도 없이 그저 점점 더 가까이 다가온다. 상황은 점점 더 불쾌해진다. 나는 문 쪽을 바라본다. 이런 상황에서는 보통 내 남동생이나 할아버지가 문을 열고 들어오기 때문이다. 그러는 사이에 이 남자들은 어찌 된 일인지 더 이상 다가오지 않았다.

이 여성은 자신이 이미 꾸었던 여러 꿈에서 자신이 위험에 처할 때마다 남성 가족이 나타나 자신을 보호하거나 상황을 정리해 주고 때로는 상대방에게 위협적인 태도를 취하기까지 한다는 것을 꿈속에서도 알고 있으며 이를 상당히 자랑스럽게 여긴다. 그녀의 마음속 한편에는 자신을 위협하는 형상들이 있고 다른 한편에는 자신을 보호하고 자신이 의지하는 다른 형상들이 있다. 이 때문에 자신을 보호하는 남성들이 실제로 나타나지 않아도 그녀는 이미 덜 불안하다.

죽음의 상징

전통적으로 죽음과 관련된 상징들, 예를 들어 뱀에 물리는 일, 피, 검은 강, 높은 곳 등은 커다란 불안을 유발하고 이미 있는 불안을 한층 강화한다. 우리는 좁은 의미의 이런 불안 상징과 개인적 상징을 구별할 필요가 있다.

어떤 사람에게는 삶의 특정 일화와 관련된 불안 경험이나 환상 속에서 경험했던 두려움을 상기시키는 개인적 상징이 다른 사람에게는 전혀 불안 유발 요인으로 작용하지 않을 수 있다. 예를 들어 어떤 사람에게는 매우 좁은 공간이 불안을 유발하는 반면에 다른 사람에게는 오히려 안정감을 선사할 수 있다.

그러나 대다수 사람이 정도의 차이는 있어도 불안 반응을 보이는 상징도 있다. 특히 생사와 밀접히 관련된 불안 상징들이 이에 해당한다. 이와 관련해 슈트리안은 다음과 같이 말했다. "아이들의 두려움은 특정 자연물(거미, 뱀, 높은 곳, 어둠 등)에 집중되어 있는데, 이는 계통 발생적 기억이 중요한 역할을 하기 때문인 듯하다."[2] 그러면서 그는 훨씬 더 위험한 자동차 사고와 같은 기술적 위험은 아이들에게 별다른 불안을 유발하지 않을 것이라고 덧붙였다. 그렇다면 불안의 이런 집단적 상징이란 무엇인가?

불안의 집단적 상징

뱀

뱀을 두려워하는 자연적 이유는 뱀이 비교적 드물기는
해도 치명적인 독을 가지고 있기 때문이다. 뱀의 독으로
의약품을 만든다는 사실은 잘 알려져 있지만, 이 점이 우
리의 감정에 자리 잡지는 못했다. 우리에게는 뱀이 초래
할 수 있는 치명적 위험이 훨씬 더 강력하게 와닿는다. 그
래서 뱀에 대한 불안한 경계심과 불쾌감은 사라지지 않
는다.

뱀은 생사의 상징이다. 뱀은 지하 세계와 저승의 상징
으로 볼 수 있지만(실제로 뱀은 땅속 구멍에 산다), 새처럼
알에서 태어나고 나무에도 기어오르는 등 지상 세계와
도 관련이 있다. 뱀은 허물벗기를 통해 형태를 바꿀 수 있
기 때문에 재생력의 상징으로도 간주된다. 고고학자 마리
야 김부타스Marija Gimbutas는 뱀이 생명력을, 예기치 않게 생
명을 불어넣는 힘을 상징한다고 말했다.[3] 과거에는 뱀의
형태가 아니라 뱀의 기운이 신성시되기도 했다. (뱀은 형
태 때문에 남근의 상징으로도 여겨졌으며 이를 통해 성적 의미
까지 띠게 되었다.) 즉 뱀은 삶에서 죽음으로 변화하고 다
시 삶으로 변화하는 과정의 근저에 놓인 기운의 상징으로

간주되었다. 이런 변화는 신체(땅뱀), 감정(불뱀) 또는 영혼의 수준(깃털 달린 뱀)에서 경험될 수 있다고 한다. 또한 뱀이라는 동물은 인간의 동물적 측면을 상징하기도 한다. 이 경우 뱀의 영역은 우리에게 낯선 것, 친숙해지기 어려운 것을 의미한다. 우리가 의식을 가진 존재로서 뱀의 상징이나 뱀 자체에 접근할 때 우리는 불안과 매혹을 동시에 느낀다. 꿈이나 환상에서 뱀은 깊은 내면에서 재생이 일어날 때(우리의 마음은 자기 조절 체계다) 또는 중대한 분열에 대한 반응으로 나타나곤 한다. 특히 이런 맥락에서 뱀은 독과 중독을 상징할 수 있다.

이에 대해 융은 다음과 같이 말했다. "예를 들어 뱀은 흔히 뇌척수 신경계, 특히 하부 뇌 중추, 그중에서도 연수와 척추를 상징하곤 한다."[4] "따라서 뱀은 비인간적인 모든 것에 대한 불안을 표현하는 동시에 숭고한 것, 인간 영역을 벗어난 것에 대한 '경외심'도 표현한다. 뱀은 가장 비천한 것이자 악마인 동시에 지고한 것, 하나님의 아들, 로고스Logos, 이성Nous, 아가토데몬Agathodaimon*이기도 하다."[5]

뱀에게 투사된 것은 아마 이 정도가 전부일 것이다. 서

---

* '아가토데몬'은 그리스 신화에서 행운, 번영, 건강, 풍요를 상징하는 수호령이며, 주로 뱀의 형태로 묘사되었다.

양의 성서 전통에서 낙원의 이브를 유혹한 뱀은 선악과를 따 먹도록 유혹했을 뿐이지만 사실상 악의 화신으로 간주된다. 깊은 깨달음 및 악한 것과의 연결, 즉 이 경우에는 의식에서 배척된 것과의 연결은 전통적으로 뱀과 결부되었으며 이런 연결은 결국 죽음을 불러온다. 굳이 투사의 대상이 아니더라도 뱀이라는 동물 자체는 매우 강력한 생명 에너지를 지닌 신비로운 존재를 상징한다.

피

체액의 일종인 피는 영혼과 생명이 깃든 자리로 간주된다. 피로 가득한 것은 생기 넘치고 열정적인 것으로 여겨지는 반면에 피가 없는 것은 기운과 활력이 없는 것, 궁극적으로는 죽은 것으로 여겨진다. 피가 보이는 것은 부상을 입었음을 뜻하며, 궁극적으로는 죽음이 임박했음을 뜻한다. 동물의 몸에서 피가 빠져나가면 생명도 함께 빠져나간다. 이 때문에 피는 아주 특별한 마법과도 결부된다. 부상으로 인한 것이 아닌 유일한 피는 생리혈이다. 그러나 이런 생리혈은 특히 큰 불안을 유발한다. 이것은 상처 없는 피, 궁극적으로는 여성의 생식력 및 출산 가능성과 관련된 피로서 생명의 가장 심오한 비밀을 시사하는 동시에 그래도 어쩌면 목숨을 잃을지 모른다는 상상과도 결부되어 있다. 이런 두려움의 대상은 아마도 이런 피에 깃들어 있다고 보았던 마법적인 힘, 여성들이 이것을 어떻게 사용하는지 정확히 알 수 없었던 힘이었을 것이다.

이처럼 피는 뱀과 마찬가지로 생명력과 생사를 가리키는 상징이다. 그러나 뱀보다 피는 인간의 경험에 훨씬 더 가깝다. 피는 쉽게 볼 수 없는 동물의 형태가 아니다. 따뜻한 피는 모두에게 있으며 누구나 볼 수 있다. 이로 인해 생사의 문제는 훨씬 더 '피비린내 나는 심각성'을 띠게 되며, 피의 상징과 결부된 불안은 생사의 문제와 직결된다. 그리고 이제 분명해진 것처럼 죽음에 대한 불안은 삶에 대한 불안과 뗄 수 없는 관계에 있다.

어둠과 '검은' 강

어둠은 헤아릴 수 없는 것, 빛으로 밝힐 수 없는 것, 따라서 낯설고 두려운 것, 보호받지 못하는 존재, 우리가 통제할 수 없는 것 등을 상징한다. 어둠은 꿰뚫어 볼 수 없는 밤 또는 영원한 밤인 죽음과 연관된다. 이런 밤에는 우리가 예상치 못한 온갖 일이 일어날 수 있다. 그러나 어둠 속에서도 우리는 우리가 두려워하는 것들을 들여다볼 수 있다. 반면에 우리 안의 어두운 것은 우리가 의식의 빛을 비추고 싶지 않은 것, 우리 자신에게조차 숨기고 싶고 차라리 어둠 속에 놔두고 싶은 것이다.

검은 강은 그리스 신화에서 살아 있는 자의 세계와 죽은 자의 세계를 구분하는 삼도천에 해당한다. 검은 강에 빠진 사람은 저승으로 떠내려간다. 이 맥락에서 검은색은 죽음의 색이다. 검은색이 물과 결합하면 '생명수'는 죽음의 물, 허무의 물이 된다. 우리의 기분이 매우 쉽게 물에 투사되는 점을 고려하면 물은 감정 상태의 상징이라 하겠다. 예를 들어 우리의 감정은 물처럼 출렁거리다가 다시 고요해지곤 한다. 또 어떨 때는 폭풍우가 몰아치기도 하고 소용돌이가 일어나기도 한다. 그리고 더 근본적으로 살펴보자면 깊은 강일수록 고요하며 때로는 인생의 강이 막히는 경험을 하기도 한다.

이런 물이 검게 변하면 이것은 어둡고 불투명한 감정 상태의 상징으로 볼 수 있다. 또는 자세히 들여다볼 수 없도록 스스로 어둡게 만드는 상황이나 삶의 어두운 측면과 관련된 상태를 시사할 수도 있다. 이것은 우리 자신의 그림자를 억압하는 것, 우리 자신에게 낯설고 어두운 측면을 받아들이려 하지 않는 것과 관련될 수 있으며 또는 삶의 어두운 측면, 차갑고 낯설게 느껴지는 것, 우리를 불안하게 만드는 것 등과 거리를 두려는 행동과도 관련될 수 있다.

높은 곳

높은 곳은 깊은 곳이 있어야만 볼 수 있으며 높이 오르려면 떨어질 위험을 무릅써야만 한다. 위로 올라가는 것은 우리 모두가 원하는 것이다. 성장하고 싶지 않은 사람, 높이 올라가서 전체를 조망하고 싶지 않은 사람은 거의 없다. 높은 곳은 꼭대기, 성공, 인생의 정점 등과 관련된다. 높이 오르기를 적절히 넓히기로 보완하는 것은 '인간학적 균형anthropologische Proportion'*을 유지하는 삶의 기술이다.[6] 이에 실패하면 너무 오르게 되고, 그러면 추락에 대한 불안, 심연에 대한 불안이 생긴다. 이런 불안은 우리 스스로 거리를 두었던 우리 자신의 심연이나 그림자의 분열과 관련된 것일 수 있으며, 또는 삶 자체의 심연, 궁극적으로는 다시 죽음과 관련된 것일 수 있다. 높은 곳은 발을 헛디딜 때, 바닥없는 곳으로 추락할 때 문제가 된다. 살면서 발을 헛디디는 일은 언제라도 일어날 수 있고 인생에는 깊은 구렁텅이, 우리가 통제할 수 없는 나락이 있게 마련이기 때문에 이런 불안의 계기는 도처에 존재한다. 이

---

* 스위스의 정신과 의사 루트비히 빈스방거Ludwig Binswanger는 '인간학적 균형', 즉 자연 세계, 사회 세계, 내면 세계의 균형을 유지하는 것이 건강하고 조화로운 삶의 비결이라고 주장했다.

때문에 우리는 언제나 삶의 '받침대'를 찾으려 한다. 우리를 떠받치는 구조, 우리가 매달릴 수 있는 가치관, 우리를 지지해 주는 수호자 등을 찾으려고 애쓴다. 그러나 우리에게 이런 받침대가 특히 필요해 보이는 경우는 더 높은 곳으로 또는 적어도 더 높아 보이는 곳으로 올라가려고 애쓸 때다. 또한 인생에는 심연과 불확실성이 있게 마련이라는 사실을, 삶의 끝과 죽음이 있다는 사실을 까맣게 잊을 때도 우리는 이런 받침대를 갈구한다.

지금까지 열거한 불안의 집단적 상징을 돌아보면 불안은 궁극적으로 죽음에 대한 불안이며 죽음에 대한 불안은 궁극적으로 삶에 대한 불안, 즉 삶을 삶답게 살지 못할지 모른다는 불안이기도 하다는 점이 분명해진다. 이렇게 볼 때 불안은 삶의 활기가 사라질 위험을 우리에게 끊임없이 경고한다. 그리고 그때그때 구체적인 불안은 정확히 어떤 면에서 삶의 활기가 사라질 위험이 도사리고 있는지를, 그리고 궁극적으로는 어떤 가치가 위험에 처해 있는지를 우리에게 알려 준다.

꿈속에서 불안에 대처하는 방법

잠에서 깨어나기

꿈속에서 불안으로 인한 흥분이 심해지면 종종 잠에서 깨어나곤 한다. 이럴 때는 보통 불안의 온갖 신체 증상이 나타난다. 빨라진 심장 박동, 호흡 곤란, 과호흡, 발한, 근육 떨림, 오한, 답답한 느낌, 압박감, 구역질 등의 증상이 거의 모두 나타날 수도 있고, 일부만 나타날 수도 있다. 잠에서 깨어나는 것은 그저 불안의 생물학적 결과에 그치지 않는다. 물론 생물학적 결과이기도 한데, 이는 불안이 심신의 밀접한 상호 작용에 기초한 현상이라는 사실을 다시 한번 보여 준다. 잠에서 깨어나는 것은 심리적으로도 해석할 수 있다. 즉 잠에서 깨어나 깨어 있는 의식으로 상황을 직시해야 할 때가 있는데, 꿈속에서는 불안만 경험하는 것이 아니기 때문이다. 꿈속에서 불안은 보통 이런저런 형태로 묘사된다. 그리고 이런 꿈속의 이미지를 되돌아보고 재음미할 때 비로소 삶의 어떤 상황에서 긴급히 깨어날 필요가 있는지, 삶의 어떤 상황을 깨어 있는 의식으로 책임져야 하는지가 분명해진다.

똑바로 바라보며 거리 두기

꿈속에서 불안을 경험할 때도 거리 두기의 방어 기제를 사용할 수 있다. 꿈속의 나는 나를 불안하게 만드는 사건으로부터 갑자기 거리를 두면서 "그래, 이 꿈은 내가 아는 거야."라는 식으로 말할 수 있다. 이런 거리 두기를 통해 꿈속의 나는 관객이 된다. 또는 꿈속의 내가 사건의 주인공과 관객으로 분리된다. 이는 불안을 유발하는 사건의 장면을 훨씬 더 정확하게 지각하고 관찰하는 데 도움이 된다. 다만 이럴 경우 불안의 감정은 약간 뒤로 밀리게 되는데, 이런 감정은 쉽게 되살아날 수 있다. 이를 위해서는 이 꿈을 상상 속에서 다시 경험할 필요가 있다. 즉 꿈속의 다양한 형상이나 상황에 대해 상상 속에서 공감하는 과정이 필요하다. 이제 나를 불안감과 동일시하면서도 불안 유발 요인에 적절히 대처하기 위한 거리 두기가 가능해졌다. 나를 불안감과 동일시함으로써 상황의 심각성과 위험을 감지할 수 있는 동시에 거리 두기를 통해 위험에 대처하기 위한 전략을 세우는 것이 가능해졌다.

속도 늦추기

예를 들어 꿈속의 내가 추락하는 상황에서 이제 조만간

땅바닥에 떨어져 죽거나 적어도 크게 다칠 수밖에 없겠다는 공포에 휩싸일 때 많은 사람은 낙하 속도가 무한히 느려지면서 '슬로 모션'으로 떨어지거나 부드럽게 착지하는 경험을 한다. 또 다른 전형적인 추락 꿈에서는 꿈속의 내가 갑자기 두 명이 된다. 처음의 '정상적인' 추락 꿈에서 나는 큰 공포에 휩싸인 채 '이제 끝이구나.'라고 생각한다. 그러다 갑자기 나는 내가 떨어지는 모습을 바라보며 흥분하기 시작하고 불안으로 인해 온몸이 점점 굳어지기까지 한다. 이쯤 되면 대다수 사람은 끔찍한 재앙이 실제로 벌어지기 전에 꿈에서 깨어난다.

분열과 해리는 충격적인 상황에서 흔히 사용되는 방어기제다. 이런 경우 끔찍한 일을 당한 사람은 그저 자신을 빠져나와 마음의 위안을 주는 환상 속으로 도피할 수밖에 없다. 다만 꿈속에서 일어나는 해리는 트라우마를 겪은 상황에서 일어나는 해리와 조금 다르다. 꿈속에서 나의 분열은 자아 상태가 흐려지는 과정이라기보다 오히려 일종의 의식화 과정에 가깝다. 왜냐하면 내가 커다란 불안에 휩싸인 나 자신을 바라보면서 내게 일어나는 일을 관찰하기 때문이다. 추락 자체는 여러 의미를 가질 수 있다. 추락은 우리가 잘못 올라갔을 때, 너무 높이 오르려 할 때, 지지 기반에서 너무 멀어졌을 때, 그래서 삶의 받침대에 대한 물음이 다시 제기될 때 흔히 발생한다.

속도를 늦추는 것은 문제를 더 잘 바라보는 방법이기도 하지만, 불안의 요인을 줄이는 방법이기도 하다. 속도가 너무 빨라 더 이상 통제할 수 없을 때, 그래서 커다란 불안에 휩싸일 때 우리는 속도를 늦춘다. 따라서 꿈속에서 속도를 늦추면 흥분이 가라앉는지, 또는 삶의 과정에서 속도 요인을 제거하면 불안이 덜 생기는지 살펴볼 필요가 있다.

꿈속에서 우리는 나무나 덤불 위, 물속, 쓰레기 더미 위로 떨어지곤 하는데, 이렇게 우리가 떨어지는 장소는 꿈속에서 묘사된 불안의 근원이 무엇인지에 관해, 나아가 삶의 받침대가 무엇인지에 관해 많은 것을 말해 준다. 이때 추락하는 나를 무언가가 '받아 주는' 상황은 퇴행, 즉 이미 넘어섰다고 여겼던 행동 단계로 돌아가는 것을 의미할 수 있다. (예를 들어 48세 남자가 산에서 미끄러져 어머니 품으로 떨어지는 꿈을 꿀 수 있다.) 또한 이런 상황은 삶을 계속 이어 가기 위해 때로는 퇴행이 필요함을 의미할 수도 있다. 그러나 구조자나 보호자의 역할을 하는 것이 발전적인 성격을 띨 수도 있다. 예를 들어 바로 위에 언급한 남자가 두 달 후에 높은 나무에서 빠르게 흐르는 강물로 떨어지는 꿈을 꿀 수 있다. 이때 강물은 남자를 어디론가 떠내려가게 한다.

동반자나 구조자 찾기

위에서 이미 시사한 것처럼 꿈속의 내가 불안을 항상
스스로 극복할 수 있는 것은 아니다. 때로는 사람이나 개
와 같은 동물이 구조자로 등장하곤 한다. 내게는 이것이
매우 중요해 보이는데, 왜냐하면 삶의 문제 전반이나 특
히 불안의 대처에 관한 여러 이론에서 내면의 구조자를
결정적 요인으로 간주하기 때문이다. 이와 관련해 우리는
다시 '통제 기능을 수행하는 대상'에 주목할 필요가 있다.
불안에 대처하는 능력을 키우기 위해서는 통제 기능을 수
행하는 내면의 형상이 반드시 필요하기 때문이다. 스턴의
이론을 토대로 우리는 양육자가 유아의 다양한 흥분 상태
를 적절히 진정시키는 과정을 통해 충분히 일반화된 '내
면의 동반자'가 아이의 마음속에 자리 잡아, 아이가 성인
이 된 후에도 이에 의지할 수 있고 온갖 새로운 불안 상
황에서도 스스로 다시 진정할 수 있다는 확신을 가질 때
비로소 불안에 대한 적절한 대처가 가능할 것이라고 가정
할 수 있다. 융의 이론에서는 구조자의 원형이 우리의 마
음속에 이미 존재한다고 가정한다. 살면서 인간관계를 통
해 이 원형이 이미 활성화되었고 마음의 자기 조절 기능
이 정상적으로 작동할 경우,[7] 위기의 순간이 닥치면 꿈이
나 환상 또는 문학 작품 속의 관련 언급 등을 통해 구조

자의 원형을 경험하곤 한다.

영웅적인 도피

꿈속의 내가 첩보 영화의 제임스 본드처럼 영웅적인 방식으로 온갖 위험을 극복하는 꿈을 꿀 때가 있다. 이것은 모든 위험을 압도적인 방식으로 뛰어넘으려는 역공포 행동과도 비슷하다. 이런 꿈속의 나는 꿈의 마지막 장면에서 대개 '외로운 전사'로 남는다. 이런 전사는 자신이 극복한 위험을 성찰하기보다 어느 누구도 해칠 수 없는 자신이 얼마나 위대한 존재인지에 심취한다. 물론 이런 방식으로도 불안에 대처할 수 있다. 그러나 이 경우 불안의 경고 기능은 의미를 잃게 되며 꿈속의 나는 불안 상황을 통해 아무것도 배우지 못할 것이다.

지금까지 우리는 많은 꿈에서 관찰되는 불안 극복의 몇가지 형태를 살펴보았다. 꿈속에서 불안을 극복하는 이런 형태는 당연히 일상적으로 불안을 극복하는 데도 적용된다.

악몽

우리는 악몽에 대처하는 방식을 통해 불안에 대처하는 방식을 더 많이 배울 수 있다. 불안을 유발하는 뒤숭숭한 꿈, 그중에서도 특히 악몽은 꿈에 대한 불안을 낳는다. 이것은 불안에 대한 불안이기도 하다. '정상적인' 악몽의 경우 악몽의 감정적 특징을 매우 면밀히 지각하는 것이 중요하다. 이때 모든 지각 양식을 사용해, 즉 시각, 청각, 후각, 촉각 등을 사용해 불안의 이미지를 경험하는 것이 중요하다. 그러면서 이런 이미지가 현재 삶의 어떤 상황에 적용될 수 있는지를 살펴보라. 이런 성찰과 재음미를 바탕으로 꿈속의 내가 특정 상황에서 다르게 대처할 수도 있지 않았을까 하는 의문이 자연스럽게 생긴다. 악몽을 그려 보는 것도 좋은 방법이다. 그러면 경우에 따라 의식에서 추방된 꿈의 단면들이 드러난다.[8]

상상 기법은 악몽에 대처할 때 유용한 방법이다.[9] 스티븐 스타커Steven Starker의 연구에 따르면 특히 악몽 같은 뒤숭숭한 꿈을 상상 속에서 재처리할 경우 나중에 비슷한 꿈을 꾸어도 이전처럼 불안해지지 않는다고 한다.[10] 이 점은 낮에 마음속에 품고 있는 두려운 내용에 대한 대처 능력이 밤에 꾸는 꿈속으로까지 이전될 수 있음을 의미한다. 자아 콤플렉스의 역량이 의식의 모든 수준에 적용될 수 있다는 것은 어찌 보면 당연한 일이다.

동화 — 불안에서 벗어나는 길을 제시하는 이정표

꿈을 통해 그랬던 것처럼 우리는 동화를 통해서도 불안에 대처하는 방법을 많이 배울 수 있다. 어찌 보면 동화 자체가 불안에 대처하는 방법에 관한 이야기다.[11]

동화에서도 주인공이 불안을 감지하고 받아들이는 것이 중요하다. 커다란 불안에 휩싸인 상태에서는 불안을 유발하는 문제를 해결할 수 없다. 이 때문에 동화에서 불안에 대처하기 위해 가장 중요한 한 가지 조건은 주인공이 성장해야 한다는 것이다. 이 과정은 주인공이 동화에서 묘사된 길을 따라가면서 그때그때 발생하는 문제와 씨름하는 방식으로 이루어진다. 주인공은 자신의 힘으로 할 수 있는 것을 한다. 그리고 나머지는 도움에 의존한다. 이런 과정을 통해 성장한 주인공은 이제 자신을 불안하게 만드는 문제에 다가갈 수 있다. 예를 들어 그림 형제의 동화 「연못 속의 요정 닉세Die Nixe im Teich」에서 커다란 불안을 불러일으키는 닉세 요정은 성장과 교류의 긴 과정을 거쳐서야 비로소 마주 보고 변화시킬 수 있는 대상이 된다.[12] 이때 불안을 유발하는 것은 의식에서 축출되는 대신에, 유의해야 하고 언젠가는 해결해야 할 문제로 의식 속에 계속 남아 있다.

꿈에서와 마찬가지로 동화에서 이 성장의 길을 가는 동안 내면의 동반자는 매우 중요한 역할을 한다. 이 동반자는 종종 지혜로운 노인의 모습으로 나타난다. 난감한 상황이 극에 달했을 때 한 노인이 나타나 조언을 하면, 주인공은 대개 이 조언을 완전히 따르지 않는다. 이렇게 조언자는 주인공에게 올바른 방향을 제시하면서도 주인공의 자율성을 빼앗지는 않는다. 동물은 위험할 수도 있지만, 동물을 바라보고 받아들이면서 먹이를 주는 식으로 교류하면 중요한 구조자가 될 수 있다.

또한 동화는 위험한 것을 위험한 것으로만 보지 말고 불안 유발 요인 안에서 신뢰를 불러일으키는 측면을 찾아내 이에 주목하라고 조언한다. 예를 들어 악마에게 가야 하는 처지에 놓여 커다란 공포에 휩싸인 한 주인공은 악마의 할머니를 찾아가며,[13] 또 다른 주인공은 그를 맛있게 잡아먹으려고 이빨을 갈고 있는 바바 야가Baba Yaga 마녀를 '엄마'라고 부르면서 음식과 마실 것을 요청해 얻어먹기까지 한다.[14] 이런 태도는 특히 중요해 보이는데, 왜냐하면 우리는 무언가를 '무해한' 것으로 분류해 관련된 불안을 전혀 감지하지 못하거나, 아니면 완전히 겁에 질려서 위험한 것 안에도 신뢰할 만한 것이 있을 수 있다는 점을 간과하는 경향이 있기 때문이다.

동화에서도 위험에 맞서 싸울 준비가 되지 않은 사람은 도피할 수 있을 뿐이다. 싸움은 자신이 강하다고 느낄 때 가능하다. 상대가 우월할 때는 기껏해야 책략을 사용할 수 있을 뿐이다. 불안감에 너무 휘둘리면 책략을 자신에게 유리하게 창의적으로 사용하는 것도 불가능하다. 동화에서는 외부의 위험을 이미 너무 많이 보고 자신의 위험으로 받아들인 사람이 이런 처지에 놓이게 된다.

7

불안에 맞설 용기

우리 인간은 많은 불안을 느끼며, 우리 삶은 실제로 이런저런 위험에 처해 있다. 지금까지 우리를 떠받치고 있는 듯한 것들, 우리에게 행복과 만족과 안정감을 주는 듯한 것들도 내일은 더 이상 그렇지 않을 수 있다. 인간관계는 변화하고 사람은 죽게 마련이며, 우리를 괴롭혔던 질병이 사라지면 새로운 질병이 또 나타난다. 따라서 불안을 느끼고 인정하는 것은 아주 정상적인 일이다. 우리가 지금까지 살펴보았듯이 불안은 당혹스러운 감정일 뿐만 아니라 우리가 경험하는 정체성의 몇몇 주요 측면을 발전시키도록 우리를 자극하기도 한다. 이런 자극에 응답할 때 비로소 우리는 우리를 불안하게 만드는 것을 더 잘 볼 수 있고 이에 더 적절하게 대처할 수 있을 것이다. 불안은 또한 우리의 눈을 뜨게 한다. 그리고 이렇게 '눈을 뜨게 하는 불안'이야말로 오늘날 우리에게 필요한 것이다.

오늘날 사람들이 점점 더 많은 불안에 시달린다는 사실은, 그래서 받침대도 뿌리도 없는 현대인의 상황이 점점 더 노골적으로 드러난다는 사실은 불안에 대한 새로운 대처법이 필요함을 말해 준다. 우리는 불안을 지금보다 더 잘 활용할 필요가 있다. 그저 역공포 행동을 통해 위험과 무력감을 극복할 수 있을 것이라는 막연한 희망을 버려야 한다. 이것은 자신의 불안과 씨름하는 개인의 문제일 뿐만 아니라 현대인의 집단적 문제이기도 하다.

현대인은 능숙하게 불안을 억압한다. 그러나 공황 장애에 대한 분석에서 알 수 있듯이 불안의 억압은 더 많은 불안을 낳는다. 그런가 하면 치료 개념을 포함해 인간의 내면성을 경멸하는 경향도 관찰된다. 이런 태도를 가진 사람들은 무슨 문제든 빨리 해치우려고만 하며, 그 방법이 무엇인지는 신경 쓰지 않는다. 문제가 발달 자극이 될 수도 있다는 점을 깨닫는 사람은 극소수에 불과하다. 많은 사람이 불안한 기분에서 벗어나기 위해 소비주의, 행동 지상주의, 피상적인 오락 활동 그리고 궁극적으로는 죽음을 외면하기 위한 분주함에 몰두한다. 그래서 이제 남는 것은 얄팍한 느낌과 피상적인 감정뿐인데, 왜냐하면 불안으로부터 도피하는 사람은 다른 많은 감정으로부터 도 도피하게 되기 때문이다. 그러나 이와 정반대되는 듯한 태도로 무작정 불안을 호소하는 것도 공허하고 피상적인 삶을 바꾸지는 못한다. 이 경우 불안은 삶과 진정한 씨름을 벌이지 않아도 된다는 면허장과도 같다.

여전히 잠재의식에 남아 있는 불안은 새로운 형태의 권위적 구조를 낳는 토양이 되기도 한다. 사람들은 불안을 퇴치해 줄 권위를 찾는다. 그러나 이로 인해 권위자가 만들어 내는 새로운 불안을 통해 사람들을 조종할 수 있는 길이 열린다. 이 조종의 메커니즘은 분명하다. 우선 권위자가 불확실성을 부추긴다. 즉 권위자의 불안을 외부로 투사하고 때로는 이를 과장해 무력감을 조성한다. 그러면 세상일에 대처할 수 없다는 완전한 무력감이 우리의 자존감을 밀어낸다. 이럴 때 권위자는 우리에게 안정감을 선사할 단순하고 명확한 이데올로기를 제시한다. 우리의 공격성은 보통 우리 것을 빼앗을지 모를 사람들, 우리의 어두운 면을 체화한 사람들, 또는 그냥 단순하게 이방인을 향해 표출되는데, 이런 상황에서 흔히 투쟁 구호가 가미된 이데올로기는 '우리가 가치 있는 존재이며 그렇게 쉽게 빼앗기지 않을 것'이라는 잘못된 자존감을 부추긴다. 이는 매우 단순하고도 무분별한 이데올로기다. 이런 이데올로기에는 보통 '우리는 하나라는 감정'과, 필요하면 우리 것을 지키기 위해 공격도 마다하지 않겠다는 의지가 결부되어 있다. 이제 이런 이데올로기가 '통제 기능을 수

행하는 대상'의 역할을 한다. 그러나 불안을 없애 주어야
할 이데올로기는 오히려 불안을 유발하고, 이런 이데올로
기에 매달리는 사람은 점점 더 무기력해진다. 그리고 이
런 이데올로기로 인해 피해를 입는 '이방인'은 점점 더 큰
폭력에 노출된다. 덧붙이자면 종교적 욕구, 더 정확히는
안정되고 의미 있는 삶 속에서 보호받고 싶은 욕구가 권
위에 대한 이런 취약성에 얼마나 큰 영향을 미치는지는
쉽게 단정하기 어렵다.

많은 사람이 역공포 행동 자체를 대단하게 여긴다. 이
런 사람들은 마법적인 위대함으로 불안을 제압할 수 있다
고 믿는다. 그러나 이 세계는 점점 더 많은 불안 유발 요
인을 생산하고 있으며, 우리를 불안하게 만드는 실제적인
이유가 많은 것도 사실이다. 이런 상황에서 불안을 직시
하지 않으면서 영웅적인 위대함으로 불안에 대처하려는
태도, 그리고 통제와 진보에 대한 믿음은 아쉽게도 불안
을 극복하는 데 별 도움이 되지 않는다.

평정심

우리에게 필요한 것은 불안을 마주하는 것이다. 그러면
서 언제 어디서 불안이 우리의 경험과 성장을 가로막는

지 끊임없이 물어야 한다. 이것은 각자의 과제일 뿐만 아니라 우리 모두의 과제이기도 하다. 우리는 서로 도울 수도 있으며, 이를 위해서는 어떻게든 불안을 막아야 한다는 태도부터 버려야 한다. 이런 태도는 궁극적으로 우리가 취약한 존재가 아니라고, 적어도 그런 존재가 되고 싶지 않다고 선언하고 싶은 욕구에서 비롯한다. 그러나 휠덜린이 지적한 것처럼 우리가 취약한 존재라는 사실을 인정해야만 비로소 '구조자'가 성장할 수 있다. 인간은 자신이 죽을 운명이라는 사실을 마주할 때(이것은 여전히 우리를 위협하는 가장 큰 요인이다) 비로소 삶의 의지가 자라나고 창의성이 가장 강력하게 발휘된다. 자신의 불안을 마주할 때 비로소 무엇을 바꿔야 할지가 분명해지고 무엇이 우리를 떠받치는지도 깨달을 수 있다. 이럴 때 비로소 우리는 더욱 진정한, 즉 우리의 감정에 더욱 충실한 존재가될 수 있다. 또한 이럴 때 비로소 우리의 인간관계도 더풍성해질 수 있다. 인간관계가 더 단순해지지는 않더라도더 진실하고 살아 있는 관계가 될 것이다.

불안을 마주한다는 것은 단순히 불안에 굴복하거나 불안을 사회적으로 용인된 '포장용 감정'으로 사용하는 것을 의미하지 않는다. 중요한 것은 불안이 전달하는 감정적 신호에 주목하고 이에 따른 조치를 취하는 것이다. 우리가 끊임없이 던져야 할 물음은 다음과 같다. 불안은 우

7. 불안에 맞설 용기

리에게 무엇을 원하는가? 불안은 우리의 무엇을 가로막
고 있는가? 그러나 또한 불안은 우리에게 어떤 가능성을
열어 주는가? 우리가 지금까지 이 책에서 살펴본 모든 대
처 형태는 이런 핵심 물음에 대해 긍정적인 답변을 얻기
위한 도구라 하겠다. 다만 내가 아직 언급하지 않은 또 하
나의 대처 형태가 있는데, 그것은 바로 문화적으로 효과
적이고 창의적인 방식으로 대처하는 것이다. 여기서 문화
란 특히 우리의 전통을 가리키며, 여기에는 불안에 대처
하는 전통도 포함된다. 그러나 문화는 또한 오늘날의 창
의적인 논의와도 관련된다. 우리의 정체성은 개인의 정체
성일 뿐만 아니라 언제나 집단에 기초한 정체성이기도 하
다. 예를 들어 불안과 같은 실존적 주제를 다루는 예술계
의 성과는 다시 사회 전체에 영향을 미치기 때문이다. 사
회적 영역에서도 불안에 대처하는 다른 방식이 필요해 보
인다. 인위적으로 공포 분위기를 조성하거나 온갖 위험에
관해 떠들썩하게 이야기하는 것은 이미 충분히 경험했다.
이제 우리에게 필요한 것은 불안을 끊임없이 억누르는 대
신에 불안을 마주해서도 평정심Gelassenheit*을 잃지 않는 태
도일 것이다. 우리 인간은 죽을 수밖에 없는 존재다. 우리

---

* 하이데거의 문헌에서 'Gelassenheit'는 '초연함', '초연한 내맡김' 등으로 번
역되기도 한다.

가 확실하다고 여기는 모든 것은 그렇게 확실하지 않다. 그래도 우리는 삶을 선택해 살면서 이런저런 위험을 감수하기까지 한다. 위대함에 대한 환상은 버리고 우리가 위태로운 존재임을 받아들이자! 불안해도 놓을 것은 놓고 삶을 포기하지 말자! 평정심은 운명의 충격을 피할 수 있다는 확신을 의미하지 않는다. 이런 확신은 허황될 수밖에 없다. 평정심은 불확실성을 인정하면서도 체념하지 않는 것이다. 이것은 일종의 용기이기도 하다.[1] 이런 희망적인 태도는 최악의 것을 고려하면서도 최선의 해결책에 대한 믿음을 잃지 않는 것이다. 평정심은 삶에 대한 신뢰에 기초한다. 이런 신뢰는 신뢰하는 인간관계에서 비롯할 수도 있고, 아무리 어렵고 위험해도 해결책을 찾을 수 있었던 삶의 경험에서 비롯할 수도 있다. 평정심은 궁극적으로 희망의 문제이기도 하다. 인생에는 불안만 있는 것이 아니라 기쁨, 관심, 감동 등도 있다. 우리는 이런 긍정적인 감정을 경시하고 순진하게 치부하면서 오락거리쯤으로 여기는 경향이 있다. 그러나 이런 감정은 자존감을 경험하고 안정시키는 데 매우 중요한 역할을 한다. 우리가 실패를 너무 사랑하는 것은 아닐까? 우리는 절대로 피할 수 없는 온갖 실패에 관해 이미 잘 알고 있지 않은가?

"불안은 희망 속에서 익사한다."라는 블로흐의 말은 의미심장하다.[2] 그가 말하는 희망은 허황된 희망이 아니다.

이것은 환상과 아무 관련이 없다. 그에게 희망이란 더 나은 것을 향해 자신을 내던지는 것이다. 이를 위해서는 현재 상태를 '이해하는 불만'을 가져야 한다. 즉 통찰력 있는 불만을 품고 결함을 단호하게 거부해야 한다.[3] 블로흐에게 인류의 백일몽은 이미 오래전부터 더 나은 삶을 향한 기투企投,* 성취된 순간에 대한 희망 섞인 표상이었다. 이런 백일몽을 통해 구체적인 삶에 대한 자신감이 생긴다. 이런 백일몽이 허황된 유토피아로 전락하지 않으려면 '바로 이 순간'에 초점을 맞춰야 한다고 블로흐는 말한다. 인간은 하찮게 보이는 것에서도 돌파를 경험하고 이를 깨달을 수 있는 준비가 되어 있어야 한다.

이런 희망은 거저 생기는 것이 아니라 배워야 생긴다. "중요한 것은 희망하는 법을 배우는 것이다. 희망하는 작업은 포기를 모른다. 이것은 실패가 아니라 성공을 사랑하는 것이다."[4] 이런 희망을 위해 의식적인 결단을 내리고 희망에 대한 의지를 가져야 한다. 이런 희망으로 가는 한 가지 길은 바로 이 순간이 더 나아질 수도 있지 않을지 끊임없이 적극적으로 묻는 것이다. 현재 상태를 무턱대고 받아들이는 대신에 무엇이 가능할지 집요하게 물어

---

* 주로 실존철학에서 사용되는 용어인 '기투Entwurf'란 현재를 초월하여 미래에로 자기를 내던지는 실존의 존재 방식을 가리킨다.

야 한다. 불안을 바라보지 않고 불안이 무엇을 가로막는지를 묻지 않는 사람은 이렇게 할 수 없다. 우리 앞에 놓인 상황은 역설에 가깝다. 말하자면 우리의 불안을 진지하게 받아들이고 불안이 무엇을 가로막는지 보게 될 때 비로소 이런 태도가, 즉 희망의 표상과 희망의 감정이 가능해진다. 희망을 향한 결단은 노력이 필요한 작업이다. 이것은 불안해서 위축되는 대신에 불안해도 삶을 설계하려는 작업이다. 이런 작업을 통해 비로소 온갖 장애에도 불구하고 낙관적인 기본 태도가 자라날 것이다. 그리고 이런 기본 태도를 갖출 때 비로소 불안을 마주하면서도 평정심을 잃지 않는 삶의 길이 열릴 것이다.

7. 불안에 맞설 용기

감사의 말

내게 불안의 문제를 일깨워 준 많은 분께 감사의 인사를 전한다. 또한 불안해도 평온할 수 있는 법을 가르쳐 준 모든 분께도 감사드린다. 특히 취리히대학에서 불안의 상징에 관해 열띤 토론을 벌였던 세미나 참석자들, 그리고 이 책에서 자신의 불안한 삶의 이야기를 다룰 수 있도록 허락해 주신 분들께 감사드린다.

끝으로 멋진 협업 능력을 보여 주신 카린 발터Karin Walter에게도 깊은 감사의 말씀을 전한다.

베레나 카스트

옮긴이의 말

1943년에 스위스에서 태어난 저자는 취리히대학에서 '카를 융 심리학의 관점에서 본 창의성'을 주제로 박사학위를 받은 후 취리히대학 교수, 취리히 융연구소장, 스위스분석심리학회장, 국제분석심리학회장 등을 역임한 융 심리학의 권위자다. ('분석심리학analytische Psychologie'이라는 용어는 융이 처음에 프로이트의 정신분석을 가리키는 의미로 사용했으나, 의견 충돌로 프로이트와 절교한 후 자신의 이론을 가리키는 용어로 사용하게 되었다.) 저자는 꿈의 해석, 삶의 위기, 불안, 우울, 수치심, 인간관계, 동화의 정신분석 등에 관한 많은 책을 썼으며, 그중 일부는 한국어로도 번역되었다. 이 책은 저자의 *Vom Sinn der Angst: Wie Ängste sich festsetzen und wie sie sich verwandeln lassen*(원제는 '불안의 의미: 불안의 고착화와 이를 극복하는 방법') 제15판(2023)을 번역한 것이다.

무엇보다도 저자는 불안을 그저 불쾌하고 피해야 하는 것으로 보지 말고 불안의 '순기능'에 주목하라고 말한다. 우리가 배고픔을 느끼면 일반적으로 영양을 섭취하라는 몸의 신호이므로 배고픔을 잊게 하는 약을 먹을 것이 아니라 음식을 먹어야 하는 것처럼, 우리가 불안을 느낄 때는 무작정 불안을 잠재우려 하거나 불안을 억제하는 약을 먹을 것이 아니라 불안이라는 감정이 우리에게 무슨 신호를 보내고 있는지 살펴야 한다. 즉 "불안은 우리가 현재 위험에 처해 있으며, 어떤 식으로든 해결책을 찾아야 한다는 신호다." 이와 관련해 우리가 던져야 할 물음은 다음과 같다. "불안은 우리에게 무엇을 원하는가? 불안은 우리의 무엇을 가로막고 있는가? 그러나 또한 불안은 우리에게 어떤 가능성을 열어 주는가?"

이런 관점에서 저자는 이 책에서 불안과 관련된 여러 현상을 설명하고(불안 유발 요인, 불안 방어 기제, 불안에 대한 불안, 불안 장애, 관계 불안, 불안과 관련된 상징 체계 등), 불안에 적절히 대처하는 방법을 제시한다(불안으로 인한 긴장을 푸는 법, 불안과 결부된 불확실성을 견디면서 새로운 확실성을 찾는 법, 불안이 알리는 위험 신호에 대응해 새로운 안전을 찾는 법, 불안과 결부된 무력감을 극복하고 자신의 역량을 개발하는 법 등). 특히 양육자에게 의존하던 아이가 점차 자율적인 존재로 발달하면서 느끼게 되는 불안과 이것이 성인기에까지 미칠 수 있는 영향에 관한 논의, 남녀 관계를 포함한 인간관계에서 발생하는 각종 불안(상실 불안, 분리 불안, 친밀함에 대한 불안, 분리 공격성, 강렬한 애정에 대한 불안, 강렬한 애정의 상실에 대한 불안 등)에 대한 논의는 저자의 심층심리학적 통찰과 풍부한 심리 치료 경험이 녹아 있어 매우 흥미롭다.

불안에 적절히 대처하지 못하면 불안-수치심-죄책감으로 이어지는 감정 영역에 매몰되어 위축된 삶을 살 수 있다. 반면에 불안에 적절히 대처하면 불안-용기-희망으로 이어지는 감정 영역에서 불안을 자기 성장의 기회로 삼을 수 있다. 희망의 철학자 블로흐의 말처럼 "불안은 희망 속에서 익사한다." 이 책은 이렇게 불안을 넘어 희망하는 법을 우리에게 제시하고자 한다.

옮긴이의 말

주

1 불안은 무엇인가 — 본질과 극복

1 Michael Balint, 1956, *Angstlust und Regression*, Klett, Stuttgart.

2 Friedrich Strian, 1995, *Angst und Angstkrankheiten*, Beck, München, 80쪽 이하.

3 Stavros Mentzo, 1976, *Interpersonale und institutionalisierte Abwehr*, Suhrkamp, Frankfurt/Main, 65쪽.

4 Verena Kast, 1991, *Freude, Inspiration, Hoffnung*, Walter, Olten.

2 불안의 원동력 — 실존철학적 접근

1 Sören Kierkegaard, 1960[1844], *Der Begriff Angst* (Hg. Liselotte Richter), Rowohlt, Reinbek, 151쪽.

2 같은 책, 72쪽.

3 같은 책, 152쪽.

4 같은 책, 174쪽.

5 Hans-Jürg Braun, 1988, "Angst und Existenz: zu Sören Kierkegaards Reflexionen", in: Braun und Schwarz (Hg), *Angst*, Verlag der Fach-

vereine, Zürich.

6   Martin Heidegger, 1963[1927], *Sein und Zeit*, Max Niemeyer Verlag, Tübingen.

7   같은 책, 134쪽.

8   Robert N. Emde, 1991, "Die endliche und die unendliche Entwicklung", in: *Psyche* 45, 9, 763쪽.

9   Ernst Bloch, 1959, *Das Prinzip Hoffnung*, Suhrkamp, Frankfurt/Main, Bd. 1, 126쪽.

10 Heidegger, *Sein und Zeit*, 188쪽.

11 같은 곳.

12 Otto Friedrich Bollnow, 1979[1955], *Neue Geborgenheit. Das Problem einer Überwindung des Existentialismus*, Kohlhammer, Stuttgart, 43쪽.

13 Heidegger, *Sein und Zeit*, 180쪽 이하, 301쪽 이하.

14 Martin Heidegger, 1951, *Erläuterungen zu Hölderlins Dichtung*, Frankfurt/Main

15 Otto Kruse, 1991, *Emotionsentwicklung und Neurosenentstehung. Perspektiven einer klinischen Entwicklungspsychologie*, Enke, Stuttgart, 20쪽.

3   불안의 여러 측면

1   여기서 나는 주로 크로네의 다음 설명을 보완하는 방식으로 서술했다. Heinz W. Krohne, 1976, *Theorien zur Angst*, Kohlhammer, Stuttgart, Berlin.

2   Peter Becker, 1980, *Studien zur Psychologie der Angst*, Beltz, Weinheim, Basel.

3   Verena Kast, 1994, *Vater - Töchter/Mutter - Söhne. Wege zur eigenen Identität aus Vater- und Mutterkomplexen*, Kreuz, Stuttgart.

4   Carl Gustav Jung, 1976[1950], *Aion*, GW 9/11, Walter, Olten, 17쪽

이하. Verena Kast, 1990, *Die Dynamik der Symbole. Grundlagen der Jungschen Psychotherapie*, Walter, Olten, 242쪽 이하.

5 Verena Kast, 1987, *Der schöpferische Sprung. Vom therapeutischen Umgang mit Krisen*, Walter, Olten.

6 Friedrich Strian, 1983, *Angst. Grundlagen und Klinik*, Springer, Heidelberg, New York, Tokio, 213쪽에서 인용.

7 Kast, *Vater - Töchter*, 13쪽 이하.

8 Stavros Mentzos, 1976, *Interpersonale und institutionalisierte Abwehr*, Suhrkamp, Frankfurt/Main.

9 Kast, *Der schöpferische Sprung*.

10 Kast, *Die Dynamik der Symbole*, 67쪽 이하.

11 『타게스안차이거 *Tages-Anzeiger*』 1996년 8월 3일 및 4일판에 게 재됨.

12 Stavros Mentzos, 1982, *Neurotische Konfliktverarbeitung*, Fischer, Frankfurt/Main, 256쪽 이하.

13 같은 책, 67쪽 이하.

14 Verena Kast, 1996, *Neid und Eifersucht. Die Herausforderung durch unangenehme Gefühle*, Walter, Zürich, 103쪽 이하. Kast, *Die Dynamik der Symbole*, 196쪽 이하.

15 Thure von Uexküll, 1986, *Psychosomatische Medizin*, Urban und Schwarzenberg, München, Wien, Baltimore.

16 Margaret Mahler, Fred Pine, Anni Bergman, 1978, *Die psychische Geburt des Menschen. Symbiose und Individuation*, Fischer, Frankfurt/Main.

17 Karl König, 1981, *Angst und Persönlichkeit. Das Konzept und seine Anwendungen vom steuernden Objekt*, Verlag für Medizinische Psychologie, Vandenhoeck und Ruprecht, Göttingen, 26쪽 이하.

18 Kruse, *Emotionsentwicklung*, 20쪽.

19 Daniel N. Stern, 1992, *Die Lebenserfahrung des Säuglings*, Klett-Cotta, Stuttgart, 346~352쪽.

20 Donald W. Winnicott, 1979, *Vom Spiel zur Kreativität*, Klett-Cotta, Stuttgart, 10쪽 이하.

21 Heinz Hartmann, 1972, *Ich-Psychologie. Studien zur psychoanalytischen Theorie*, Klett, Stuttgart.

22 Stern, *Die Lebenserfahrung des Säuglings*, 143쪽 이하.

23 Tulving, 1972. 스턴의 같은 책에서 인용.

24 Stern, *Die Lebenserfahrung des Säuglings*, 142쪽.

25 Kast, *Vater - Töchter*, 197쪽 이하.

26 Kast, *Die Dynamik der Symbole*, 196쪽 이하. Kast, *Vater - Töchter*, 37쪽 이하.

27 Carl Gustav Jung, 1971[1906], *Über die Psychologie der Dementia Praecox*, 특히 다음 장: "Der gefühlsbetonte Komplex und seine allgemeinen Wirkungen auf die Psyche", in: GW 3, 77~106절. Kast, *Die Dynamik der Symbole*, 44쪽 이하.

28 Carl Gustav Jung, 1987[1934], *Allgemeines zur Komplextheorie*, in: GW 8, 210절.

29 Carl Gustav Jung, 1960[1920], *Psychologische Typen*, in: GW 6, 991절.

30 Sigmund Freud, 1971[1926], *Hemmung, Symptom und Angst*, Studienausgabe Bd. VI, Fischer, Frankfurt/Main.

31 Carl Gustav Jung, 1973[1952], *Symbole der Wandlung*, in: GW 5, 383쪽 457절.

32 König, *Angst und Persönlichkeit*, 26쪽 이하.

4 불안 장애

1 Strian, *Angst*, 227쪽에서 인용.

2 Fritz Rieman, 1976, *Grundformen helfender Partnerschaft*, Pfeiffer, München.

3 Erich Fromm, 1989[1973], *Aggressionstheorie*, GW 7, dtv, München, 295쪽 이하.

4 Strian, *Angst und Angstkrankheiten*, 35쪽.

5 같은 책, 34쪽.

6 같은 책, 44쪽 이하.

7 Michael Ermann, 1987, *Die Persönlichkeit bei psychovegetativen Störungen. Klinische und empirische Ergebnisse*, Springer, Berlin, Heidelberg, New York, 11쪽.

8 '통제 기능을 수행하는 대상'이라는 용어는 카를 쾨니히의 다음 책에서 유래했다. König, *Angst und Persönlichkeit*.

9 Kast, *Der schöpferische Sprung*, 22쪽 이하.

10 Kast, *Vater – Töchter*, 13쪽 이하.

11 Horst E. Richter, Dieter Beckmann, 1969, *Herzneurose*, Thieme, Stuttgart.

12 König, *Angst und Persönlichkeit*, 34쪽 이하.

13 Verena Kast, 1982, *Trauern. Phasen und Chancen des psychischen Prozesses*, Kreuz, Stuttgart.

14 Strian, *Angst und Angstkrankheiten*, 92쪽 이하도 참조.

15 같은 책, 97쪽.

16 Luise Reddemann, 1995, "Imaginative Psychotherapieverfahren zur Behandlung in der Kindheit traumatisierter Patientinnen", Vortrag auf dem 7. Internationalen Kongress für Katathym–Imaginative Psychotherapie in Würzburg.

17 Kast, *Vater – Töchter*, 89쪽 이하.

18 Ralf Zwiebel, 1992, *Der Schlaf des Analytikers*, Verlag Internationale Psychoanalyse, Stuttgart.

19 Christa Schlierf, 1984, "Vom Übergangsobjekt zur Objektbeziehung. Therapie mit einer Angstneurosepatientin", in: Stavros Mentzos (Hg), *Angstneurose. Psychodynamische und psychotherapeutische Aspekte*, Fischer, Frankfurt/Main도 참조.

20 Bruno Rutishauser, "Konstruktive Frustration", in: Die Psychologie des 20. Jahrhunderts, Kindler, Zürich(연도 미상).

21 Kast, *Die Dynamik der Symbole*, 114쪽 이하.

5 관계 불안

1 Kast, *Trauern*.

2 Verena Kast, 1984, *Paare. Beziehungsphantasien oder Wie Götter sich in Menschen spiegeln*, Kreuz, Stuttgart.

3 Verena Kast, 1994, *Sich einlassen und loslassen. Neue Lebensmöglichkeiten bei Trauer und Trennung*, Herder/Spektrum, Freiburg, 27쪽 이하.

4 같은 곳.

5 Christa Rohde-Dachser, 1994, *Im Schatten des Kirschbaumes*, Huber, Bern, 47쪽 이하도 참조.

6 Christa Rohde-Dachser, 1991, *Expedition in den dunklen Kontinent*, Springer, Berlin, 137쪽 이하.

7 Verena Kast, 1992, *Liebe im Märchen*, Walter, Olten.

8 Carl Gustav Jung, *Psychologische Typen*, 514쪽, 892절.

9 Kast, *Paare*, 85쪽 이하.

10 Kast, *Vater – Töchter*, 13쪽 이하.

11 Kast, *Paare*, 19쪽.

12 Kast, *Der schöpferische Sprung*, 66쪽 이하.

13 Carol Z. Malatesta, 1990, "The role of emotions in the development and organization of personality", in: Ross A. Thompson, *Socioemotional Development*, University of Nebraska Press, Lincoln and London.

14 Kast, *Vater – Töchter*, 197쪽 이하.

15 Jürg Willi, 1975, *Die Zweierbeziehung*, Rowohlt, Reinbek.

16 Kast, *Neid und Eifersucht*, 157쪽 이하.

17 Kast, *Liebe im Märchen*, 15쪽 이하.

18 Robert T. Michael, John H. Gagnon, Edward O. Laumann, G. Kolata, 1994, *Sexwende. Liebe in den 90ern*, Knaur, München.

19 Niklas Luhmann, 1994[1982], *Liebe als Passion. Zur Codierung von Intimität*, Suhrkamp, Frankfurt/Main.

20 Robert T. Michael, John H. Gagnon, Edward O. Laumann, G. Kolata, *Sexwende*, 148쪽.

21 Shere Hite, 1988, *Frauen und Liebe. Der neue Hite-Report*, Goldmann, München, 569쪽.

22 Carol Hagemann–White, 1992, "Berufsfindung und Lebensperspektive in der weiblichen Adoleszenz", in: Karin Flaake, Vera King (Hg), *Weibliche Adoleszenz. Zur Sozialisation junger Frauen*, Campus, Frankfurt/Main, 71쪽.

23 Shere Hite, *Frauen und Liebe*, 900쪽 이하.

24 Kast, *Paare*, 23쪽 이하.

25 Kast, *Paare*, 157쪽 이하.

26 Kast, *Sich einlassen und loslassen*, 27쪽 이하.

27 Deborah Belle (Ed), 1982, *Lives in Stress. Women and Depression*, Beverly Hills.

28 Verena Kast, 1992, *Die beste Freundin. Was Frauen aneinander haben*, Kreuz, Stuttgart.

6 불안의 상징

1 Julia Kristeva, 1990, *Fremde sind wir uns selbst*, Suhrkamp, Frankfurt/Main.

2 Strian, *Angst und Angstkrankheiten*, 42쪽.

3 Marija Gimbutas, 1989, *The Language of the Goddess*, Harper & Row, San Francisco.

4 Carl Gustav Jung, GW 18/I, 194절.

5 Carl Gustav Jung, GW 9/II, 291절(아가토데몬: 선한 것을 원하는 영혼).

6 Ludwig Binswanger, 1955, "Vom anthropologischen Sinn der Verstiegenheit und Über die manische Lebensform", in: *Ausgewählte Vorträge und Aufsätze*, Bd. II, Francke, Bern.

7 Kast, *Die Dynamik der Symbole*, 111쪽.

8 Ingrid Riedel, 1992, *Maltherapie*, Kreuz, Stuttgart.

9 Verena Kast, 1988, *Imagination als Raum der Freiheit*, Walter, Olten, 136쪽 이하.

10 Steven Starker, 1974, "Daydreaming Styles and Nocturnal Dreaming", in: *Journal of Abnormal Psychology*, 83, 1.

11 Verena Kast, 1982, *Wege aus Angst und Symbiose. Märchen psychologisch gedeutet*, Walter, Olten.

12 Verena Kast, 1995, *Die Nixe im Teich. Gefahr und Chance erotischer Leidenschaft*, Kreuz, Stuttgart.

13 Verena Kast, 1984, *Der Teufel mit den drei goldenen Haaren. Vom Vertrauen in das eigene Schicksal*, Kreuz, Zürich.

14 Maria Jacoby, Verena Kast, Ingrid Riedel, 1978, *Das Böse im Märchen*, Bonz, Stuttgart 26쪽.

7 불안에 맞설 용기

1 Rudolf Walter (Hg), 1996, *Gelassenwerden*, Herder/Spektrum, Freiburg, 14쪽.

2 Bloch, *Das Prinzip Hoffnung*, 162쪽.

3 같은 책, 3쪽.

4 같은 책, 1쪽.

참고 문헌

Balint, Michael, 1956, *Angstlust und Regression*, Klett, Stuttgart.

Becker, Peter, 1980, *Studien zur Psychologie der Angst*, Beltz, Weinheim, Basel.

Belle, Deborah (Ed), 1982, *Lives in Stress. Women and Depression*, Beverly Hills.

Binswanger, Ludwig, 1955, "Vom anthropologischen Sinn der Verstiegenheit und Über die manische Lebensform", in: *Ausgewählte Vorträge und Aufsätze*, Bd. II, Francke, Bern.

Bloch, Ernst, 1959, *Das Prinzip Hoffnung*, Bd. 1, Suhrkamp, Frankfurt/Main.

Bollnow, Otto Friedrich, 1979[1955], *Neue Geborgenheit. Das Problem einer Überwindung des Existentialismus*, Kohlhammer, Stuttgart.

Bowlby, John, 1969, *Attachement and Loss*, The Hogart Press, London.

Braun, Hans-Jürg, 1988, "Angst und Existenz: zu Sören Kierkegaards Reflexionen", in: Braun und Schwarz (Hg), *Angst*, Verlag der Fachvereine, Zürich.

Butello, Willi, Siegfried Höfling, 1984, *Behandlung chronischer Ängste und Phobien*, Enke, Stuttgart.

Emde, Robert N., 1991, "Die endliche und die unendliche Entwicklung", in: *Psyche* 45, 9, S. 745 – 779.

Ermann, Michael, 1987, *Die Persönlichkeit bei psychovegetativen Störungen. Klinische und empirische Ergebnisse*, Springer, Berlin, Heidelberg, New York.

Faust, Volker (Hg), 1986, *Angst – Furcht – Panik*.

Freud, Sigmund, 1971[1926], *Hemmung, Symptom und Angst*, Studienausgabe Bd. VI, Fischer, Frankfurt/Main.

Fromm, Erich, 1989[1973], *Aggressionstheorie*, GW 7, dtv, München.

Michael, Robert T., John H. Gagnon, Edward O. Laumann, Gina Kolata, 1994, *Sexwende. Liebe in den 90ern*, Knaur, München.

Gimbutas, Marija, 1989, *The Language of the Goddess*, Harper & Row, San Francisco.

Grossmann, David, 1996, "Der Terror erniedrigt uns", gedruckt im *Tages Anzeiger* vom 3./4. Aug. 1996.

Hagemann–White, Carol, 1992, "Berufsfindung und Lebensperspektive in der weiblichen Adoleszenz", in: Karin Flaake, Vera King (Hg), *Weibliche Adoleszenz. Zur Sozialisation junger Frauen*, Campus, Frankfurt/Main.

Hartmann, Heinz, 1972, *Ich-Psychologie. Studien zur psychoanalytischen Theorie*, Klett, Stuttgart.

Heidegger, Martin, 1951, *Erläuterungen zu Hölderlins Dichtung*, Frankfurt/Main.

Heidegger, Martin, 1963[1927], *Sein und Zeit*, Max Niemeyer, Tübingen.

Hite, Shere, 1988, *Frauen und Liebe. Der neue Hite Report*, Goldmann, München.

Jacoby, Maria, Verena Kast, Ingrid Riedel, 1978, *Das Böse im Märchen*, Bonz, Stuttgart.

Jung, Carl Gustav, 1960[1920], *Psychologische Typen*, GW 6, Walter, Olten.

Jung, Carl Gustav, 1971[1906], *Über die Psychologie der Dementia Praecox*, in: GW 3, Walter, Olten.

Jung, Carl Gustav, 1973[1952], *Symbole der Wandlung*, GW 5, Walter, Olten.

Jung, Carl Gustav, 1976[1950], *Aion*, in: GW 9/11, Walter, Olten.

Jung, Carl Gustav, 1987[1934], *Allgemeines zur Komplextheorie*, in: GW 8, Walter, Olten.

Kast, Verena, 1982, *Trauern. Phasen und Chancen des psychischen Prozesses*, Kreuz, Stuttgart.

Kast, Verena, 1982, *Wege aus Angst und Symbiose. Märchen psychologisch gedeutet*, Walter, Olten.

Kast, Verena, 1984, *Der Teufel mit den drei goldenen Haaren. Vom Vertrauen in das eigene Schicksal*, Kreuz, Zürich.

Kast, Verena, 1984, *Paare. Beziehungsphantasien oder Wie Götter sich in Menschen spiegeln*, Kreuz, Stuttgart.

Kast, Verena, 1987, *Der schöpferische Sprung. Vom therapeutischen Umgang mit Krisen*, Walter, Olten.

Kast, Verena, 1988, *Imagination als Raum der Freiheit*, Walter, Olten.

Kast, Verena, 1990, *Die Dynamik der Symbole. Grundlagen der Jungschen Psychotherapie*, Walter, Olten.

Kast, Verena, 1991, *Freude, Inspiration, Hoffnung*, Walter, Olten.

Kast, Verena, 1992, *Die beste Freundin. Was Frauen aneinander haben*, Kreuz, Stuttgart.

Kast, Verena, 1992, *Liebe im Märchen*, Walter, Olten.

Kast, Verena, 1994, *Vater - Töchter/Mutter - Söhne. Wege zur eigenen Identität aus Vater- und Mutterkomplexen*, Kreuz, Stuttgart.

Kast, Verena, 1994, *Sich einlassen und loslassen. Neue Lebensmöglichkeiten bei Trauer und Trennung*, Herder, Freiburg.

Kast, Verena, 1995, *Die Nixe im Teich. Gefahr und Chance erotischer Leidenschaft*, Kreuz, Stuttgart.

Kast, Verena, 1996, *Neid und Eifersucht. Die Herausforderung durch unangenehme Gefühle*, Walter, Zürich.

Kierkegaard, Sören, 1960[1844], *Der Begriff Angst* (Hg. Liselotte Richter), Rowohlt, Reinbek.

König, Karl, 1981, *Angst und Persönlichkeit. Das Konzept und seine Anwendungen vom steuernden Objekt*, Verlag für Medizinische Psychologie, Vandenhoeck u. Ruprecht, Göttingen.

Kristeva, Julia, 1990, *Fremde sind wir uns selbst*, Suhrkamp, Frankfurt/Main.

Krohne, Heinz W., 1976, *Theorien zur Angst*, Kohlhammer, Stuttgart, Berlin.

Kruse, Otto, 1991, *Emotionsentwicklung und Neurosenentstehung*, Enke, Stuttgart.

Luhmann, Niklas, 1982, *Liebe als Passion. Zur Codierung von Intimität*, Suhrkamp, Frankfurt/Main.

Mahler, Margaret, Fred Pine, Anni Bergman, 1978, *Die psychische Geburt des Menschen. Symbiose und Individuation*, Fischer, Frankfurt/Main.

Malatesta, Carol Z., 1990, "The role of emotions in the development and organization of personality", in: Ross A. Thompson, *Socioemotional Development*, University of Nebraska Press, Lincoln, London.

Mentzos, Stavros, 1976, *Interpersonale und institutionalisierte Abwehr*, Suhrkamp, Frankfurt/Main.

Mentzos, Stavros, 1982, *Neurotische Konfliktverarbeitung*, Fischer, Frankfurt/Main.

Reddemann, Luise, 1995, "Imaginative Psychotherapieverfahren zur Behandlung in der Kindheit traumatisierter Patientinnen", Vortrag auf dem 7. Internationalen Kongress für Katathym-Imaginative Psychotherapie in Würzburg.

Rieman, Fritz, 1976, *Grundformen helfender Partnerschaft*, Pfeiffer, München.

Richter, Horst E., Dieter Beckmann, 1969, *Herzneurose*, Thieme, Stuttgart.

Riedel, Ingrid, 1992, *Maltherapie*, Kreuz, Stuttgart.

Rohde-Dachser, Christa, 1991, *Expedition in den dunklen Kontinent*, Springer, Berlin

Rohde-Dachser, Christa, 1994, *Im Schatten des Kirschbaumes*, Huber, Bern.

Rüger, Ulrich (Hg), l984, *Neurotische und reale Angst*, Verlag für Medizinische Psychologie, Vandenhoeck u. Ruprecht, Göttingen.

Rutishauser, Bruno (o. J.), "Konstruktive Frustration", in: Die Psychologie des 20. Jahrhunderts, Kindler, Zürich.

Schlierf, Christa, 1984, "Vom Übergangsobjekt zur Objektbeziehung. Therapie mit einer Angstneurosepatientin", in: Stavros Mentzos (Hg), *Angstneurose. Psychodynamische und psychotherapeutische Aspekte*, Fischer, Frankfurt/Main.

Starker, Steven, 1974, "Daydreaming Styles and Nocturnal Dreaming", in: *Journal of Abnormal Psychology*, 83, 1.

Stern, Daniel N., 1992, *Die Lebenserfahrung des Säuglings*, Klett-Cotta, Stuttgart.

Strian, Friedrich, 1983, *Angst. Grundlagen und Klinik*, Springer, Heidelberg, New York, Tokyo.

Strian, Friedrich, 1995, *Angst und Angstkrankheiten*, Beck, München.

von Uexküll, Thure, 1986, *Psychosomatische Medizin*, Urban und
Schwarzenberg, München, Wien, Baltimore.

Walter, Rudolf (Hg), 1996, *Gelassenwerden*, Herder, Freiburg.

Willi, Jürg, 1975, *Die Zweierbeziehung*, Rowohlt, Reinbek.

Winnicott, Donald W., 1979, *Vom Spiel zur Kreativität*, Klett–Cotta, Stutt-
gart.

Zwiebel, Ralf, 1992, *Der Schlaf des Analytikers*, Verlag Internationale Psy-
choanalyse, Stuttgart.